Tout ce qu'on nous a toujours caché : les révélations interdites

André Camus

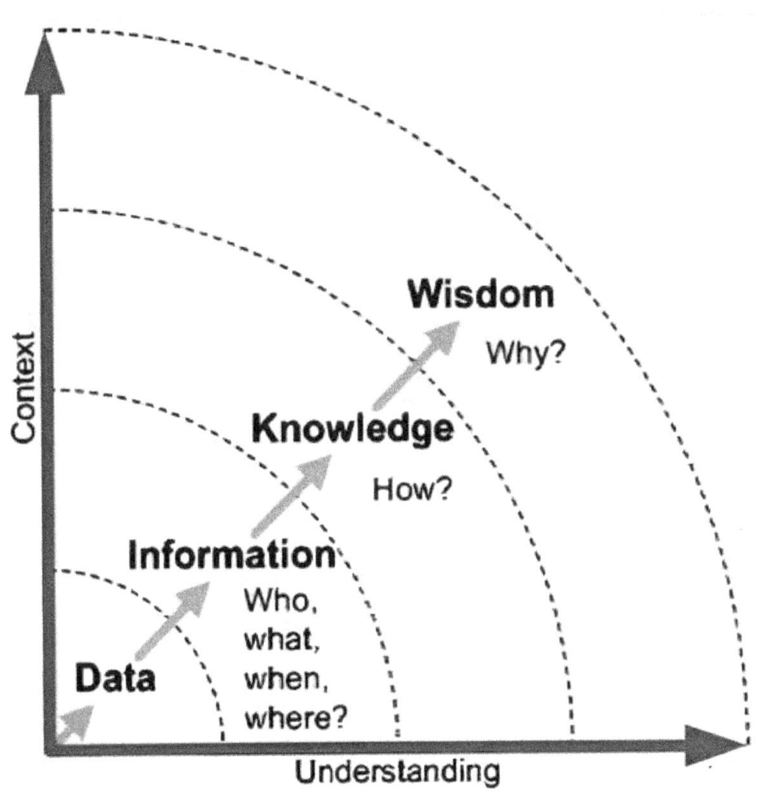

Context
Wisdom
Why?
Knowledge
How?
Information
Who,
what,
when,
where?
Data
Understanding

🕊 Hommage à Mahoutin Jonas Koudenoukpo

Ce livre ne serait pas ce qu'il est sans l'apport exceptionnel de **Mahoutin Jonas Koudenoukpo**. Visionnaire, esprit affûté, il a été la **tête pensante** derrière la majorité des réflexions et des textes présents dans cet ouvrage.

Il a insufflé l'**âme** à ce livre.

Merci, Mahoutin, pour ta lumière, ton exigence et ton indéfectible engagement envers la vérité.

Celui qui cherche, qu'il ne cesse de chercher jusqu'à ce qu'il trouve ;

quand il aura trouvé, il sera troublé ;

troublé, il s'étonnera et il régnera sur le Tout.

+ 69 vérités révélées pour allumer votre cerveau

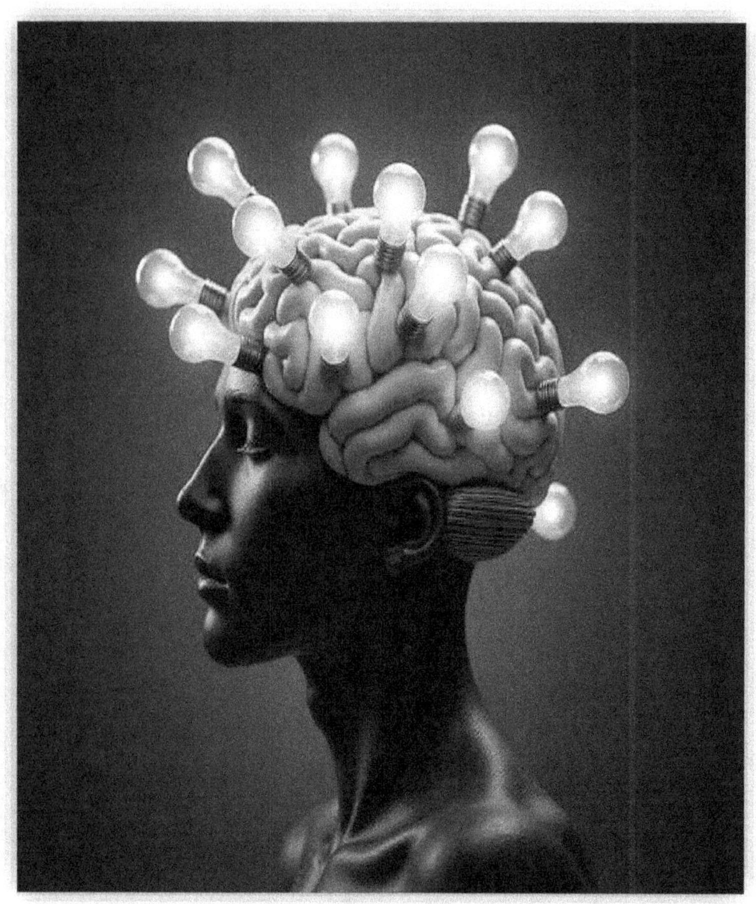

SOMMAIRE

11

PREFACE

Ce livre n'est pas un ouvrage comme les autres. Il s'agit d'une véritable plongée au cœur des mystères du monde et des réalités cachées, longtemps ignorées ou dissimulées sous des couches d'ignorance et de désinformation. Si vous avez déjà ressenti que quelque chose manquait à votre compréhension de l'univers, que des vérités essentielles vous échappaient, alors *"Tout ce qu'on nous a toujours caché"* est la clé qui vous permettra d'ouvrir ces portes secrètes et d'accéder à ce que beaucoup préfèrent garder dans l'ombre.

À travers ce premier tome, vous découvrirez plusieurs vérités bouleversantes, dérangeantes mais profondément libératrices. Après des années de recherches intenses et de remises en question, nous avons rassemblé ces révélations pour vous permettre de vous libérer des mythes et des mensonges qui façonnent votre réalité. Ces vérités remettent en question tout ce que vous pensiez savoir – sur la science, la spiritualité, l'histoire, et même sur vous-même.

Pourquoi devez-vous absolument lire ce livre ?

Parce qu'il vous permettra d'ouvrir les yeux sur des vérités cachées que les institutions, les autorités et les systèmes en place tentent de vous dissimuler. Il éveillera votre esprit et allumera en vous cette étincelle qui vous fera voir le monde tel qu'il est réellement, sans filtres ni illusions.

Parce qu'il vous libérera des croyances limitantes, de ces mythes qui nourrissent la peur et vous enferment dans une vision restreinte de la vie. Ce livre vous offre la possibilité de retrouver votre liberté intellectuelle et de reprendre le contrôle sur votre propre pensée.

Mais attention, ce livre n'est pas pour tout le monde. Si vous n'êtes pas prêt à remettre en question vos convictions les plus profondes, à affronter des vérités parfois dérangeantes et à vivre une transformation mentale radicale, alors ce livre n'est probablement pas pour vous.

En revanche, si vous êtes prêt à accueillir la connaissance, à affronter l'inconnu et à vous émerveiller devant des révélations qui changeront à jamais votre vision du monde, alors ce livre est fait pour vous.

Ce que disent les lecteurs :

"Un ouvrage révolutionnaire ! Ce livre a bousculé ma façon de penser et m'a ouvert à des vérités que je n'aurais jamais imaginées."

"J'ai été choqué, mais aussi illuminé. J'ai recommandé ce livre à tous mes proches, c'est une expérience qu'il faut absolument vivre !"

Ne laissez pas l'ignorance vous retenir. Il est temps de prendre en main votre destin, d'éveiller votre esprit et de commencer votre transformation intérieure. Commandez dès aujourd'hui votre exemplaire de *"Tout ce qu'on nous a toujours caché : Les révélations interdites"* et rejoignez les lecteurs qui ont déjà commencé à voir le monde sous un nouveau jour.

Et n'oubliez pas : ces révélations ne sont pas faites pour être gardées secrètes. Partagez-les avec vos proches, vos amis, vos collègues. Ensemble, nous pouvons allumer les esprits, briser les chaînes de l'ignorance et changer le monde.

SUJET 1 : LE BERGER

Amis de la vérité, chercheurs de connaissances et affamés du savoir, bonne journée dominicale.

Savez-vous pourquoi le pasteur, prêtre ou chef religieux est appelé #LE BERGER?

C'est tout simplement parce que l'église est le lieu de rassemblement des #MOUTONS.

Et pour garder les milliers de moutons dociles et obéissants, le berger utilise ce qu'on appelle en psychologie la #Technique Du Loup Imaginaire.

Oui, un loup imaginaire, le berger va leur faire croire qu'il est là, caché dans le buisson avec ses crocs aiguisés, les oreilles pointues, de grandes dents et les yeux couleur de feu injectés de sang.

Tous les moutons seront tétanisés, les pattes tremblantes de peur, les yeux rivés sur le loup imaginaire qui n'existe pas.

Il y en a parmi les moutons qui vont se mettre à crier : "Je l'ai vu, le voilà, il est horrible, je l'entends, qu'est-ce qu'il fait peur". Alors qu'en réalité, ce loup n'existe pas. Mais son témoignage est tellement important que le berger va le soulever pour que sa voix soit perçue par tous les autres moutons terrorisés.

Et pendant cette panique générale, le berger profite pour leur introduire le suppositoire en douce. Ils ne remarquent absolument rien. Et pendant qu'ils sont stupéfiés, hébétés, le berger en profite encore pour leur insérer l'emballage du suppositoire, la boite entière, la notice, la pharmacie et même la firme de fabrication du suppositoire. C'est facile, ils ne sentent rien, ils sont contents, c'est pour leur bien. Les moutons ne remarquent absolument rien, ils sont obsédés par un loup imaginaire. Il peut même leur implanter une puce électronique, les tondre et revendre la laine, les stériliser, les traire pour revendre le lait, leur dire quand, comment, dans quelle position et avec qui s'accoupler.

Durant toute sa vie, le mouton aura peur du loup imaginaire, mais devinez quoi : C'est le berger qui finira par le manger ou encore le conduire à l'abattoir. Et dans le camion qui les mène à l'abattoir, ils seront très contents, ils se frotteront les uns contre les autres ils seront en train de chanter la gloire du berger pour les avoir avertis à temps. Ils auront un sentiment de sécurité.

Oui, effectivement, ils ne seront pas mangés par le loup. Mais une fois à l'abattoir, ils seront égorgés, dépecés, dépouillés et mangés par le bon berger, le pasteur qui leur a fait croire qu'ils sont en sécurité avec lui alors que c'est lui qui les envoie chez le boucher.

La force de cette méthode est que le troupeau de moutons considèrera toujours le berger comme le sauveur.

Bien entendu, il y aura toujours un mouton noir en train de crier à tue-tête que tout ça n'est qu'une connerie, que le loup en question n'existe pas, qu'ils sont victime d'un méchant imaginaire, qui essayera tout pour éveiller le troupeau.

Mais il y aura toujours des meutes de moutons écervelés qui vont essayer de le ridiculiser, l'insulter, dire qu'il abuse de la drogue, que c'est l'excès de poux dans ses cheveux qui lui pompent le sang raison pour laquelle il prend l'arrogance et l'insolence pour intelligence.

La parole des sages sera toujours noyée, méprisée, ridiculisée et étouffée par la bêtise générale ambiante de la médiocrité de la masse.

Oui, vos pasteurs, prêtres et responsables religieux vous ont indiqué le loup imaginaire, c'est l'ennemi de Dieu, Satan le Diable que vous passez des milliers d'années à combattre, vous, des êtres insignifiants, faire le combat de Dieu, l'omnipotent, l'omniscient, l'omniprésent, l'omniTout.

Un Satan que Dieu est incapable de tuer mais a décidé de détruire la terre par un déluge, un Satan qu'il est incapable de tuer mais a décidé de tuer son propre fils, c'est ce Satan qui vous sera indiqué à combattre par vos bergers.

Il suffit de faire un tour sur Youtube pour voir comment des gens fabriquent mensonges sur mensonges pour prouver qu'ils étaient serviteurs de satan dans le monde des ténèbres.

Les moutons qui voient un loup imaginaire, ce sont eux qui tombent dans les églises, ce sont les comédiens qui se font passer pour des miraculés. Ces moutons, ce sont les moutons écervelés qui récitent le Ripopo Rapapa Ramatana Shégué.

Les moutons qui voient le loup imaginaire, ce sont les écervelés qui disent qu'il vaut mieux croire et après la mort découvrir que c'est faux que de ne pas croire et aller découvrir que c'était vrai.

Les moutons qui voient le loup imaginaire, ce sont ceux qui, demain, viendront mettre les niaiseries du genre sur Facebook : "Jésus est Dieu, l'enfer est réel, Jésus revient bientôt, donne ta vie à Jésus...."

Les moutons très contents d'être conduits à l'abattoir, c'est ceux qui voient l'intervention de Dieu dans le football, ceux qui trouvent que Dieu aime un pays qu'il favorise au détriment d'un autre.

Pendant ce temps, il existe des millions d'enfants qui meurent de faim en RDC, il y a la guerre en Palestine, en Ukraine, au Darfour mais ce Dieu n'intervient pas à ces endroits, mais il préfère aller supporter une équipe à la CAN.

Si j'étais adepte d'un tel Dieu, je crois qu'il va me perdre le jour où il ne saura pas ce qu'on appelle la priorité dans la vie humaine.

Votre berger va vous indiquer des centaines de loups imaginaires pour prendre contrôle total de votre vie. Il va dire que votre premier loup, c'est votre famille. Il va vous éloigner de votre famille pour mieux vous traire et vous tondre pour vendre la laine et le lait.

Ils vont vous fabriquer des loups dans votre boulot, votre maison, au sein de vos amis.

Dès que quelqu'un devient un mouton régulier, la première chose qu'il fait, c'est qu'il s'isole du monde entier. Il devient suspicieux, et voit que les autres sont les agents du diable.

Autrefois, les moutons se cachaient un peu, mais désormais, ils sont en train d'envahir les réseaux sociaux pour recruter d'autres moutons à mener à l'abattoir.

Ils vont vous faire détester l'intelligence. Ils vous diront que la Bible est la parole de Dieu.

Comment un livre composé de poèmes, fables, lois, correspondances, récits imaginaires peut être parole de Dieu?

Comment un livre rempli de contradiction peut être parole de Dieu?

La Bible qui dit que personne n'a jamais vu Dieu, c'est cette Bible qui dit que Jacob s'est battu avec Dieu.

Le Livre de Jean qui dit que Jésus est Dieu, c'est ce livre qui dit que seul Jésus a vu Dieu.

On doit retenir quoi?

En quoi la lettre de Paul aux Corinthiens est la parole de Dieu? En quoi cette lettre a un rapport avec le Yoruba, le Goun et le Mahi?

On ne quittera jamais ici si on veut aligner l'incohérence contenue dans ce que vous appelez parole de Dieu.

Les gens ne savent pas que c'est l'église catholique qui a décidé de choisir le dimanche comme jour de culte pour honorer le Dieu Soleil en l'honneur de Constantin qui adore Apollon, le Dieu de Lumière. Le vrai sabbat, je jour du Seigneur, c'est du vendredi soir au samedi soir et le Dimanche, c'est le jour d'une divinité Grecque.

Ceux qui se plaignent que je les bloque, c'est pour préserver mon intellect, la bêtise est très contagieuse et un commentaire qui souffre de carence en logique vient forcément d'un analphabète mental qui pensent que la foi prime sur la connaissance alors que c'est l'absence de connaissance qui renforce la foi.

Moi je n'ai plus rien à démontrer, c'est à vous de nous prouver que vous n'êtes pas des moutons décérébrés dans la défense de votre foi du charbonnier.

SUJET 2 : LES MYSTÈRES D'AFRIQUE...

Dans les années 80, il y avait dans l'OUÉMÉ un redoutable groupe de Houngangbo dirigé par un personnage mythique appelé #Adandé AZALOU.

Le Houngangbo est un groupe folklorique de tambours géants qui font trembler une localité. Pour les avoir en spectacle, il faut avoir des moyens colossaux car ils donnent des spectacles sur plusieurs jours lors des cérémonies dites Agô après les obsèques d'un dignitaire ou une personnalité qui a laissé des héritages conséquents.

La spécificité du groupe de Adandé Azalou, c'est qu'au dernier jour de spectacle, il coupe la tête à l'un de ses enfants, et après des incantations, il le ressuscite et ce dernier se met à danser devant une foule subjuguée.

Il a une bouteille de sodabi dans laquelle il y a plusieurs types de serpents.

Ma grand-mère, paix à son âme, en parlait tellement qu'un jour, j'ai marché plusieurs heures pour assister à l'un de ses spectacles à Gbakpo-Yênouaklé.

Devant moi, à l'époque, les gens faisaient un rang pour acheter un Talokpémi du Sodabi serpenté. On lui attribuait toutes les vertus du monde.

Coup de chance, j'ai eu à vivre, au début du crépuscule, le numéro où il coupe la tête à son fils. Il a enfoncé un couteau au cou du jeune homme. On pouvait voir la gorge à moitié tranchée couverte de sang. Le gars avait sorti la langue avec du sang dans la bouche. Rapidement, il fut couvert de pagne noir. La foule était en ébullition. Il y avait des tremblements de cœur. Ceux qui ne pouvaient pas supporter le spectacle ont détalé.

Très observateur, j'ai remarqué une dissonance entre le récit que j'ai reçu et le spectacle auquel j'ai assisté.

La tête n'a pas été détachée. J'ai un oncle qui a même ajouté qu'il découpait l'enfant en plusieurs morceaux avant de tout recoller. Rien de cela ne s'est produit.

Après avoir couvert le présumé cadavre de linceul, dans mon observation, je remarque qu'ils ont couvert un canari avec un pagne blanc imbibé de sang. Il l'ont soulevé pour montrer à la foule. Il a Commencé à faire nuit, tout le monde voyait flou. Tout le monde sauf moi, j'ai les yeux de sphinx, je peux voir dans un string.

Après la séance de prestidigitation, ils ont relevé le jeune homme qui s'est mis à danser et les gens, obnubilés, donnaient beaucoup d'argent.

J'ai assisté à la mascarade et je savais qu'on s'est fait mettre très profond. Mais je ne pouvais démontrer comment ça s'est passé. Je n'avais pas les moyens pour le faire, pas avant d'aller à l'école de la prestidigitation où j'ai découvert le couteau magique.

Voyez-vous, les gens sont prêts à vous faire avaler n'importe quoi sous le vocable de la spiritualité africaine.

C'est en voyant cette vidéo sur TikTok que je me suis rappelé de cette histoire.

Ma grand-mère est décédée en croyant à cette mascarade. Aucun de mes enfants n'y croira. La preuve que les enfants nés aujourd'hui seront toujours plus intelligents que les ancêtres décédés hier.

J'espère qu'il y aura des gens ici pour se rappeler du fameux groupe de Houngangbo en question.

Quand vous refusez d'aller à l'école de la connaissance, les gens vont vous remplir la tête de bricoles inventées sur l'autel de l'ignorance absolue.

SUJET 3 : À QUOI SERVAIENT LES PYRAMIDES ?

Lors du débat, j'ai déclaré que la structure humaine encore debout à ce jour est un tombeau et il s'agit des pyramides. Mon interlocuteur a sursauté de son siège et a mis la main sur la tête pour marquer sa désapprobation.

Pour lui, ce qu'il ne connaît pas, dès que j'en parle, c'est faux. Il n'a même pas l'humilité de se dire que peut-être le gars a des informations auxquelles lui n'a pas accès.

En venant au débat, j'ai exprimé le vœu que ce soit un échange de connaissances. La base du débat devrait être LA CONNAISSANCE et non la démonstration de l'ignorance emballée dans un long discours des quatre éléments de la nature.

Un élève qui a fait physique en 4ème connaît le nombre d'éléments qui existe sur le tableau périodique et ce n'est pas quatre.

En évoquant les pyramides comme tombeau, c'est pour montrer que LA MORT est le pilier central de la spiritualité ancestrale.

Dans chaque famille, la première chose qu'on voit, c'est la case des morts appelée Yôhô en Goun où on retrouve la représentation des morts.

Mon interlocuteur disait qu'il n'a pas que le Yôhô qu'il y a le Vodounhô. Malheureusement qu'il ne connaît rien à la véritable structure vodoun sinon il saurait que le Vodounhô est complètement hors des concessions, à la place publique appelée Vodoun Hônto.

J'ai quand-même mal d'être celui qui donne les informations à quelqu'un qui vit de la chose.

Une fois encore, on a la preuve que les vendeurs de fétiches sont de véritables INCULTES qui ne sont intéressés que par leur commerce de peurs et de fétiches.

La **Grande Pyramide de Gizeh** [a] est la plus grande pyramide égyptienne . Elle servait de tombeau au pharaon Khéops , qui régna pendant la quatrième dynastie de l' Ancien Empire . Construite vers 2600 av. J.-C. [3] , sur une période d'environ 27 ans [4] , la pyramide est la plus ancienne des Sept Merveilles du Monde Antique et la seule merveille qui soit restée en grande partie intacte. C'est le monument le plus célèbre du complexe pyramidal de Gizeh , qui fait partie du site du patrimoine mondial de l'UNESCO « Memphis et sa nécropole ». [5] Elle est située à l'extrémité nord-est de la ligne des trois principales pyramides de Gizeh .

Grande pyramide de Gizeh

La Grande Pyramide en mars 2005

SUJET 4 : LES JUMEAUX SONT LE FRUIT DE L'ADULTÈRE....

Le fait de penser que les jumeaux sont le fruit de l'adultère entre un esprit et la mère n'est pas une spécificité des ethnies Nigérianes qui assassinent les enfants gémellaires et/ou les abandonnent.

Dans la mythologie grecque, le Héro #Hercules encore connu sous le nom #Héraclès est issu d'une longue nuit d'amour entre Zeus qui s'est déguisé en #Amphitryon pour coucher avec #Alcmène, la femme de Amphitryon.

Le lendemain, quand son mari est rentré, elle fait encore l'amour avec lui et c'est ce qui a donné une grossesse gémellaire.

Quand j'ai évoqué ce récit pour justifier que ce n'est pas une croyance typiquement africaine, mon interlocuteur, pour montrer que je raconte n'importe quoi s'est mis à faire des gestes ridicules. Or, au début des débats, j'ai bien dit que "Je ne sais pas" n'est pas une réponse pour les amateurs de bricoles. Il ne sait pas, mais il ne veut pas que les gens croient à ce que je dis.

Je ne vais jamais arrêter de le dire, si vous refusez d'aller à l'école de la connaissance, les incultes ignorants vendeurs de fétiches vont vous vendre la bricole.

Il y a quelques années, les divinités imaginaires fabriquées par nos parents étaient craintes. Aujourd'hui, elles ont été brûlées, jetées et leur emplacement vendu.

Il n'existe de divinité apparue d'elle-même si ce n'est pas l'homme.

Les vendeurs de fétiches sont NATURELLEMENT des INCULTES qui n'en ont que derrière l'argent des clients. Ils sont coupés de toutes les réalités factuelles.

Le culte des jumeaux est né au Nigéria pour mettre fin à cet infanticide qui continue d'ailleurs.

Et pourquoi les gens sont obligés de tuer leurs enfants ? Par IGNORANCE ABSOLUE.

Puisqu'ils ne savent pas comment une seule grossesse peut donner deux enfants, ils s'IMAGINENT que c'est un mauvais esprit qui a commis l'adultère avec la mère.

Cette croyance est bien entendu entretenue par les gardiens de la tradition, ceux qui préservent et gardent l'ignorance de leurs ancêtres comme l'or.

Et pourtant, à quelques kilomètres de là, il y a des cliniques de fertilité qui font des reproductions in-vitro et les clientes font toujours le choix de jumeaux.

Si un vendeur de fétiches vous parle de malédictions liées aux jumeaux, sachez donc que c'est un PARFAIT ANALPHABÈTE qui ne sait ABSOLUMENT RIEN ou qui, même s'il en sait quelque chose, a besoin de votre argent contre quelques bouts de bois sculptés inanimés.

Un facteur majeur dans les tragédies bien connues entourant Héraclès est la haine que la déesse Héra , épouse de Zeus , avait pour lui. Héraclès était le fils de la liaison de Zeus avec la mortelle Alcmène . Lorsque Zeus désirait Alcmène, il décida de faire durer une nuit trois en ordonnant à Hélios , le dieu du soleil, de ne pas se lever pendant trois jours, afin qu'il puisse passer plus de temps avec Alcmène. [30] Zeus fit l'amour avec elle après s'être déguisé en son mari, Amphitryon , rentré tôt de la guerre (Amphitryon revint plus tard dans la même nuit, et Alcmène tomba enceinte de son fils en même temps, un cas de superfécondation hétéropaternelle , où une femme porte des jumeaux engendrés par des pères différents). [31] Ainsi, l'existence même d'Héraclès prouva au moins l'une des nombreuses liaisons illicites de Zeus, et Héra conspirait souvent contre la progéniture mortelle de Zeus pour se venger des infidélités de son mari. Son frère jumeau mortel, fils d'Amphitryon, était Iphiclès , père d'Iolaos, le cocher d' Héraclès .

SUJET 5 : PAS DE REINCARNATION

L'enfant qui vient de naître est mille fois plus intelligent, plus fort, et plus équilibré que l'ancêtre décédé hier.

Le dernier aux Jeux Olympiques <u>Paris 2024</u> en 100 mètres plat est plus rapide que le premier aux Jeux Olympiques en 1988.

Aucun ancêtre décédé ne peut aider la génération future en quoi que ce soit.

Comment ton ancêtre illettré qui n'a même pas un acte de naissance va t'aider à passer le BAC avec mention ?

Si les morts avaient un pouvoir, ils seraient capables de s'enterrer eux-mêmes. Si les morts avaient un pouvoir, aucun oncle ne sortirait ses enfants de la maison qu'il a construit. Si les morts avaient de pouvoir, aucun orphelin ne manquerait de rien, et aucune veuve ne souffrirait.

L'homme est un être sentimental. C'est normal d'être affecté par la perte des nôtres.

Il nous arrive d'être affecté par le décès de quelqu'un qu'on n'a jamais vu ou qu'on a vu seulement à la télé.

Alors, c'est normal d'être affecté par le décès d'un frère, un père, une mère et autre. La seule influence que ces derniers peuvent avoir sur nous est notre incapacité à nous en remettre émotionnellement de cette perte. Ils ne peuvent JAMAIS constituer un blocage quelconque ou quoi que ce soit.

Les morts ne sont pas morts dans nos mémoires. En dehors de notre souvenir, ils n'existent plus. Personne n'existait avant sa naissance. Et personne ne continue d'exister après sa mort.

La réincarnation n'existe pas. Le karma n'existe pas. Tu peux être méchant et faire des vieux os. La seule chose que tu laisseras sera un mauvais souvenir. Si le karma existait, personne ne serait capable de tuer plus d'un seul être humain.

Un être humain est un tout, il n'est pas en pièce détachée avec une batterie amovible.

Si vous manquez de culture et de connaissances, les vendeurs de fétiches qui ne connaissent même pas l'origine de leurs fétiches vont vous dépouiller jusqu'aux os.

L'humanité est évolutive et la sélection naturelle existe dans tous les domaines. Les moutons seront toujours dévorés par les loups qui leur diront qu'ils auront de blocage s'ils n'achètent pas tel ou tel autre fétiche.

Tous les jours, les vendeurs de fétiches vont vous distiller la peur à compte goutte pour vous déstabiliser et vous faire miroiter une prospérité illusoire. Ils œuvrent en bande organisée avec des ramifications que vous ne soupçonnez même pas.

Aujourd'hui, toutes les petites vendeuses de vagin se promènent avec des Botchios qu'elles arborent fièrement. Les services de communication des vendeurs de fétiches leur ont fait croire que c'est ce morceau de bois sculpté qui va leur apporter l'énergie qui manque à leur vie pour avoir un éclat et attirer un pigeon qui va dépenser sur elles.

Vous voyez vos frères qui sont très malheureux parce que les vendeurs de fétiches leur ont fait croire que c'est le Fâ qui va les aider à trouver un boulot et avoir une prospérité.

Ils se culpabilisent au quotidien et certains, faibles d'esprit et sans connaissance pour reconnaître une arnaque, se donnent même la mort par désespoir car on a réussi à leur mettre dans la tête que les esprits font un combat contre eux. Vous avez le cas du jeune de Parakou.

D'autres sont prêts à tuer les enfants de 8 ans et découper les organes dans l'attente d'une richesse prochaine.

Si vous êtes incapables de maîtriser ce qui vous entoure, ce n'est pas ce qui est dans l'ombre vous allez connaître. Vous n'avez aucune notion de marché, de formation qui paye, du taux de chômage, des opportunités d'affaires et autres, et vous croyez que vous avez un blocage.

Les petits Avôcè de Avrankou, Adjarra, Missérété et autres ont déjà porté une chemise, ont traversé la frontière, gagnent des milliers de francs au Nigéria, Niger, Mali, Guinée, Congo, Gabon et j'en passe. Beaucoup ont abandonné leur garage au pays pour trouver mieux.

L'instinct de survie doit vous pousser dans la quête quotidienne. Le Fâ n'est bénéfique qu'aux vendeurs de fétiches qui vont assurer leurs repas.

Le Fâ a 400 ans d'existence et n'a ABSOLUMENT RIEN APPORTÉ À L'AFRIQUE.

Il suffit de vous référer à l'histoire pour constater la suprématie de la science et de la technologie.

Arrêtez de suivre les vendeurs de peur qui ont une solution magique pour vous. C'est de PARFAITS IGNORANTS.

SUJET 6 : LES LIVRES SAINTS SONT-ILS INDESTRUCTIBLES ?

La Bible et le Coran sont-ils des fétiches ? Ma très grande amie <u>Hayat Singa Fohe</u>, paix et bénédiction sur elle, raconte qu'après une grande incendie de la maison de son vénéré grand-père où le mur s'est effrité, le toit calciné, le fer a fondu et l'or est réduit en poudre, ils ont retrouvé un Coran intact dans les cendres, sans une trace de flamme.

Avant elle, lorsque je colportais la parole de Dieu de maison en maison, je suis tombé nez à nez sur un quidam apparemment très ennuyé qui ne voulait pas me laisser partir, tellement il aimait le zèle et la fougue avec laquelle je lui parle de Jésus. Je lui parlais de la puissance de la Parole de Dieu, de comment ça peut changer des vies et de sa précision car, tout ce qu'elle projette se réalise. De nulle part, sûrement pour me donner raison, il ajouta que la Bible est si puissante que, même si on brûle une page, on pourrait toujours lire les écrits sur les cendres. J'ai dû acquiescé, comme ça comme ça.

J'étais jeune, affamé de savoir, et on ne me fait pas avaler n'importe quoi. J'adorai faire les débats où je sortais très victorieux car je n'avance jamais rien que je ne puisse prouver. Puisque je ne pouvais pas arracher une page de ma Bible pour reproduire l'expérience, j'ai essayé avec un de mes écrits religieux quelconque. Résultat : Oui, quand on brûle n'importe quel papier imprimé dont le vent n'a pas encore emporté les cendres, on peut toujours voir les traces de l'encre, l'écrit. Conclusion : ce n'est pas une propriété exclusive de la Bible, c'est l'encre qui n'est pas facilement destructive au feu.

Comme ma Tata #Hayath et mon interlocuteur, il existe des millions de croyants qui attribuent des vertus mystérieuses et mystiques à des livres dits saints.

Pour ne pas faire des cauchemars horribles et des mauvais rêves, beaucoup mettent la Bible ou le Coran sous l'oreiller. D'autres collent des stickers imprimés de passages bibliques ou coraniques sur leurs moyens de déplacement dans l'espoir de prévenir un accident ou le cas échéant, en sortir indemne.

Beaucoup d'autres ont des versets bibliques spécifiques copiés sur papier dans leurs portefeuilles, sac à main, voiture et autres.

Il y a des millions de personnes qui ont sur eux, une bible de poche, de la taille d'une paume qu'elles n'ouvrent jamais. Pour ces gens, ce morceau de papier imprimé est une protection, un fétiche tout risque, un gris-gris.

Il y a même des pasteurs incultes qui crient depuis l'estrade que "Quand tu ouvres ta Bible, le Diable a un mal de tête". Or selon la même Bible, le Diable connaît plus la Bible que

Jésus. D'ailleurs, dans la Bible Hébraïque, Satan est mentionné 27 fois et Jésus y figure zéro fois.

À ceux-ci, il faut ajouter ceux qui pensent qu'il existe dans la Bible ou le Coran des passages spéciaux qui peuvent donner la folie à quiconque s'aventure à les lire.

J'avais 6 ans au plus quand je revenais de l'église avec ma Bible en main quand, chez ma grand-mère où je fais toujours escale, un adulte m'a dit qu'un enfant ne touche pas à la Bible ou ne lit pas les psaumes sinon il devient fou.

Je ne trouve pas superflu de mentionner ceux qui pensent que déchirer, altérer, brûler ou détruire un livre dit saint porte malheur et l'auteur encoure des répercussions mystiques.

Tout ce qui a été cité ci-haut n'est qu'un gros mythe et des légendes urbaines à inscrire à la rubrique Dôhi d'une revue fictive éditée au Grin.

OUI, on peut retrouver un Coran intact après une incendie. Ça n'a absolument rien de miraculeux ou mystérieux car, le Coran dans une maison bénéficie de soins particuliers, souvent hors de la portée de n'importe quoi. En plus, le Coran a une protection appelée Couverture ou page de garde fabriquée en matériaux très durs et qui peuvent être très résistants. Même les papiers hygiéniques résisteront s'ils bénéficient de la même couverture que le coran. Même un roman pornographique s'en sortira dans les mêmes conditions de préservation.

La Bible ou le Coran ne sont que du papier tiré du coton et des écorces d'arbres à qui on a ajouté de l'encre. RIEN DE PLUS.

Il y a des gens qui ne connaissent pas la signification du mot SACRÉ. Le sacré est une convention, une règle établie à laquelle on adhère ou pas. Le sacré, c'est ce qui est mis à part, mis en valeur, mis en évidence. C'est donc l'homme, l'attitude de l'homme et son rapport avec, qui déterminent la valeur du sacré. Le sacré est donc un pouvoir, une puissance que l'homme projette sur un objet réel ou imaginaire, une chose, un lieu, une assertion.

Dès que l'homme tourne le dos, le sacré perd son caractère. Dès que le sacré change d'environnement, il perd son caractère. Je ne vais pas parler du python royal qui a un temple en béton à Ouidah et se repose dans les casseroles à Sakété.

Déchirer ou brûler le Coran ou la Bible n'aura aucune incidence sur votre vie à part la fumée qui peut vous brûler les yeux.

Le pire qui peut vous arriver, c'est la colère des féticheurs de la Bible ou du Coran. Ils vont vous menacer, mettre en danger votre vie, voire vous éliminer. Faites un tour sur Google pour voir ce qu'a créé l'Irakien qui a brûlé un Coran devant une mosquée en Suède le 28 Juin 2023.

OUI, les chrétiens et les musulmans sont de très grands féticheurs. Le fétichisme, c'est le fait de conférer un pouvoir, une puissance à un objet inanimé ou un être vivant. Que ce soit la Bible, la croix, la bougie, le crucifix, le chapelet, le prêtre, le Pape, le pasteur, l'huile d'onction, la dîme, l'image des saints, l'effigie de Marie ou autre, tant que vous croyez qu'ils ont des pouvoirs mystérieux, c'est du fétichisme encore appelé animisme.

Se prosterner devant son prêtre, pasteur ou bishop, c'est du très haut fétichisme.

Le fétichisme est si poussé chez les chrétiens qu'ils pensent que lire la Bible sur les supports électroniques n'a pas les mêmes vertus que la Bible imprimée.

Mon oncle m'a raconté qu'il était chez une tougbédjè qui a recouvert la photo de Jésus sur le mur avant de sexpliquer avec lui. Un autre cousin très proche m'a dit que sa tougbédjè enlève toujours sa chaîne au pandantif en croix du cou avant de faire les louanges sur son micro.

Les gens sont énervés quand je leur dit que le christianisme est une falsification des religions traditionnelles.

En Afrique par exemple, les louanges et adorations religieuses sont une copie conforme des cultes du vodoun et de la manière d'adoration des rois, dignitaires et têtes couronnées de la tradition.

Prenez par exemple les louanges Yoruba, c'est une copie conforme des panégyriques des palais royaux. On entend les incantations du genre "Origuigui, Oraguagua, Kabiéssi, Arèbètètè...." C'est les choses des palais royaux et temples des divinités ancestrales qui ont été raziées et parachutées dans les églises africaines. Vous ne verrez rien de tout ça en Occident et en Orient, les lieux de naissance du christianisme.

Donc, les menaces et intimidations sous formes de légendes urbaines destinées à terroriser utilisées par les adeptes vodoun à propos de leurs fétiches et divinités seront reprises par les chrétiens et musulmans à propos de leurs fétiches aussi.

Tout le monde sait ce que les adeptes des vodoun et autres disent de leurs divinités fabriquées de leurs mains. Et pourtant, tous les jours, les gens brûlent les fétiches, cassent les Tolêgba, incendient les temples, vendent les couvents vodoun pour boire Sodabi avec le revenu et rien ne se passe.

Bien entendu, il y a des histoires à dormir debout où les gens auraient jeté les botchios ou Atinkpavi, les statuettes de jumeaux et malheur leur serait arrivée. C'est du Dôhi.

Le mensonge est un sport national au Bénin et celui qui sait mentir le plus est couronné. Il y avait il y a trois mois, une fausse histoire d'un pasteur qui serait allé casser un Tolêgba et ne pouvait plus bouger après. La vérité est qu'il s'agit d'un malade mental qui allait régulièrement casser la terre rouge pour se défouler. Il avait bien l'habitude de rester sous le hangar du Tolêgba et un jour, il décide de le casser. Il avait bien fini et s'en allait quand les gens sont allés le chercher pour le retourner dans la cabane, l'ont filmé et ont inventé sur place l'histoire d'immobilisation. Les vendeurs de fétiches ont massivement publié le mensonge. Je vais mettre la réalité des faits et les témoignages vidéo en commentaire.

À Tokpota, un voisin a implanté des gris-gris et des fumisteries devant une église évangélique pour protester contre les nuisances sonores. Quand j'ai donné mon avis et demandé au pasteur d'y foutre le feu, un quidam est venu inbox me dire que le pasteur serait un ancien client du Bokonon et serait un débiteur insolvable. Juste pour attirer mon attention, il a créé ce gros mensonge croyant que je suis friand des kpafloteries. Finalement, le pasteur a bien foutu le feu à son simulacre et rien ne s'est passé.

Pour finir, la Bible, le Coran, les amulettes, les bagues mystiques, les gris-gris, la croix au cou, tout ça ne sont que des objets d'intimidation, sans aucune puissance ailleurs que dans l'imagination de son porteur.

La Bible et le Coran ne sont pas vaccinés contre le feu. Ce ne sont pas des fétiches. Les seuls moments où ils peuvent vous sanctifier, c'est en cas de rupture de papiers hygiéniques, vous pouvez en user pour sanctifier le fion et chasser les démons de mauvaise odeur.

SUJET 7 : DIFFÉRENCE ENTRE UN CHRÉTIEN ET UN ATHÉE !

À ce jour, nous sommes à 10.000 religions ou plus créées par l'humanité sans compter les différents démembrements.

Ces 10.000 religions sont uniquement celles qui sont répertoriées dans les grandes cultures. Elles basent donc leurs cultes autour de plus de 5.000 divinités ou Dieux. On ne parle même pas des Dieux départementaux tels Daagbo, Auto-Auto et j'en passe.

Un chrétien, c'est quelqu'un qui, parmi les 5.000 Dieux, décide d'adorer un seul, enfin, ce qu'on essaie de nous faire croire sinon, dans certaines dénominations chrétiennes, il y a plus de divinités que dans le panthéon grec. Le chrétiens rejette donc 4.999 Dieux.

Un athée quant à lui, c'est quelqu'un qui, de tous les 5.000 Dieux, décide de n'adorer AUCUN. L'athée rejette de facto 5.000 Dieux.

Un chrétien, c'est donc un Athée qui a choisi un seul Dieu, rejetant 4.999 autres.

Si tu es chrétien, c'est parceque ceux qui t'ont élevé t'ont obligé à y croire depuis ta naissance. Si tu étais né dans une autre famille, tu croirais sûrement à une autre divinité imaginaire.

Le musulman sait que les 6 milliards de non musulmans et certains musulmans pêcheurs iront en enfer.

Le chrétiens sait que les 6 milliards de non chrétiens et les chrétiens pêcheurs iront en enfer.

Au total, chaque être humain ira dans plus de 10.000 enfers si on s'en tient aux religions existantes.

Vos parents ne connaissent pas tout, ils vous ont transmis 99% de leurs ignorances. C'est pour être meilleur qu'eux qu'ils vous ont envoyé à l'école. Mais si après le CEP, BEPC, BAC, LICENCE, MASTERS ET DOCTORAT, vous continuez à croire que le Fifobo existe, c'est que vous n'avez pas un cerveau plus gros qu'un pois chiche.

SUJET 8 : 666 : UN NOMBRE SATANIQUE ?

Beaucoup de supposés chrétiens étaient choqués de voir les symboles dits païens lors de l'ouverture des Jeux Olympiques d'Été <u>Paris 2024</u>.

Pour les gens comme moi, il n'y a rien de surprenant car on sait que ce qui caractérise les chrétiens, c'est l'obscurantisme et le manque criard de culture générale et de notion d'histoire. Ils ne savent donc pas que les Jeux Olympiques existaient avant qu'un seul mot ait été écrit sur le parchemin qui un jour deviendra la Bible qu'ils appellent par ignorance la parole de Dieu.

Les premiers Jeux olympiques connus ont eu lieu au cours de l'été 776 avant J.-C. à Olympie, un site situé dans le sud de la Grèce où l'on se rendait pour vénérer les dieux.

Les Jeux olympiques ont été créés en l'honneur du Dieu le plus célèbre de la Grèce antique : Zeus, le roi des dieux. Les athlètes priaient Zeus pour obtenir la victoire et faisaient des offrandes pour le remercier de leurs succès.

Donc en peu de mots, les jeux olympiques ne sont pas des évènements chrétiens et existaient 1.000 ans avant la naissance du Christianisme.

Le tableau de la "Sainte Cène" représenté à Paris est plutôt un tableau où les divinités grecques étaient à un banquet et non Jésus et ses 12 camarades. On peut donc dire sans risque de se tromper que c'est <u>#Léonard de Vinci</u> qui s'est inspiré de la mythologie grecque pour pondre son tableau et que la représentation de Paris est bien dans la logique.

D'ailleurs, l'indignation des pseudos chrétiens prouve que le christianisme est une religion d'idolâtrie et de fétichisme.

S'indigner de voir les symboles dits "païens" aux jeux olympiques, c'est comme être surpris de voir un crucifix au Vatican.

Ensuite, les pseudos chrétiens ont vu l'un des quatre chevaliers de l'Apocalypse ce qui leur prouve que nous sommes les derniers jours et l'enlèvement de l'église est proche et Jésus revient bientôt.

Tout d'abord, le livre Apocalypse est le dernier livre à être ajouté au canon biblique car c'est bien un livre de fiction qui décrit un passé avec des expressions imagées pour n'être compréhensible qu'à ceux à qui il est destiné.

C'est d'ailleurs sur ce livre que se basent la majorité des charlatans incultes qui font la prédiction de la fin du monde.

C'est sur la base de ce livre que le nombre 666 est collé à tout ce qui est SATANIQUE, démoniaque ou lié aux sectes et à l'antichrist.

Apocalypse 13:18 "C'est ici la sagesse. Que celui qui a de l'intelligence calcule le nombre de la bête. Car c'est un nombre d'hommes, et son nombre est six cent soixante-six."

Les érudits et les lecteurs des premiers écrits de l'Église savent depuis longtemps ce que signifie le nombre 666. En termes simples, il s'agit du nombre du nom de César Néron.

Au début de l'année 2017, au Bénin, il était interdit de mentionner le nom du président de la république sauf si on a envie de se retrouver en prison. Les illuminés de l'époque lui ont donc fabriqué plusieurs surnoms entre autres : #Taïrou, #Afôkpa, #Papa Glyphosate, #Mikpégbêdji, #Aguidiman, ...

Pour comprendre les écrits contenant ces surnoms, il faut soit être béninois, soit avoir une grande culture de la politique au Bénin.

Le passage biblique d'où est tiré ce nombre dit clairement que c'est un nombre mathématique qu'il faut calculer et pour ce faire, il faut être intelligent.

Malheureusement, le passage a demandé l'intelligence, ce qui est interdit dans les religions abrahamiques qui préfèrent la foi aveugle à la connaissance sous leurs yeux.

Les chrétiens du premier siècle ont surnommé César Néron 666, la Bête car c'est sous son règne de 54 à 68 que la persécution a vraiment commencé pour eux car Néron les faisait tuer pour son plaisir et est même allé jusqu'à brûler Rome et a accusé les chrétiens d'être auteur de cette incendie alors qu'il voulait dérouler un nouveau plan d'urbanisme.

Je vous invite à lire l'histoire de Néron ensuite lire ce que l'écrivain de Apocalypse dit de la bête.

Pour faire court, le nombre 666 n'a aucune connotation sur le futur et le livre de Apocalypse n'est qu'une fiction d'une époque révolue qui n'a aucun rapport avec le futur. C'est donc par ignorance que les crétins se basent sur ce livre pour prédire l'avenir et les évènements qui auront lieu dans le futur. D'ailleurs, toutes leurs prédications se sont révélées fausses. On peut citer les témoins de Jéhovah qui ont prédit la fin du monde plus de 10 fois et d'autres religions qui ont fait de même et ont incité leurs membres à un suicide collectif pour éviter la colère de ce qu'ils appellent "Le Jour Du Seigneur".

Beaucoup de pasteurs incultes ignorants continuent de détecter les signes de l'antichrist et la marque de la bête partout et sur tout pour pour continuer à vendre la peur à leurs ouailles.

Aux États-Unis par exemple, beaucoup refusent un numéro de téléphone qui se termine par 666. D'autres refusent d'acheter un produit qui coûte $666 et préfèrent payer $670.

Il y a tellement de symboles tirés du livre Apocalypse que certaines personnes vivent dans la peur et la paranoïa permanente.

À mes amis "Jésus revient bientôt", il est temps d'arrêter de vous mentir à vous mêmes. Qu'un enfant croit au Père Noël, c'est très mignon, mais quand les adultes mâtures à jour de leur vaccination ne savent pas que c'est eux le père

Noël de leurs enfants, ça devient un problème psychologique et il faut rechercher l'aide d'un médecin traitant.

La connaissance n'est pas une opinion. La connaissance est universelle et ne peut être mise en cause par une opinion.

Être bête et idiot au point de croire qu'il existe le Fifobo, c'est votre droit. Ceux qui ont la connaissance savent ce qu'est la prestidigitation, le mensonge, les fables et les mythes.

SUJET 9 : LE MARIAGE RELIGIEUX EST-IL BIBLIQUE ?

Pour ceux qui sont pressés et ont autre chose à faire que de perdre 69 secondes pour aiguiser gratuitement leur esprit, la réponse courte, c'est NON !

Selon la Bible, le mariage, c'est quand deux personnes mâtures de sexe opposé décident de se mettre ensemble pour sexpliquer et faire des enfants.

Puisque la Bible ne considère pas la femme comme un être entièrement à part mais comme une propriété, le mariage va donc devenir le processus par lequel l'ancien propriétaire (le père) transfère son titre de propriété (le patronyme) au nouveau propriétaire (le mari). La femme n'a donc pas de consentement car n'ayant pas d'existence juridique.

Le transfert de titre ne se fait pas gratuitement, c'est accompagné de cadeaux. C'est ça qu'on appelle le prix de la fiancée. En mauvais français, les gens disent la dot. Or, la dot, c'est ce que la famille d'une femme paye à un homme pour prendre leur fille pour épouse.

Ce que la Bible reconnaît, c'est l'accord entre l'homme et la femme pour vivre ensemble et procréer, et pour éviter les conflits, avec la bénédiction des familles impliquées.

D'OÙ VIENNENT ALORS LE MARIAGE CIVIL ET RELIGIEUX ?

Ce serait utopique de donner une date exacte où l'enregistrement d'une union auprès des autorités judiciaires locales a commencé. On retrouve dans le code d'hammourabi, un texte de loi qui date de 2000 ans avant Jésus et 1000 ans avant la Bible, les conditions spéciales du divorce. Ce qui veut dire qu'il existe un processus d'enregistrement du mariage.

On enregistrait donc le mariage pour prouver son titre de propriété sur une femme en cas où elle s'enfuit pour s'installer chez un autre homme.

L'autre raison pour laquelle on enregistrait le mariage auprès de l'officier d'État civil est pour avoir des réductions sur les taxes et les impôts.

Dans les sociétés expansionnistes, le fait d'enregistrer son mariage permet d'être dispensé du service militaire et d'être enrôlé manu-militari dans les effectifs des soldats car, dans certaines sociétés, ceux qui n'ont pas encore fait un enfant mâle, ceux qui n'ont pas un successeurs ne peuvent pas être envoyé au front où ils peuvent ne jamais revenir.

Donc le mariage civil, ou l'enregistrement du mariage, avait plusieurs avantages à l'époque.

Au déclin de l'empire Romain, l'église catholique qui était la représentation de cet empire colonial dans chaque partie du monde a conservé les pratiques administratives qu'elle assurait au nom de l'empire.

Ainsi, dans les années 1100, l'église catholique va transformer l'enregistrement du mariage en l'un des 7 sacrements de l'église catholique.

Après la révolution française qui avait permis la séparation de l'état de l'église, l'état va donc décerner les droits d'enregistrement de mariage au clergé qui avait de représentation partout où l'état n'avait pas les moyens d'installer un officier.

C'est ainsi, qu'à nos jours, certains responsables d'église jouent le rôle d'officier d'état civil et enregistrent les naissances, les mariages et les décès dans les pays occidentaux.

Dans ces pays, on fait un seul mariage, pas deux, le civil et le religieux. D'ailleurs, n'importe qui peut avoir le permis ou l'autorisation d'officier un mariage : un pilote, un capitaine de navire, un directeur de casino, même un comédien d'un cirque.

Ainsi, pour déclarer les deux mari et femme, ils doivent prononcer la formule : "En vertu des pouvoirs qui me sont conférés par ... (Ils précisent l'autorité qui leur a confié le pouvoir) je vous déclare mari et femme".

C'est en Afrique que tout est mélangé. Les chefs religieux ne sont pas des officiers d'état civil. C'est pourquoi ils exigent que le mariage civil se fasse à la mairie avant le mariage religieux. Ils savent très bien que ce qu'ils font n'a aucune importance ou signification juridique c'est pourquoi ils appellent ça "BÉNÉDICTION DE L'UNION".

Beaucoup de Nigérians des églises du réveil l'ont appris de la manière très dure. C'est après 10, 20 et 30 ans de mariage qu'ils ont appris que le mariage religieux n'avait aucune valeur juridique devant les tribunaux.

Alors, le véritable mariage, c'est quand Églantine et Antonin acceptent marcher ensemble pour faire des enfants et les deux se connaissent en vue de faire la chose de papa et maman.

Ce qui se fait à la commune s'appelle "Enregistrement du mariage" ou officialisation du mariage. Le terme officialisation veut juste dire que l'un des époux peut bénéficier des avantages liés au mariage auprès des pouvoirs publics. C'est tout. Ne pas le faire ne veut pas dire que le mariage n'existe pas. Ce n'est Utile que dans l'administration publique, par exemple, pour voyager, bénéficier des avantages fiscaux, d'aide alimentaire et sociales.

Dans les pays occidentaux, il y a des millions de célibataires qui sont obligés d'avoir un papier de mariage pour ne pas avoir à payer les taxes exorbitantes, puisqu'il y a un panier des taxes selon le statut matrimonial.

Chez beaucoup de femmes, on entend l'expression : "il m'a honoré chez mes parents" pour dire qu'elles ont reçu la reconnaissance de leur union chez les parents.

La célébration du mariage à l'église est donc un business très juteux en Afrique qui n'a aucun intérêt ou effet juridique. Ce n'est absolument pas biblique et Dieu qui selon la Bible est omniprésent, omniscient n'a pas besoin de la présence des gens à l'église avant d'être au courant de leur union. Il les a déjà vu en train de se déshabiller pour sexepliquer. Il n'a plus besoin de preuve.

Le Jésus de la Bible a assisté à un mariage dans une maison, pas au temple, pas dans une synagogue. Pour lui, le mariage, c'est quand l'homme accueille chez lui la femme pour la première fois et il invite ses amis à se réjouir pour lui, pour cette nouvelle aventure.

Aujourd'hui, le mariage n'est un événement heureux que pour la femme qui est obligée d'impliquer l'état car elle est la seule qui tirera un avantage de ce contrat. Il n'y a aucun avantage dans le mariage civil ou l'enregistrement du mariage pour un homme, pas un seul. Tout ce qu'il obtient dans un mariage, il peut l'obtenir mille fois sans signer un document.

J'ai vu une vidéo où, dans une église évangélique, la maman pasteure a failli gifler le père de la mariée parce qu'il aurait dit qu'il bénit leur union. Elle a rétorqué que c'est à elle que Dieu a donné l'autorisation de bénir leur union et que c'est elle Dieu reconnaît. Le papa n'a pas démordu et ça a été un gros scandale. La fille, idiote de naissance sûrement, n'a daigné contesté sa pasteure car c'est elle qui détient la clé de son paradis.

Il y a des femmes qui ont reçu un lavage de cerveau si puissant que, pour elles, même si tu leur offres le milliard par jour, tant que tu n'es pas allé payer les 36.875 FCFA de dot, tu ne les as pas encore honoré, elles sont prêtes à suivre le gars qui va payer 500.000 FCFA de dot et les transformer en esclave sexuelle ou en animal.

Maintenant, vous savez que les mariages religieux en Afrique n'ont aucune valeur juridique et sont nuls et de nul effet devant la loi. Mieux, certains pays africains reconnaissent le mariage coutumier et non religieux.

SUJET 10 : L'AVORTEMENT OU UNE FAUSSE COUCHE ONT-ILS DES IMPLICATIONS SPIRITUELLES ET/OU CONSTITUENT DES SOURCES DE BLOCAGE ?

C'est naturellement ce que vos pasteurs, prêtres et spiritualistes escrocs vendeurs de fétiches essaient de vous faire croire.

Chaque fois qu'une femme d'un certain âge va consulter un Bokonon, ce dernier lui annonce qu'elle a avorté des jumeaux ou une divinité Toxɔsu. La suite logique est qu'aujourd'hui, on rencontre des milliers de jeunes filles qui n'ont pas d'enfants mais qui ont une caisse de statuettes en bois à qui elles offrent des friandises.

Selon ces vendeurs de fétiches, l'un des enfants qu'elles auraient avorté est mécontent et est cause de blocage de leurs activités et les empêchent de concevoir.

Ces prêtres, pasteurs et Bokonon sont naturellement des incultes ignorants qui ne comprennent absolument rien au fonctionnement de l'organisme féminin. Il suffit de leur demander ce qu'est la menstruation et ils vous diront que c'est de l'impureté.

Une femme mature fait naturellement un avortement ou une fausse couche tous les 28 jours. C'est un phénomène naturel où l'organisme avorte l'ovule mâture qui n'est pas fécondée. Et avant cette période, son organisme détruit plus de 1000 autres ovules qui ne vont pas mûrir.

À sa naissance, une femme apparaît déjà avec plus de 7.000.000 d'ovules et entre sa première règle et la ménopause, elle va libérer 500 ovules donc quelques unes seront fécondées si elle le désire.

Si la mort de ces millions d'ovules ne cause pas de blocage, ce n'est pas celle de 6 à 9 qui en causerait.

Vos Bokonons et autres pseudos spiritualistes escrocs vendeurs de fétiches ne connaissent absolument rien au fonctionnement de votre corps.

Il y en a qui ont réussi à vous faire croire qu'une fille de 12 ans est tombée enceinte ♀ et a mis au monde un Sauveur. Aujourd'hui, il y a des gens qui croient qu'un pasteur est capable de leur produire un enfant par miracle. Il y a même un médecin congolais qui a témoigné avoir vu une séance de délivrance où une femme a reçu une grossesse miraculeuse. Un médecin qui ne sait pas ce qu'on appelle un déni de grossesse.

Tous les dimanches, des milliers de femmes s'empressent pour aller à Auto-Auto afin de recevoir leur grossesse miraculeuse car, là-bas, c'est instantané. Pendant ce temps, l'escroc pasteur s'achète des véhicules haut de gamme avec l'argent que les fidèles marchent pour aller lui remettre.

L'unique raison pour laquelle nos parents nous ont envoyé à l'école, c'est pour acquérir des connaissances et compétences qu'ils n'ont pas eu l'occasion d'acquérir.

C'est bien de remplir la tête de fausses connaissances sous forme spirituelle et mystique. Mais c'est encore mieux d'avoir une connaissance exacte de notre réalité du jour, du fonctionnement des phénomènes naturels de notre quotidien.

Les croyances religieuses affectent notre capacité de réflexion, sinon, comment un être humain bien constitué croirait qu'un bout de bois habillé en poupée Barbie pourrait lui apporter des solutions concrètes à un problème !

Ce qui est drôle est qu'on sait là où se fabriquent ces objets, on sait où ça se vend et quand on leur offre des friandises, ils ne touchent à aucune.

Le spirituel est une pure invention humaine pour camoufler son ignorance. Tous les jours, les choses qui sont attribuées aux monde spirituel reçoivent des explications réelles et sont déboulonnées.

Nous sommes assez lucides pour voir que la religion de l'autre est une fumisterie organisée. Mais nous éteignons systématiquement notre cervelle quand il est question de notre porcherie.

Chez le mâle, pour produire un enfant, il perd plus de 35.000.000 de spermatozoïdes lors d'une seule éjaculation, et il peut en perdre 6 à 9 fois en une journée. Ce qui revient à dire qu'il doit tuer plus de 100 millions d'êtres pour donner naissance à un seul.

La compréhension de ce merveilleux phénomène naturel nous permet de rejeter systématiquement la notion de réincarnation ou de vie multiple.

Chaque femme naît avec tous les œufs qu'elle va produire dans toute son existence. Un homme produit des milliards d'œufs par mois pour enfin en féconder un. C'est donc notre ignorance de ce phénomène qui nous fait croire qu'on est si spécial qu'on mérite un retour.

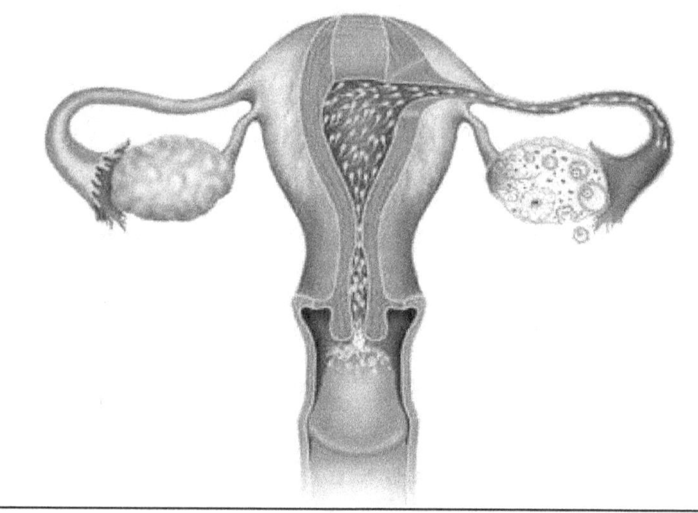

Ce phénomène de retour après la mort a été inventé par les Egyptiens. C'est d'ailleurs pour cette raison qu'ils maintiennent leurs cadavres intacts pour son retour triomphal. Heureusement, l'homme moderne a découvert ses cadavres qui n'ont pas l'air d'avoir bougé d'un seul iota.

Un enfant n'est pas le retour d'un ancêtre décédé. Il peut avoir des traits communs avec un ascendant et c'est parce que ce dernier lui a offert une copie de lui-même à travers son ADN. C'est tout et rien de mystique.

Si la réincarnation existe, pourquoi il y a plus d'humains aujourd'hui qu'il y a 100 ans? Dans la réincarnation, il y a aussi fragmentation ? Utilisez votre cerveau une seule fois au moins dans votre tête.

Ce que vous appelez blocage qui vous fait courir de pasteur en Bokonon n'existe que dans votre tête et dans votre milieu. Il suffit de voyager pour découvrir que 96% de vos sujets de prière sont révolus.

99% de gens très religieux en Afrique n'ont plus le temps de prier dès qu'ils vont en Europe. Le gouvernement a déjà mis en place des conditions qui répondent à leurs prières.

La seule personne capable d'exaucer vos prières, c'est votre gouvernement. C'est à lui de vous offrir des conditions de santé et surtout de faciliter votre insertion professionnelle en suscitant la création d'emplois.

Il est temps que vous arrêtiez de suivre les pages qui vous vendent la peur au quotidien. C'est des gens qui n'ont qu'un seul objectif : prendre votre argent.

Si vous refusez la connaissance gratuite, vous allez payer beaucoup trop cher pour l'ignorance qui va vous maintenir au sol.

Posez la question à ceux qui ont poussé leur curiosité pour aller voir les Bokonon et autres escrocs comme Daagbo Dieue Esprit Gros Seins de Gbanamè, ils ont fermé boutique et de la prospérité, ils sont dans la dette infinie.

Cherchez la connaissance et fuyez les croyances, elles sont ruineuses et létales.

SUJET 11 : LE CHOIX DE COMPAGNON DE VIE

Il y a actuellement une émission très suivie aux États-Unis où un homme ou une femme doit choisir son compagnon de vie dans un lot de 6 à 9 autres personnes de l'autre sexe.

Voici le principe : les candidats ont ballon de baudruche en main avec une aiguille. Si le ou la requérant/e ne leur plaît pas, ils ont le droit d'éclater leur ballon .

Finalement, ça se transforme en un ring de clash où dès que quelqu'un dit pourquoi il ne veut pas d'un candidat, l'autre revient avec des punchs plus costaud pour déstabiliser son vis-à-vis.

C'est un marché de conjoint aux enchères qui prouve qu'aujourd'hui, les relations humaines sont désormais de l'ordre de la distraction.

Ce n'est rien de nouveau. On est quotidiennement exposé aux émissions télévisées du genre "Le vrai Match" et aussi le "Bachelor".

Ce que je trouve scandaleux est le fait qu'une femme rejette un homme parce qu'il n'a pas le look qui lui plaît. Un homme rejette une femme parce qu'elle a mis des faux cils. Une femme a dit NON à un homme parce que son pantalon est trop serré.

Je me suis dit : whaou, ces gens ne comprennent rien à la vie. Un style vestimentaire peut être corrigé en 30 minutes. Un pantalon serré peut être changé en 3 minutes. Un maquillage peut disparaître sous un coup de chiffon. Un faux cils peut tomber en 15 secondes.

Et cette émission reflète la réalité des gens de nos jours. Ils sont concentrés sur les artifices et non la personne ou sa personnalité.

Un agricole de dernier niveau peut porter Gucci. Une idiote de la dernière génération peut avoir un sac Louis Vuitton.

On peut changer de style vestimentaire et de coiffure en quelques minutes. Ce ne sont pas là les choses qui déterminent la valeur d'un véritable homme.

L'autre critère d'élimination usité par les hommes c'est les femmes qui recherchent "un homme responsable qui va prendre soin d'elles".

En majorité, c'est des filles sans emploi qui ont fait BBL ou ont des formes généreuses naturelles. Elles n'ont rien dans la tête et ne peuvent pas tenir une conversation de 5 minutes si ce n'est pas pour parler de comment telle personne leur a fait mal, ou telle autre les a trahi. C'est des filles qui croient qu'aller en boîte où aller manger dans les restaurants chics sont des distractions.

Pour elles, ce qu'elles apportent dans un foyer, c'est leur corps sur lequel l'homme doit énormément investir.

C'est tout de même curieux de voir comment ces émissions télévisées prouvent que 99% d'humains sur terre sont juste des idiots.

Pour ce qui est du Bénin par exemple, à l'époque de nos parents, l'homme n'avait pas à se tracasser pour trouver "UNE BONNE ÉPOUSE". Sa mère connait la fille très respectueuse et très travailleuse de sa camarade au marché. Son oncle a repéré une perle rare dans un village. Et souvent, lui-même a connu une bonne camarade d'enfance.

Les organisations internationales ont apporté beaucoup d'argent dans le pays pour dire aux gens que c'est du mariage forcé.

En bon citoyen, on a coopéré. Résultat : c'est les prêtres, les Bokonon, les pasteurs et surtout ceux qui ne veulent pas épouser ces filles qui leur enlèvent le caleçon tous les jours. Des millions finissent mères célibataires enragées cherchant qui dévorer sur les réseaux sociaux. D'autres millions remplissent les églises et les veillées de prière. Et celles qui prennent leur courage à deux mains passent à la télévision en quête du Graal précieux : le mari.

Même dans la Bible, la parole du Dieu de la Bible, Esther, une exilée juive a dû participer à un concours de Bachelor pour devenir reine de Babylone.

Juste pour ceux qui aiment les faits intéressants sur la Bible, le livre de Esther est le seul livre dans la Bible où le nom de Dieu n'a jamais été mentionné. C'est aussi le seul livre manquant dans les manuscrits de la Mer Morte.

Mon commentaire.

Une vie amoureuse ne devrait pas être un jeu, une distraction. Le choix du partenaire doit être lourdement réfléchi. Bien entendu, il faut fixer une limite entre la personne avec qui on veut sexpliquer et celle avec qui on veut vivre. Le sexe est un besoin physiologique. À un âge donné, c'est une obligation. Enlevez de votre tête les poubelles déversées par les vendeurs de fétiches et les entrepreneurs religieux. Deux adultes mâtures qui sexpliquent pour le plaisir n'est pas un péché. Parfois, il faut donner un coup pour tenir le coup. Nous ne sommes plus à l'époque où il faut forcément signer un contrat avant de tirer un coup. Beaucoup de stands de détaillants existent désormais.

La légende raconte que le gars qui a voulu assassiner <u>Donald J. Trump</u> n'a jamais tiré un coup. D'ailleurs, c'est pour ça qu'il a raté son premier coup.

N'oubliez pas que c'est votre épouse qui aura la très grande responsabilité d'éduquer vos progénitures. Voulez-vous qu'une femme qui ne connait pas le temps que met la lumière solaire pour atteindre la terre éduque vos enfants ? Allez-vous confier l'éducation de vos enfants à une femme qui pense que faire la cour à une femme, c'est lui offrir un boulot donnant droit à une rémunération financière ? Allez-vous confier votre vie à une femme qui prie pour avoir un bon mari et non un bon boulot ou une bonne activité génératrice de revenus ?

La majorité des Martin pêcheurs de Facebook savent que lorsqu'une femme exhibe ses parties génitales sur les réseaux sociaux, c'est la preuve que sa tête est complètement vide et elle est bonne uniquement pour le lit, pas pour élever la prochaine génération.

SUJET 12 : LE CIEL N'EXISTE PAS

Camarades, amis de la connaissance, bonjour.

Juste pour vous rappeler que le ciel n'existe pas. La terre est dans l'espace et il n'existe pas de haut et de bas. Ce qui nous maintient sur terre s'appelle la gravité encore appelée la loi de la pesanteur. Non, il n'existe pas de Dieu en haut et Satan en bas.

Tu n'es pas un être céleste avec une expérience terrestre. Personne n'ira au ciel à sa mort. Les seules personnes qui ont réussi à aller dans l'espace, ou le ciel, c'est les astronautes de la NASA, de la Russie, du Japon, de la France, de la Chine et des pays qui font la conquête de l'espace.

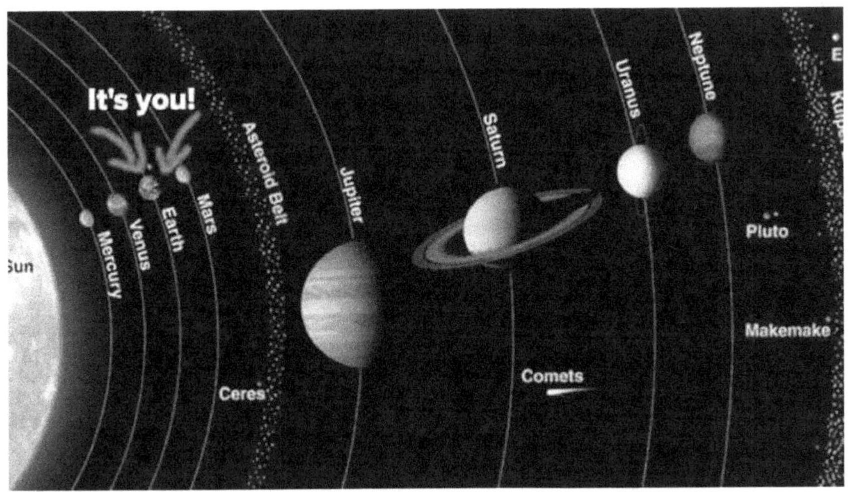

La seule chose qui rend possible la vie sur terre est l'oxygène, ou le souffle de vie si tu préfères le langage religieux. Ce phénomène est rendu possible grâce aux océans et à l'écosystème.

Non, ce n'est pas Dieu, Allah, Ogou, Sakpata ou Thron qui renouvellent le souffle de vie chaque jour. Dormir et se réveiller est un processus normal de l'organisme.

Ne pas être conscient quand on dort n'est pas un phénomène extraordinaire rendu capable par une divinité imaginaire. Nous avons un centre de commande appelé CERVEAU qui rend possible cette opération. Ça s'appelle le pilotage automatique et les humains sont capables de le reproduire avec l'intelligence artificielle dans les avions, les voitures et d'autres appareils de tous les jours.

Si c'était Dieu qui rendait la vie possible, un être humain devrait alors être capable de vivre sur la lune, Mars ou sous l'eau sans crainte.

Les êtres humains quant à eux ont conçu des appareils capables de vivre sur Mars pendant des années tout en les contrôlant depuis la terre. Chose qui est impossible au Dieu imaginaire des livres.

Tu n'es pas le fruit du péché. NON. Tu es le fruit d'une longue nuit d'AMOUR et d'ébats sexuels.

Si c'était Dieu qui donnait les enfants, aucun péché ne produirait de fruits.

Si c'était Dieu qui donnait les enfants, le viol ne résulterait point en grossesse.

Si c'était Dieu qui donnait les enfants, l'inceste de donnerait pas de grossesse.

Si c'était Dieu qui donnait les enfants, l'adultère ne produirait pas de grossesse.

Si c'était Dieu qui donnait les enfants, la fécondation in vitro n'existerait pas.

Même pour donner naissance à Jésus-Christ qui est censé être Dieu et Sauveur, il a fallu une femme : Marie.

Si c'était Dieu qui donnait les enfants, il allait détruire tous les humains par le déluge et fabriquer d'autres qui sont parfaits.

Même la Bible prouve qu'aucun Dieu n'est capable de créer sans l'homme.

Et si vous pensez que toute œuvre a forcément besoin d'un créateur, dites nous qui a créé le CRÉATEUR ?

Aucun Jésus n'est mort pour toi. Aucun Jésus ne reviendra. Il est temps que tu allumes ton cerveau pour savoir que la Bible est un livre rempli d'ignorance et de mensonges.

N'oublie pas que c'est ce livre qui a qualifié l'épilepsie d'attaque démoniaque.

N'oublie pas que c'est ce livre qui a qualifié la folie d'attaque de démons.

Oui, la Bible est un livre de fables, la preuve, LA LICORNE un animal imaginaire y est mentionné 8 fois. Au même moment, c'est dans cette Bible qu'on raconte que le PEUPLE CHOISI DE DIEU a vécu 400 ans en Égypte mais le mot PYRAMIDE n'apparaît nulle part dedans. Oui UN GROS LIVRE DE MYTHOS.

Aujourd'hui, grâce à la science, on sait qu'aucun démon n'existe même si les pasteurs analphabètes ignorants incultes continuent de détecter les démons et esprit de pauvreté, de loyer, de célibat, d'érection et de prostitution.

Le Dieu de la Bible déteste la connaissance : c'est pourquoi il a chassé Adam et Ève du jardin.

Le Dieu de la Bible déteste le savoir, c'est pourquoi il a confondu les langues des bâtisseurs de la tour de Babel.

Poursuivez la connaissance et découvrez votre divinité !

SUJET 13 : PAS DE MARI DE NUIT DANS CETTE VIE

Vous ne savez pas quelle chance vous avez d'être paroissiens avec un agoungan qui vous alimente régulièrement de connaissances de qualité.

Je n'ai pas ramassé le titre dans un coin de rue, ça s'est collé à moi et je ne sers que ce que je peux moi-même manger malgré mes préférences. Je n'ai pas peur des connaissances capables de donner une allergie à mes savoirs antérieurs.

Tous ceux qui vous vendent la peur n'ont qu'un objectif : vous soutirer l'argent et se placer au centre de votre existence comme unique sauveur.

Moi je vous équipe des outils gratuits pour arracher votre liberté.

Depuis mon enfance, j'ai la réputation de ne pas dormir la nuit. Je sais tout ce qu'il y a dans la nuit : un animal ou un homme, jamais d'esprit ou de sorciers. Si tu vois un esprit, c'est un homme qui se fait passer pour un.

Vous êtes allés à l'école, vous avez le BAC, voire le Doctorat, et c'est un analphabète inculte illettré qui vous manipule alors que vous êtes capable de faire des recherches en neurosciences et en psychologie.

Vous dépensez 150.000 FCFA voire 1.000.000 FCFA dans des téléphones portables intelligents mais vous ne savez pas comment en user pour ne plus rester bête et idiot.

Tous les jours, les grandes universités publient les résultats des recherches en ligne dans tous les domaines, mais ce qui vous intéresse c'est entre Lionel Messi et Ronaldo, qui est le plus fort ou combien un homme doit donner à sa copine par semaine comme si une relation amoureuse est une activité génératrice de revenus.

Tellement vous ne savez rien de votre propre vie que vous êtes prêts à payer les incultes pour vous injecter la poubelle qui va vous rassurer.

Nous vivons la meilleure époque de l'histoire de l'humanité. La connaissance est dans votre poche.

Cultivez-vous au point où, quand un agricole affirme qu'on ne doit pas se laver avec son conjoint, vous devriez l'envoyer paître et l'appeler par son vrai nom : idiot.

Vous devriez vous cultiver au point où quand les gens mal éduqués justifient leur impolitesse par leur signe astrologique, ko nous les Cancer 🦀, vous devriez éclater de rire.

SUJET 14 : Près de 1.000 morts dûs à la chaleur lors du pèlerinage du Hadj en Arabie Saoudite !

Je suis convaincu que les Africains vont s'en sortir.

Néanmoins, n'oubliez pas d'adorer Allah avec votre cerveau allumé. Entre Février et Mars 2024, la température dans les villes africaines avoisinait celle de l'enfer ou encore plus. l'Arabie Saoudite est un désert. C'est normal qu'il faut s'attendre au pis.

Contrairement à ce que les endoctrinés essaient de vous faire croire, ce n'est pas un honneur de mourir loin de chez soi. Si la Mecque était vraiment un lieu saint, personne n'y mourait. Le but de la spiritualité devrait être l'éternité et non la fatalité.

Aucune divinité qui n'est pas capable de préserver votre vie ne mérite pas que vous vous sacrifiez pour elle.

Dieu, Allah, Vodoun, Bouddha, Jésus et autres ne sont que des divinités imaginaires fabriquées par l'homme. Ils n'ont aucune puissance ou force face aux catastrophes naturelles. Même petit climat ils ne peuvent pas réguler.

Il est temps que vous vous rendiez compte que vous perdez votre vie pour le néant.

Chaque jour, vous criez que votre divinité imaginaire est omniprésente et omnisciente, pourquoi devriez-vous prendre l'avion, le bateau, la voiture, le train pour aller le rencontrer ?

Une divinité qu'il faut aller rencontrer en Arabie Saoudite n'est rien d'autre qu'un Arabe Saoudien qui se prend pour Dieu.

Les millions que vous déboursez pour vous offrir un voyage dans cet enfer infernal en plein été peut servir à améliorer votre vie chez vous et assurer une meilleure éducation à vos enfants.

Personne ne devrait mourir pour une religion. Il n'y a aucune vie après celle-ci. Mourir bêtement n'est pas un acte de foi.

L'humain est plus important que les divinités imaginaires. Chaque jour, vous avez la preuve que ces divinités n'existent que dans votre tête. Il n'y a pas de Dieu plus grand que vous. Vous êtes une divinité. Votre vie est très importante.

Rester à l'hôtel en Arabie Saoudite parce qu'il fait trop chaud n'est pas un manque de foi. Il y a beaucoup de musulmans de Porto-Novo qui vont passer deux semaines à Lagos et rentrent tranquillement chez eux les mains chargées de cadeaux et déclarent avoir été à la Mecque. Ils sont toujours en vie à ce jour.

Adorez vos divinités imaginaires, mais n'oubliez pas d'allumer votre cerveau. Il n'y a rien de plus précieux que la vie. Chérissez-la !

SUJET 15 : C'EST QUAND LA FIN DU MONDE

À la fin du mois de Mai, un handicapé mental échappé s'est mis à annoncer la fin du monde. Naturellement, c'est un Congolais. Ces gens sont prêts à croire à toute forme de fumisteries sauf à l'existence de richesses dans leur sous-sol qui est abandonné à la merci des chinois qui pillent.

Il a fixé la fin du monde au Dimanche 16 Juin 2024. Sur son compte, il faisait même le compte à rebours.

À l'aide des versets bibliques et de l'actualité des guerres par-ci par-là, il était prêt à donner sa tête à couper.

Il se moquait même de ceux qui le raisonnaient.

Le Dimanche, RIEN. Depuis, il a bloqué les commentaires sur ses publications et n'a plus rien publié.

J'espère vivement que c'est les mouches qui vont bientôt nous indiquer ses restes puisque les malades de ce genre ne méritent pas vivre parmi nous.

Les comme lui, le monde en a toujours connu. Parmi eux, il y en a qui sont si influents qu'ils ont impliqué des milliers à leur folie et ont organisé des suicides groupés.

Au Kenya, c'est un simple chauffeur de taxi qui a précipité des centaines de ses adeptes dans la mort.

Aux États-Unis, ça s'est passé plusieurs fois et le plus célèbre est à Jonestown.

Aucun Jésus n'est mort pour personne.

Aucun Jésus n'est ressuscité.

Aucun Jésus ne reviendra.

La seule chose qui mettra fin à ce monde, enfin, à cette terre, c'est le réchauffement climatique. C'est le soleil qui se rapprochera de trop près de la terre d'ici quelques millions d'années.

Nous avons une seule vie. Il n'y a aucune autre vie ailleurs.

La Bible est un livre de fiction et de fables.

Tant que cela ne rentrera pas dans votre tête, vous allez perdre cette merveilleuse vie dans l'espérance d'une autre vie qui n'existe pas.

Nous ne sommes pas des créatures spirituelles qui font une expérience terrestre. Si quelqu'un vous répète ça encore, giflez-le ! C'est un agricole qui a un début de démence sénile.

Si la seule chose qu'on vous dit dans votre église est que la fin approche, Jésus revient bientôt, quittez là. Allez dans une autre église où les gens s'entraident à avoir une vie meilleure, à être un bon citoyen, à élever des enfants de valeur, à laisser un impact positif dans la communauté. Oups, une telle religion n'existe pas. Ils sont tous des vendeurs de peur.

La seule raison pour laquelle ils utilisent la peur est qu'un homme qui a peur n'a plus toute sa tête. Il devient facile à manipuler. Il attend les instructions.

L'humanité est plus grande que les divinités imaginaires. C'est l'homme qui a fabriqué chaque divinité. Au commencement, l'homme créa Dieu à son image et lui confia son ignorance.

Évitez les vendeurs de peur.

La vie ici est un trésor. Chérissez-la !

SUJET 16 : UN CHRÉTIEN PEUT-IL MANGER LA VIANDE DE LA TABASKI ?

Avant Propos : si votre foi ne vous permet pas de consommer la viande de mouton offert par un musulman le jour de la Tabaski, prière le lui dire gentiment après l'avoir remercié pour sa générosité. Ce serait méchant d'accepter et d'aller jeter à la poubelle pendant qu'il y a des milliers de personnes dehors qui cherchent juste un petit morceau de protéine.

La Tabaski tient son origine de la Bible avec le récit de la mise à l'épreuve de la foi d'Abraham en lui demandant de sacrifier son unique fils Isaac.

En immolant le mouton à la Tabaski, le musulman fait un acte de foi et adresse sa prière à Allah. Il ne sacrifie donc pas aux idoles ou sur un fétiche.

La viande qu'il vous offre n'est donc pas passée par des rituels maléfiques ou satanistes. Il offre par générosité. Il peut toujours garder sa chose et tout manger sans vous. Votre participation ne changera donc rien à son sacrifice.

Maintenant, si vous êtes trop chrétiens évangéliques et voyez le diable partout, en tout et dans tout, je vous renvoie au chapitre 8 de la première lettre de Paul aux Corinthiens. Il explique clairement qu'un chrétien ne doit plus garder à l'esprit qu'il existe une autre divinité. Ils n'existent pas et sont imaginaires. Ce qui implique qu'ils ne commettent en réalité aucun péché en mangeant les animaux sacrifiés aux idoles. Il dit explicitement :

"Mais ce n'est pas un aliment qui peut nous rapprocher de Dieu, en manger ou pas ne nous rendra ni meilleurs, ni pires."

Le musulman fait acte d'amour et de partage à la Tabaski. Et celui qui connaît véritablement Dieu laisse place à l'amour car Dieu est AMOUR.

Même si dans le passé un musulman a refusé de célébrer Noël ou une autre fête chrétienne avec vous, accepter son présent est une manière de lui apprendre la supériorité de l'amour et l'humanité qui prime sur la religion.

Quand on profite de l'occasion pour faire preuve de tolérance envers l'autre malgré son passé d'intolérance, on lui donne une bonne leçon de vie.

Il faut donc éviter les mots et publications qui blesseront les autres le jour de leur fête religieuse.

Un NON sincère est plus louable qu'un OUI hypocrite.

SUJET 17 : CHANGEMENTS RADICAUX CHEZ LES TÉMOINS DE JÉHOVAH

Pendant que le monde entier a les yeux rivés sur la décision de l'église catholique pour les homosexuels, les Témoins de Jéhovah, désormais entre le marteau et l'enclume judiciaire de certains pays ont aussi décidé d'opérer certains changements dans leurs doctrines.

BARBES CHEZ LES HOMMES.

Les hommes peuvent désormais avoir la barbe. Il n'existe aucun verset biblique qui interdit à un homme d'avoir la barbe. Mais vous connaissez les Témoins de Jéhovah, dans leur processus d'endoctrinement et de manipulation, ils sont très impliqués dans chaque aspect de la vie de leurs membres.

La seule raison pour laquelle il était interdit aux hommes de porter les barbes était juste une décision personnelle du second président de l'organisation du nom de Juge Rutherford qui a interdit le port de barbe car ça lui rappelle le fondateur de l'organisation qui est Charles Taze Russell.

Dans un élan de manipulation, ils diront aux adeptes de la religion que la barbe était un symbole de rébellion contre l'état et de terrorisme.

Alors, quand un membre masculin de l'organisation ne veut pas endosser certaines responsabilités, il garde sa barbe ce qui fait que le surveillant de circonscription ne le designe pas comme assistant ministériel ou ancien.

Et pourtant, dans la Bible, couper la barbe d'un homme est un acte d'humiliation. David a été obligé de demander à ses soldats de se retirer dans un lieu jusqu'à ce que leur barbe ne pousse. Vous pouvez vérifier dans votre Bible.

⏰RAPPORT D'HEURES

Chaque Témoin de Jéhovah avait obligation de rapporter le nombre d'heures passé à vous embêter chez vous, au boulot ou à l'école. C'est pas une activité plaisante mais ils le font juste pour avoir l'heure requise pour ne pas être considéré comme un inactif, un paresseux ou quelqu'un qui n'obéit pas à Jéhovah.

Désormais , ils n'ont plus besoin de compter et de soumettre le nombre d'heures passées en porte-à-porte.

En réalité, cette activité avait un objectif commercial car, la religion était une société de vente de littérature ou ses membres sont des commerciaux qui proposaient les articles de porte en porte. Ils ont réussi à utiliser les versets bibliques pour forcer les membres à y participer.

👫LES FEMMES PEUVENT PORTER DES PANTALONS

Eh oui, désormais, les femmes Témoins de Jéhovah peuvent porter des pantalons et des strings.

Quel verset biblique l'avait interdit ? Vous savez que c'est des gens qui font la cueillette de verset biblique sans contexte et sans réalité. Alors que l'habillement est tributaire de la culture, la région et les réalités climatiques.

CRAVATES, VESTES ET COSTUME

Les hommes ne sont plus obligés de porter une veste de costume ou une cravate. Enfin, on saura faire la différence entre ceux qui travaillent à la banque et les Témoins de Jéhovah.

SALUTATIONS DE MEMBRES EXCLUS

Vous pouvez désormais saluer un membre exclu. Autrefois, quand un membre est exclu, même si vous le rencontrez dans la salle du royaume, vous n'avez pas le droit de lui adresser la parole ou même un clin d'œil.

Désormais, les échanges de quelques mots sont autorisés.

POURQUOI TOUS CES CHANGEMENTS BRUSQUES ?

La première raison est que des milliers de personnes ont commencé à découvrir les vérités cachées derrière cette secte manipulatrice qui détruit des millions de vies à travers le monde entier.

Dans les pays occidentaux, il y a un grand réveil et les victimes ont commencé à briser le silence.

Les tribunaux sont saisis et les organisations des Témoins de Jéhovah sont en train de perdre les subventions et privilèges dans plusieurs pays et ils sont obligés de débourser plusieurs milliards de dollars pour dédommager les victimes d'abus sexuels aux États-Unis et dans d'autres pays. En Australie, une commission a permis de découvrir 1009 victimes d'abus sexuels perpétrés par les Témoins de Jéhovah sur les mineurs. 1009 victimes répertoriés pour une communauté de 69.000 témoins de Jéhovah. Et c'est le nombre de cas connus, les victimes décédées et qui ont gardé le silence ne comptent même pas.

En Norvège, les Témoins de Jéhovah ont vu leur privilège retiré. Ils ne peuvent plus célébrer les mariages civils et ne peuvent plus bénéficier des 5 millions d'euros de subvention annuelle.

La Russie a mis fin à leur existence légale et les membres qui s'entêtent sont jetés en prison.

Il suffit d'aller sur Youtube pour suivre les témoignages des milliers de victimes de cette secte pour comprendre la profondeur du mal.

Actuellement, c'est l'Afrique leur chasse gardée. Vous connaissez les Africains, même si ceux qui ont créé la chose démontrent que c'est nuisible, ils vont offrir leur poitrine pour recevoir les balles.

La prochaine étape en matière de réforme pour les Témoins de Jéhovah sera la reconnaissance du droit des homosexuels, la célébration des anniversaires de naissance, la célébration de Noël et l'acceptation de transfusion sanguine.

Notons que les Témoins de Jéhovah ne célèbrent pas les anniversaires de naissance mais ils célèbrent les anniversaires de mariage.

L'autre réforme est que bientôt, ils vont permettre aux femmes d'occuper les positions apostoliques et pastorales. Les femmes seront bientôt assistantes ministérielles et anciennes car il n'y a plus d'hommes dans les congrégations prêts à accepter les responsabilités gratuites.

D'ailleurs , ils ont déjà décidé de revoir à la baisse l'âge requis pour être nommé à des positions de responsabilité.

Puisqu'ils ne prédisent plus les dates de fin du monde, la religion a commencé à se vider et tous les rats et souris ont commencé à abandonner le navire.

N'essayez même pas de demander à un Témoin de Jéhovah pourquoi ces changements brusques, il n'en sait rien lui-même. Il ne sait que la propagande qui lui a été servie.

WAIT AND SEE !

SUJET 18 : TEST DE PATERNITÉ : Après l'émotion, place à la réflexion

La seule chose qu'un test de paternité négatif prouve est que votre partenaire est une menteuse, une manipulatrice et une femme qui n'est pas digne de confiance. C'EST TOUT.

Ça ne prouve pas que vous n'êtes plus le père des enfants. Le plus important dans la vie d'un enfant n'est pas celui qui a fourni les cellules souches pour sa reproduction mais celui qui le couvre d'amour. D'ailleurs, une femme peut bien aller dans une banque de sperme pour se faire livrer le nécessaire pour reproduire un enfant.

L'amour parental est un amour inconditionnel. Quand on aime ses enfants, c'est pas à condition qu'un test de paternité ne s'impose.

Je trouve donc absurde qu'un père abandonne ses enfants à cause d'un test d'ADN.

Une chose est de savoir que sa compagne n'est plus digne de confiance, l'autre chose est de ne pas laisser un investissement de plusieurs années à la merci de l'incertitude.

Tant que le test d'ADN n'a pas été effectué à la naissance pour s'assurer de la paternité, dès l'instant qu'une relation père-fils a été établie, ce n'est pas un papier A4 qui viendra y mettre fin.

Le partage du même gène n'est pas l'unique preuve de paternité. Il y a bien des pères biologiques qui abandonnent leurs enfants.

La femme choisira toujours la meilleure option de vie pour ses enfants. Et si elle m'impose des enfants qui ne sont pas miens, pour des raisons qu'elle est seule à connaître, jusqu'à ce que ces enfants décident d'aller vers leur père biologique, ils sont donc exclusivement miens.

Il existe des millions de personnes avec des sacs d'argents en quête de la meilleure clinique de fertilité pour avoir un enfant qui portera leur nom.

Il y a actuellement des millions de personnes sur les listes d'attente pour adopter un enfant.

Si je n'ai pas à passer par ce Capernaum avant de me voir livrer gratuitement un, c'est tant mieux.

Renoncer aux enfants après un test d'ADN négatif est une folie.

J'ai lu la souffrance dans le visage de mon cousin quand le test d'ADN a révélé qu'il n'est pas le père de son garçon de 17 ans qu'il essayait de faire voyager aux États-Unis. Dans la procédure, avant approbation du dossier d'immigration, un test d'ADN était obligatoire. Il a coupé tout lien avec le petit et sa maman. Heureusement, ma tante a dit que ce n'est pas un papier de blanc qui va le séparer de son premier petit-fils.

Pour certaines personnes, un test d'ADN est révélateur de vérité. Mais c'est absolument faux.

C'est une poudre de perlimpinpin. Peu importe l'issue, les choses ne sont plus les mêmes.

Certaines femmes choisissent d'offrir les enfants d'autrui à leur mari par amour, pour ne pas perdre le foyer car c'est l'homme qui est infertile. Donc, ce qu'elles font s'appelle "Ashiribo" chez les Yoruba musulmans de Porto-Novo.

Pour d'autres, c'est qu'elles étaient enceintes d'un autre quand elles ont trouvé une meilleure option.

N'oubliez pas non plus la possibilité de substitution d'enfants dans les hôpitaux. C'est aussi un cas très courant.

Dans tous les cas, il ne faut jamais attendre trop longtemps avant de poser l'acte s'il y a une petite once de doute.

Actuellement au Nigéria, il y a une grosse vague d'abandons d'enfants et femmes à cause des résultats du test de paternité.

Pour ma part, même si je mets fin à la relation avec la mère, pour rien au monde, je ne renoncerai à mes enfants car, un père, ce n'est pas le fournisseur de sperme mais le guide, le protecteur, le coach et l'éclaireur présent dans la vie de ses enfants.

Abandonner les enfants à cause d'un test, c'est renoncer aux trophée après le coup de sifflet final sous prétexte que l'arbitre n'avait pas sifflé un coup franc.

C'est mon avis.

SUJET 19 : LE DRAME DE NAÎTRE AFRICAIN !

Un père perd son enfant, ce qui normalement est un drame d'autant plus qu'il n'existe même pas un mot en français pour désigner un parent qui perd sa progéniture.

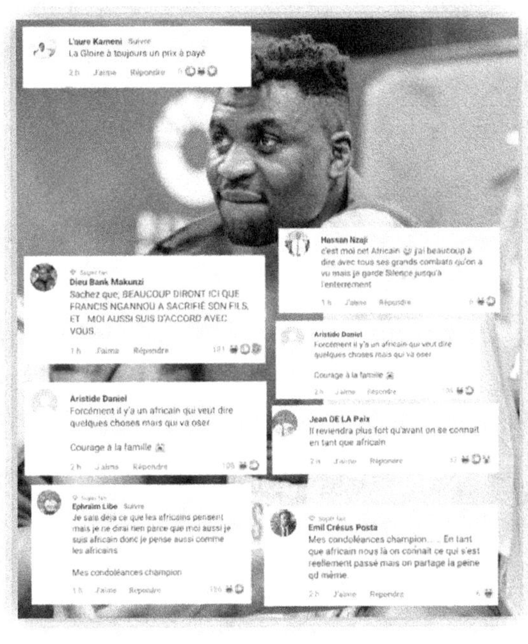

Malheureusement, perdre un enfant de 15 mois n'est pas un drame comparé à la réaction des africains qui ont déjà une théorie toute faite quand une célébrité perd un enfant.

À l'instar de la star Nigériane <u>Davido</u> qui a essuyé les commentaires les plus horribles du monde pour avoir perdu son enfant, c'est le tour du champion du monde de boxe anglaise <u>Francis N'Gannou</u> de subir l'ignominie de la croyance populaire implantée par les films Nollywood Yoruba.

Pour un Africain, la mort n'est pas un phénomène naturel. Quand un pauvre meurt, c'est qu'on l'a tué pour éteindre son étoile .

Quand une célébrité perd son enfant, c'est qu'il l'a sacrifié pour la gloire.

Et pourtant, dans leur propre famille, leur père a perdu 6 à 9 enfants par négligence et par manque de moyens pour leur offrir des soins adéquats. Malgré celà, c'est difficile pour eux de faire 6 ou 9 repas par semaine.

Si sacrifier son enfant donne la gloire, la célébrité et la richesse, pourquoi vos parents avaient le choix entre vous nourrir et vous éduquer ?

Si sacrifier son enfant rendait riche, pourquoi vous ne sacrifiez pas l'un des nombreux enfants à qui vous êtes incapable d'assurer un repas par jour ?

Naître africain est un drame, heureusement que personne ne reviendra après la mort, sinon, je n'aimerais surtout pas renaître sur ce continent qui est censé être le berceau de l'humanité mais où les gens naissent sans cervelle fonctionnelle et sont bloqués dans l'antiquité.

SUJET 20 : LES CROYANCES RELIGIEUSES ERRONÉES LIMITANTES COÛTENT CHER, LA CONNAISSANCE EST À PORTÉE DE MAIN ET À MOINDRE PRIX

Début Janvier, un paroissien, après avoir lu quelques-unes de mes publications a pénétré ma messagerie privée pour me faire part d'une préoccupation qui le turlupine.

Il était allé chez un Bokonon qui lui a foutu la trouille de sa vie alors qu'il ne cherchait que quelques mots d'encouragement et ne serait-ce qu'une petite solution pour apaiser ses multiples inquiétudes.

Le vendeur de fétiches en bon charlatan lui a dit qu'il est descendant d'un serpent qu'il aurait négligé et qu'il y a des cérémonies à faire sinon il n'aura jamais une relation amoureuse stable et si par hasard sa femme tombait enceinte, elle accouchera toujours des morts-nés.

Le Fâ a donc exigé un sacrifice de 69.000 FCFA pour conjurer le sort et lui ouvrir la porte de la prospérité.

À lui qui manquait de 2.000 FCFA pour assurer la journée, les divinités imaginaires fabriquées dans une calebasse exigent 69.000 FCFA.

Il a perdu le sommeil.

Coïncidence pour coïncidence, puisqu'il sexplique régulièrement avec sa femme, cette dernière tomba enceinte. Sa peur se décupla.

C'est dans cette période d'incertitude et de course effrénée vers l'argent pour faire les sacrifices qu'il va tomber sur mes publications. Il n'en croyait pas ce qu'il lisait. Il s'est demandé si c'est effectivement un être humain qui est derrière le compte.

Il aborda votre chargé paroissial.

D'habitude, quand les gens ont déjà versé leurs revenus chez les charlatans analphabètes INCULTES vendeurs de fétiches, je ne réponds même pas à leur message ou le maximum que je fais, je leur demande d'aller finir là où ils ont commencé.

Mais dès que la vie d'une autre personne, notamment une femme est en ligne, je me force de faire l'essentiel.

Alors, au nouveau paroissien, j'ai fait un message audio de 17 minutes 05 secondes. Oui, je bavarde beaucoup sur WhatsApp et ceux qui ont eu le privilège de m'écouter savent que j'ai une voix "addictive". Dans mon audio, je lui ai appliqué la thérapie du déménagement mental, vider son subconscient de la peur de la prédication, lui prouver que c'est lui-même qui créerait tous les malheurs qu'on lui souhaite et qu'il peut tout transformer au besoin. Ensuite je lui ai conseillé de trouver les 69.000 FCFA, d'offrir ça à sa femme sans raison et d'observer le bonheur qu'elle va lui transmettre, à lui et à l'enfant dans le ventre, de s'assurer qu'elle suive rigoureusement ses soins prénataux. Et à son grand étonnement, je lui ai annoncé que sa femme va mettre au monde UN GARÇON ROBUSTE, FORT ET INTELLIGENT.

Dans son prochain Audio en réponse au mien, on sent nettement un soulagement. Si j'étais devant lui, il pouvait m'offrir sa moto et marcher pour rentrer.

Après, j'ai perdu ses traces. De toutes façons, j'ai déjà accompli ma mission.

Nous en étions là quand, samedi dernier, il m'envoya sa photo avec un nouveau né dans les bras, le visage rempli de bonheur et le message audio que j'ai mis en capture.

Dans son audio après m'avoir annoncé qu'il est un heureux Papa, il s'étonne du fait que j'ai fait une juste prédiction et me remercie d'avoir balayé de sa tête les mauvaises pensées.

Tous les jours, les vendeurs de fétiches et leurs agents commerciaux vous mettent à l'esprit que c'est le spirituel qui gouverne le réel. Pour vous, spirituel veut dire spiritisme.

Moi je continue de me battre car chaque jour, j'ai des témoignages des gens qui trouvent la lumière après avoir lu seulement 6 de mes 9 dernières publications.

Je suis lourdement armé de connaissances et de savoirs pour accomplir cette tâche que je me suis auto assignée. Je célèbre seul mes victoires quand je vois les retombées merveilleuses de mes différentes publications.

Ça va prendre le temps qu'il faut, mais tous mes combats finissent toujours par être plébiscités.

Si je ne crois en rien, comment ai-je donc fait pour lui dire le sexe exact de son bébé sans avoir jamais vu sa femme ?

Cette capacité n'a rien de spirituelle ou géomantique. Autant que vous êtes, vous avez les mêmes capacités voire plus. Le corps humain est un système si merveilleux et si mystérieux qu'on a encore plusieurs millénaires pour découvrir toutes ses fonctionnalités.

Arrêtez de vous faire escroquer par les charlatans analphabètes INCULTES vendeurs de fétiches.

Il y a 150 ans, personne n'était au courant de l'existence des fréquences radio.

Je suis tellement estomaqué quand je vois les charlatans dans les églises évangéliques qui se font passer pour prophète et la seule chose qu'ils arrivent à voir, c'est la couleur des vêtements dans une armoire ou quelques ingrédients dans un frigo et ils appellent ça PROPHÉTIE.

Il n'existe nulle part aucune divinité capable de vous nuire ou vous faire du bien. Quand vous énervez le Dieu de la Bible, c'est les chrétiens qui vont chercher à vous tuer. S'ils ne connaissent pas votre localisation, JAMAIS rien ne va vous arriver. Quand vous énervez le Allah du Coran, c'est les musulmans qui vont chercher à vous tuer. S'ils ne connaissent pas votre localisation, JAMAIS rien ne va vous arriver. Quand vous énervez les divinités du Vodoun, c'est les adeptes de vodoun qui vont chercher à vous tuer. S'ils ne connaissent pas votre localisation, JAMAIS rien ne va vous arriver.

99% de ceux qui vous font peur n'ont aucune connaissance ou preuve des agissements de ces divinités imaginaires fabriquées. Ils vont transférer sur vous leur propre peur et insécurité.

Chaque fois que je demande à ceux qui croient en l'existence de la sorcellerie de me dire l'effet de cette dernière sur eux, ils se précipitent pour me dire qu'ils n'en sont pas victimes mais ils savent que ça existe.

Ce qui est normal car ils n'étaient pas encore nés quand leurs parents ont fui leurs villages pour éviter la sorcellerie.

La connaissance est le seul remède contre les croyances religieuses erronées limitantes.

Cherchez la connaissance !

Un agricole qui m'accuse de blasphème parce que j'aurais écrit que c'est l'oxygène qui maintient en vie et non Dieu a pris l'exemple du naufrage du Titanic où le capitaine aurait dit que "Même Dieu ne pourrait faire chavirer".

Dans sa petite tête de moineau domestique, il essayait de montrer que si le Titanic a sombré, c'est Dieu qui par là démontrait son omnipotence pour punir le capitaine.

Et je ne suis pas étonné car, le seul moyen que les chrétiens ont pour démontrer l'existence du Dieu de la Bible, c'est par les catastrophes naturelles, les crimes et assassinats de masse, les génocides et les tueries.

Je me suis toujours dit que si le Dieu de la Bible existait, s'il avait besoin d'avocat, il consulterait tout le monde sauf les chrétiens, tellement ils vont le faire coffrer pour un crime dont il n'est même pas au courant ou présent sur les lieux d'exécution.

L'accuser d'avoir tué 1517 personnes en 1912 juste pour prouver qu'un capitaine aurait tort, il faut être un chrétien inculte congénital pour penser ça.

La croyance religieuse est une maladie mentale et ce n'est plus à démontrer. Il suffit de suivre les raisonnements des Jésulâtres en particulier et des croyants en général.

Grâce à la libéralisation de la connaissance, tout ce qui était attribué à un Dieu imaginaire il y a 50 ans ne l'est plus grâce aux recherches scientifiques.

Le naufrage du Titanic a été occasionné par un Iceberg et non Dieu.

Puisque la connaissance de ce monde est une folie pour les incultes qui ont foi en des livres caduques, ils ne sont pas au courant qu'il existe actuellement des bateaux 3, 5, voire 6 fois plus grands que le Titanic.

Icon of the Sea est un exemple. 5 fois plus grand que le Titanic, il a été mis en service le 27 janvier 2024 avec un équipage de 2350 personnes avec une capacité de 7600 passagers.

Ce qui est merveilleux avec la science et la technologie, c'est qu'elles savent tirer des leçons de leurs erreurs, ce qui n'est pas le cas des livres religieux qui, malgré les attouchements demeurent un nid douillet d'ignorance à grande échelle.

Au lieu de vous cultiver et profiter de l'opportunité qu'offre un téléphone intelligent pour chasser de loin l'ignorance absolue dans laquelle vous vivez, vous perdez votre temps à attendre un gars qui est mort il y a 2000 ans.

De vous à moi, si vous étiez Jésus, reviendrez-vous?

Je vous le répète, la croyance en des divinités imaginaires est la plus grande raison qui vous empêche de profiter pleinement de votre vie.

Prenez exemple sur vos pasteurs, prêtres, Bokonon et spiritualistes escrocs. Eux, ils ont tout compris. Ils vivent ici comme des princes et à vous promettent le paradis.

Allumez votre cerveau !

JESUS EST NOIR

Je suis sidéré par la facilité avec laquelle les gens arrivent à entuber l'africain inculte qui, par désespoir, est prêt à avaler toute forme de couleuvre tant qu'on réussit à fratter son petit égo surdimensionné.

La Russie vient de dévoiler, pour le grand bonheur de l'Afrique, des tableaux représentant un "Jésus noir".

Et pourtant, il suffit d'utiliser sa tête pour ou ses doigts pour s'informer de l'origine géographique du personnage Jésus, un Palestinien du Moyen-Orient sous domination Romaine.

Si le gars avait existé, il ressemblerait beaucoup plus à Oussama Ben Laden et Benzema et non à Kaby Lame ou Bassirou Diomaye Faye.

Un tableau est un portrait imaginaire et non une photo.

Si le peintre Russe a décidé de peindre les personnages en noir, c'est forcément pour une raison de disponibilité de pigments naturels et d'encre de l'époque où encore pour la pérennité de l'œuvre.

Acceptez l'existence d'un Jésus noir, c'est se préparer à accepter un Béhanzin Chinois et un Toffa Japonais.

Les tableaux où les personnages bibliques sont représentés en couleur noire ne datent pas de l'ère Russe. Même au Vatican, il en existe des millions.

Les ivoiriens et les nigérians sont dans la course de prouver qu'ils ont été mentionnés dans la Bible en cherchant des noms de villes où villages d'époque qui correspondent aux noms de leurs villages actuels.

Les informations exactes existent et sont gratuitement accessibles.

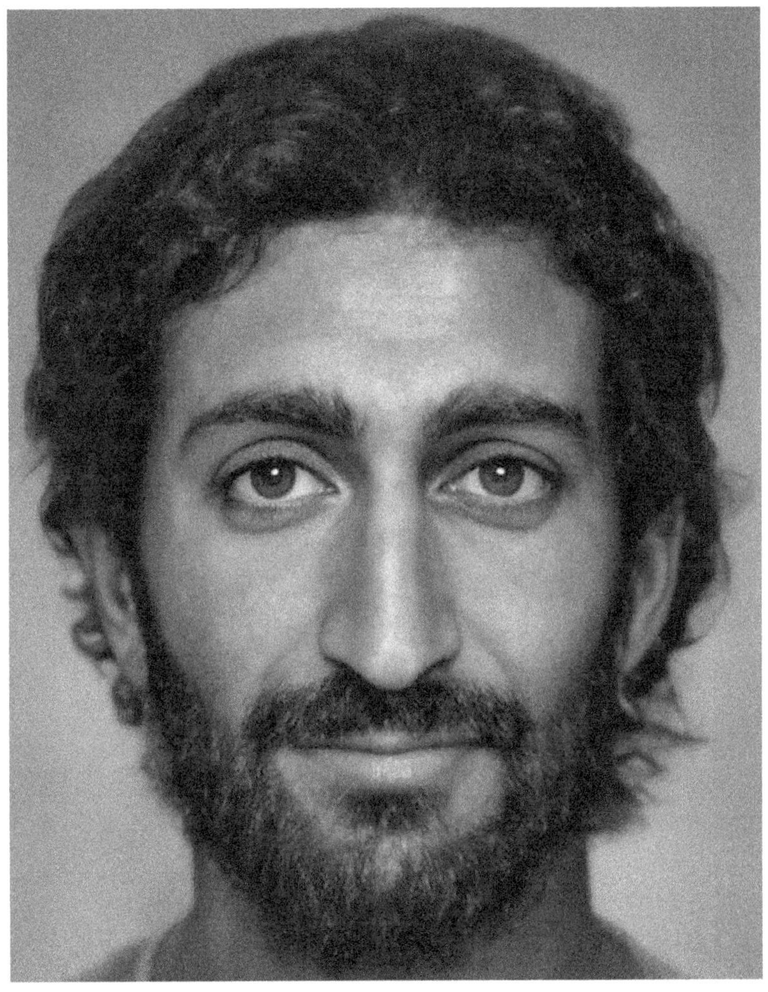

Pour voir à quoi pouvait ressembler le roi Béhanzin de 1894, il suffit d'aller à Abomey. On pouvait y voir des hommes qui lui ressemblent comme deux gouttes d'eau.

Pour savoir à quoi Jésus ressemblait, il suffit d'aller en Palestine.

Tel un Jésus blond aux yeux bleus est une fiction TV, c'est ainsi qu'un Jésus noir aux cheveux crépus ne peut exister.

Quel âge avait la vierge Marie lorsqu'elle a donné naissance à Jésus ?

RÉPONSE : Entre 12 et 14 ans.

JUSTIFICATION : L'âge de Marie n'a été mentionné nulle part dans le nouveau testament canonique qui est la biographie autorisée de Jésus. Toutefois, on peut se baser sur le récit d'un évangile apocryphe nommé "Le protévangile de Jacques" qui nous relate les évènements qui ont précédé la naissance de Marie. Selon cet évangile, dédiée au service du temple, Marie sera confiée à Joseph et renvoyée du temple le jour de ses premières règles. Joseph était un veuf d'un certain âge et avait des enfants plus âgés que la petite Marie quand il fut désigné comme son tuteur et son futur mari. Puisqu'elle était devenue femme, ce n'était qu'une question de jours pour que le mariage soit consommé.

À cette époque, l'espérance de vie d'un hébreux modeste qui travaille dans les chantiers de construction romaine était de 55 ans. Joseph n'a donc pas assez vécu pour voir Jésus grandir.

À l'époque, les filles se mariaient dès qu'elles deviennent des femmes entre 12 et 16 ans.

Même si Joseph était trop vieux pour avoir une libido étourdie, il n'allait pas attendre des années avant de connaître la tendre et fraîche chair désormais sous sa responsabilité.

Le protévangile de Jacques est un apocryphe reconnu par l'église catholique car c'est de lui qu'elle tire le dogme de l'Immaculée conception de Marie.

Vous pouvez télécharger gratuitement un exemplaire sur internet pour votre propre culture.

SUJET 21 : LA PREUVE QUE LE CORAN EST UN COUPIÉ-COLLÉ DE LA BIBLE !

Ma dernière publication qui dénonce les pratiques du charlatanisme dans l'église du christianisme céleste a suscité l'indignation des musulmans atteints de myxœdème endémique qui ne connaissent rien de l'histoire de leur religion tout simplement parce que, dans ma publication, ils ont lu que "Le coran est un copié-collé de la Bible".

Tout d'abord, la première partie de la Bible, l'ancien testament, existait déjà 250 ans avant la naissance de Jésus. Sa version traduite en grec s'appelle #LA SEPTANTE.

Ensuite, il y aura le nouveau testament dont l'écriture a débuté 10 à 20 ans après la mort de Jésus et qui sera compilé après 325 sous l'ordre de l'empereur Constantin et portera le nom #CODEX SINAITICUS.

Après la mort du Prophète Mohammed en 632, la rédaction du Coran va commencer aux alentours de 669, ce qui veut dire 340 ans après l'existence de la Bible telle qu'on la connait aujourd'hui.

VOICI QUELQUES HISTOIRES BIBLIQUES PLAGIÉES PAR LE CORAN !

- Adam et Ève

- Les Fils d'Adam Abel et Caïn

- Noé et le déluge

- L'histoire d'Abraham et de son sacrifice

- L'histoire de Sodome et Gomorrhe.

- L'histoire de Joseph qui sera vendu par ses frère et deviendra premier ministre en Egypte.

- L'histoire de Moïse

- L'histoire des batailles de Gédéon

- L'histoire du roi Saül

- L'histoire de David et Goliath

- L'histoire de la reine de Saba qui va quitter Ethiopie pour visiter Salomon

- L'histoire de Jonas qui sera avalé par un gros poisson.

- L'histoire de Marie mère de Jésus qui sera confondue à Mariam la Soeur de Aaron.

- L'histoire de Jésus qui sera cité 169 fois dans le coran alors que le nom du Prophète Mohammed n'apparait que

4 fois dans le Coran. La preuve que l'Islam était un christianisme qui s'est métamorphosé avec le temps.

- ....

Il existe de nombreuses citations dans le Coran qui proviennent des apocryphes du Nouveau Testament. Je ne listerai pas toutes les citations car beaucoup d'entre elles sont des répétitions. En outre, le Coran contient de nombreuses références à des thèmes chrétiens.

La seule chose qui pousse certains musulmans incultes à défendre mordicus que le Coran n'est pas un copié-collé de la Bible est que s'ils reconnaissent que le prophète Mohammed a emprunté d'autres documents religieux, le Coran serait invalidé comme étant une pure révélation de Dieu. Cela ferait du Coran une tromperie et de Mohammed un imposteur.

C'est d'ailleurs pour ne pas découvrir cette vérité qu'il est interdit aux musulmans de toucher à la Bible et d'entrer dans une église.

Je n'ai absolument rien inventé, vous pouvez prendre le temps qu'il faut pour faire vos propres recherches.

L'histoire de l'ange Gabriel qui aurait tout dicté au Prophète Mohammed SAW n'est qu'une tromperie, c'est la même méthode qu'emploient les charlatans prêtres, pasteurs et spiritualistes aujourd'hui en disant :

- L'esprit de Dieu m'a dit

- Le Fâ a dit, le Vodoun a dit

- La parole de Dieu a dit.

Allons loin avec ceci,

J'ai adoré la spontanéité des frères musulmans à défendre leur sœur qui ne faisait que rappeler le principe de base sur lequel est fondée leur religion : Il n'y a qu'un seul Allah et Mohammed (SAW) est son prophète.

Elle ne parle pas de goûts et de couleurs, elle parle de doctrine fondamentale issue du judaïsme qui ne reconnaît à aucun être imaginaire ou réel la même position que l'unique Dieu Créateur.

Elle a bien choisi ses mots et elle a spécifié nommément la communauté à laquelle elle s'adresse.

Un musulman qui fredonne une chanson qui élève Jésus-Christ au rang de Dieu, c'est comme un chrétien qui chante le "Vodoun houn kpanyan-kpanyan" ou un évangélique qui croit qu'un quidam peut lui nuire avec des forces occultes maléfiques.

Cette vague de solidarité générale a prouvé que le seul moment où le musulman est indifférent face à une certaine injustice flagrante, c'est quand l'islam tue les musulmans au nom de Allah.

Il n'y a pas ce jour où, au nom du non-respect de la Sharia, des milliers de musulmanes sont décapitées, publiquement fouettées, violentées et assassinées.

Quand l'islam tue au nom de Allah, c'est le silence Total.

Qu'est-ce qu'un bon musulman ne ferait pas pour préserver la sainteté d'un être imaginaire !

Quelques scribouilles incohérentes sur des papiers de bananiers jaunis tachetés à l'encre noire ont le pouvoir sur les êtres humains, ces mêmes êtres qui, selon leurs ignorances, ont imaginé l'existence et la suprématie d'un être imaginaire sur les êtres vivants.

Pour le musulman, quelques récits fictifs attribués à un analphabète passent avant les êtres humains.

Selon le Saint Coran, la parole du Dieu infaillible Allah, Jésus serait né de Marie, la sœur de Aaron qui aurait vécu 1600 ans avant Jésus-Christ.

Et les incohérences et niaiseries de ce genre sont légions dans le livre dit Saint, descendu du Ciel.

Et c'est à base de ce livre que des millions sont tués.

C'est à base d'un tel livre que les familles sont divisées.

C'est à base d'un tel livre qu'il est interdit à une fille d'épouser un certain homme.

C'est à base d'un tel livre qu'il est strictement interdit au musulman d'exercer certaines fonctions.

Toute divinité imaginaire qui vous invite à vous éloigner de vos semblables devrait être servie au dîner où vous invitez vos semblables.

Aucune divinité imaginaire n'a de règles spécifiques. Ce sont les hommes qui imposent aux autres hommes faibles leurs volontés pour pouvoir les écraser sous couvert d'une divinité.

Vous devez manger toute divinité qui vous empêche de manger votre repas préféré.

Vous devez jeter au feu toute divinité qui empêche votre âme de savourer sa chanson préférée.

Vous n'avez besoin d'aucune divinité pour exister. C'est Allah qui a besoin de vous pour exister. Le jour où le dernier musulman va disparaitre, Allah va mourir comme les milliers de divinités imaginaires qui ont été avant lui.

L'homme est la cheville ouvrière de l'humanité. La seule chose que la religion a réussi dans ce monde, c'est la promotion de la division.

Enlevez la religion de votre vie et vous allez commencer à vivre effectivement.

SUJET 22 : CHARLATANISME ET FÉTICHISME AU SEIN DE L'ÉGLISE DU CHRISTIANISME CÉLESTE : De la Genèse à la Révélation !

Bain de purification auprès des marigots, bain de la jouvence appelé #Koudiô, savon de chance, parfum de chance, utilisation d'oeufs pourris, usage de rameaux, retour d'affection, utilisation du bois sculpté appelé #Botchiô, enterrement d'objets sur une parcelle avant démarrage du chantier, bain d'encens, rituel d'ananas pour duplication de sentiments amoureux, superstitions liées aux menstruation et à la consommation de la viande de porc, pèlerinage au bord de la mer du 24 au 25 Décembre.... ce sont là, quelques une des pratiques observées au sein de l'église du christianisme céleste qui font que les observateurs extérieurs qualifient les Gbigbô_Wiwé de charlatans en tenue blanche.

À l'origine, en 1947, après ses trois mois d'errement en forêt, le Le Prophète Pasteur Fondateur Révérend Samuel BILEHOU Joseph OSCHOFFA n'avait pas pour ambition de créer une nouvelle religion. La preuve, quand une foule immense a commencé à se regrouper chez lui, et ayant remarqué qu'il ne pouvait plus avoir une seule seconde d'intimité, il va solliciter l'aide du commissaire de la ville de Porto-Novo pour qu'il envoie ses éléments disperser la foule et libérer son domicile.

Le Prophète Pasteur Fondateur Révérend Samuel BILEHOU Joseph OSCHOFFA est né Méthodiste, il n' a connu aucune autre doctrine à part celle de cette religion. Il a été musicien dans l'église et ne maitrise que les enseignements de cette dernière.

Mais dès qu'il a commencé à devenir une curiosité spectaculaire et les gens désertaient les religions de longue histoire pour se rendre chez lui, une grande campagne de dénigrement sera organisée par les responsables des églises méthodistes qui annonçaient sur le pupitre de l'église que leur ancien paroissien est allé acheter la magie noire et serait en train de tromper les gens avec les pratiques de magie noire.

Les fidèles méthodistes seront donc invités à le fuir et s'éloigner de lui.

Sa religion ne prendra effectivement corps que le 29 SEPTEMBRE 1947 à Porto-Novo.

Née sans discrimination est ouverte à tous, l'église du christianisme céleste deviendra le refuge de ceux qui n'ont pas pu remplir les conditions intellectuelles requises pour devenir pasteur ou tout au moins membre du clergé des autres religions. La peur de la sorcellerie et le courage du Prophète Pasteur Fondateur Révérend Samuel BILEHOU Joseph OSCHOFFA vont inciter beaucoup d'adeptes des divinités locales à devenir membre de la religion.

SI le Prophète Pasteur Fondateur Révérend Samuel BILEHOU Joseph OSCHOFFA était instruit et avait été entouré par les théologiens, forcément, il éditerait un livre saint différent ou s'inspirant de la Bible comme l'a fait le christianisme avec Constantin en l'an 325 en ajoutant à la Torah juive la Bible chrétienne grecque appelée nouveau testament, comme l'ont fait les compagnons du Prophète Mohammed SAW en éditant le Coran qui est un copier-coller de la Bible, comme l'a fait Joseph SMITH en éditant le livre des MORMONS qu'il a appelé le dernier testament.

Selon le Prophète Pasteur Fondateur Révérend Samuel BILEHOU Joseph OSCHOFFA, l'objectif de sa religion était d'amener les chrétiens qui vont encore solliciter les Bokonon, vodounon et Féticheurs dans la nuit à se détourner complètement de ces pratiques et se concentrer uniquement sur leur foi chrétienne.

Les anciens bokonon, vodounnon et féticheurs ayant compris que les pratiques du charlatanisme ne sont que des simulacres ayant pour but de booster la foi, vont commencer à les pratiquer au nom du Saint Michel. L'objectif était d'éviter que le chrétien céleste fasse encore recours aux fétichistes qui vont le ruiner alors qu'il y a la même chose sur sa paroisse.

Conséquence: en plus des fidèles, les gens d'autres confessions religieuses prendront l'église du christianisme céleste d'assaut pour les pratiques du charlatanisme.

Mais attention, il faut faire une différence entre charlatanisme et satanisme.

Le charlatanisme est un art de tromperie qui peut s'exercer dans tous les domaines et surtout dans le domaine médical. Quand un médecin présente un remède illusoire qui n'est pas éprouvé et dit que c'est un remède salutaire, on dit qu'il est un charlatan. Quand à l'hôpital, un garçon ou fille de salle te dit que ta maladie n'a pas de remède et que si tu prends une injection tu vas mourir, c'est du charlatanisme.

Par crédulité, les gens ont systématiquement recours aux charlatans pour une raison ou une autre.

Ironie du sort, le résultat est identique.

Les paroisses Gbigbô-wiwé vont devenir les centres d'hospitalisation. Les malades y seront convoyés comme un hôpital de référence.

Par laxisme, l'église du christianisme céleste a laissé la porte ouverte à toutes formes de dérives qui font que certains adeptes ont honte de porter la soutane en public ou de s'identifier en tant que tel.

Normalement, un véritable fidèle de l'église du christianisme céleste ne saurait rien d'autre faire que ses prières quotidiennes. Mais aujourd'hui, la phrase "Je suis céleste" est utilisée comme une menace, une intimidation et un trafic d'influence.

Mais attention, l'église du christianisme céleste ne pratique non plus le syncrétisme. Même si on y retrouve plusieurs pratiques vodoun comme celles citées plus haut y compris la transe, toutes ces pratiques sont détournées vers le christianisme.

Néanmoins, un véritable fidèle de l'église du christianisme céleste bien cultivé peut justifier ces différentes pratiques avec la Bible.

- Au mont Sion, face au buisson ardent, Dieu a demandé à Moîse de se débarrasser de ses souliers pour ne pas souiller le lien saint où il y a la manifestation de Dieu.

- Atteint de lèpre, sous recommandation de sa petite servante, une esclave israëlienne, le général de l'armée de Syrie Naaman va se rendre chez le prophète Elisée qui va lui dire d'aller faire bain de purification dans le Jourdain 7 fois.

- Au temps de Jésus, il y avait un bassin à Siloe où les gens se jetaient pour être guéri.

- Jésus lui-même a craché par terre pour former une motte et l'a appliqué à un aveugle qui a recouvert la vue.

...

L'autre phénomène aujourd'hui est que l'église est pris d'assaut par les les rescapés des églises de réveil. Ils y vont avec leur ancienne doctrine et donnent plus de valeur aux écrits de pseudo apôtre Paul même ci ces derniers sont en contradiction avec les enseignements de Jésus-Christ.

Or, l'église du christianisme céleste est l'église de Jésus et non l'église de Paul qui n'a jamais connu Jésus et qui a toujours combattu ses disciples.

Le laisser-aller règne si fort dans l'église que la plus grosse escroquerie pyramidale appelée la chaîne de Ponzy qu'a connu le Bénin va y naitre : ICC Services qui va spolier les millions de béninois. Cette vaste escroquerie poussera certaines victimes au suicide et beaucoup finiront en prison.

Contrairement au testament du Prophète Pasteur Fondateur Révérend Samuel BILEHOU Joseph OSCHOFFA qui a recommandé l'unité de direction, actuellement, l'église du christianisme céleste comporte plusieurs pasteurs au Bénin qui se font des guerres qui parfois se soldent par la mort.

Il y a l'exemple d'un certain Révérend Pasteur GBÈDAYI qui va s'auto proclamer digne successeur de OSCHOFFA.

Il va instaurer son pèlerinage à Dassa, lieu d'origine de OSCHOFFA, mais ne va pas accomplir un troisième avant de casser la pipe.

Au Nigéria, en plus du fils Emmanuel, il y a plus d'une dizaine de pasteurs qui se réclament de la postérité de OSCHOFFA.

Au Bénin, actuellement, il y a une autre branche dirigée pas le <u>Pasteur Vinakou Constant</u> qui est en constante opposition avec la paroisse mère de Porto-Novo.

En conclusion, puisque l'église du christianisme céleste était une religion des pense-petit, les pratiques du charlatanisme ont été tolérées pour sûrement détourner les fidèles et leur montrer que ce qu'ils attendent la nuit pour aller chercher de l'autre côté se trouve gratuitement ou à moindre prix dans leur différentes paroisses.

Et c'est une stratégie qui marche très fort car, dans mon quartier seul, on peut dénombrer plus de 5 paroisses dans un rayon de 2 kilomètres et chacun a sa clientèle. Les Aladja et Aldji sont une clientèle de choix car ils n'aiment pas aller sur les paroisses pour les rituels et le Woli doit impérativement faire tous les travaux en son nom écrit sur des bouts de papiers et distribué sur plusieurs paroisses.

L'autre grande clientèle, c'est les Tchiza ou dernières femmes qui veulent détourner le coeur d'un homme. Elles sont prêtes à verser la somme qu'il faut pour décupler les sentiments d'un homme. Les Wolis spécialisés dans ces rituels leur font la cérémonie de l'ananas. Ils sont prêts à tout même s'il faut détruire le foyer de l'inconnue pour leur cliente.

SUJET 23 : Le DÉVELOPPEMENT DE LA GUERRE ou la GUERRE POUR LE DÉVELOPPEMENT !

La semaine écoulée, en représailles aux bombardements de son ambassade, l'Iran lance 300 drones suicides à destination d'Israël. Du premier au dernier, ces drones seront tous interceptés et exploseront contre le dôme de fer Israélien encore appelé système anti-missiles.

C'est une prouesse technologique que j'ai beaucoup admiré et salué.

Comment on salue une guerre?

Une guerre à saluer car, en lieu et place des êtres humains, c'est la ferraille et quelques microprocesseurs qui perdent la vie.

En lieu et place de 300.000 Iraniens, c'est 150 tonnes d'aciers qui sont réduits en poussière dans le ciel de Jérusalem, la ville sainte.

Plus l'humanité évolue, plus les guerres deviennent admirables et élitistes.

N'oubliez pas que 96% des technologies dont nous bénéficions aujourd'hui sont développées pour contribuer ou faciliter la guerre. Internet était un instrument de guerre.

Hitler, pour sa guerre, a révolutionné le monde de l'automobile et de l'aviation. Aujourd'hui, grâce aux efforts de guerre, on peut aller de Lomé à New-York en 9 heures, alors qu'il fallait plusieurs mois de bateau pour le même trajet.

Les premières autoroutes étaient des plateformes destinées à l'atterrissage des avions en Allemagne. Le président américain volera l'idée et la copiera chez lui.

Les vues uniques sur WhatsApp qui font frémir notre cœur aujourd'hui ont été élaborées par les espions pour ne pas laisser de traces.

Même le pantalon a été inventé pour faciliter la marche aux soldats.

D'ailleurs, c'est en 1854 que Alex Godillot va inventer des chaussures pieds gauches et pieds droits pour permettre aux soldats de la guerre de Crimée de se déplacer confortablement. Autrement, nous allons continuer à porter des sabots à ce jour.

Il suffit de questionner l'histoire et on se rend compte que les pays les plus développés en matière de technologie aujourd'hui sont ceux qui ont connu ou participé à plusieurs guerres dans le passé.

Le Japon est le seul pays sur lequel sont tombées deux bombes atomiques et pourtant, les États-Unis, pays Bombardier, n'ont rien à lui envier.

Il n'y a pas aujourd'hui de pays sécurisés que ceux qui ont fait la guerre hier.

Aujourd'hui, les pays qui ont une relation très solide où les frontières n'existent plus, ce sont les pays qui, hier, se sont fait la guerre sans merci. La France et l'Allemagne ne sont plus à citer.

Chaque jour qui vient nous donne la preuve que l'humanité est un pur produit de l'évolution qui est un processus toujours en cours.

Les seules guerres ou conflits actuellement sur terre sont les guerres d'idéologie religieuse. Oui, toujours la religion.

D'ici 20 ans où la religion deviendra obsolète, on n'entendra plus jamais parler de guerres où les gens tomberont.

Le développement de la guerre est définitivement une guerre pour le développement.

SUJET 24 : LE SECOURISME D'ABORD !

Chère population, SEUL UN MÉDECIN dûment formé est HABILITÉ à CONSTATER un DÉCÈS.

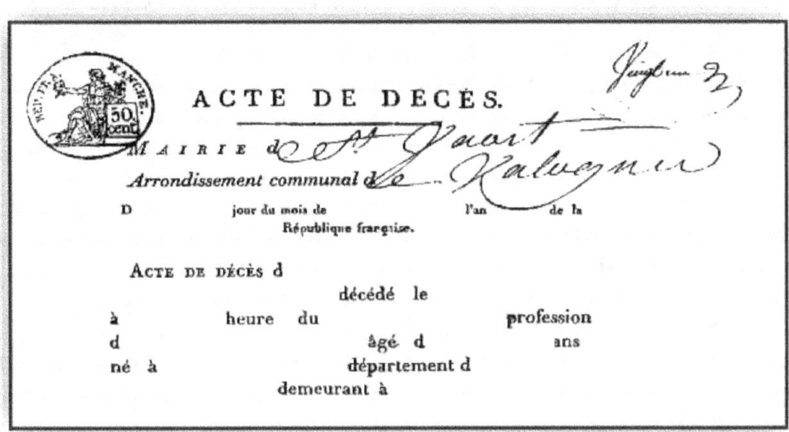

- Ce n'est pas parce que quelqu'un ne bouge plus qu'il est mort.

- Ce n'est pas parce que quelqu'un a le sang qui sort de sa tête qu'il est mort.

- Ce n'est pas parce que quelqu'un est victime d'un accident de circulation et est allongé qu'il est mort.

- Ce n'est pas parce que quelqu'un ne respire plus qu'il est mort.

- Ce n'est pas parce que vous êtes sous le choc émotionnel en voyant quelq'un par terre qu'il est mort.

- Ce n'est pas parce que quelqu'un a dit "Laissez-le il est mort" qu'il est mort.

- Ce n'est pas parce que la personne même a crié "Odjé Je suis mort" qu'elle est morte

- ...

On peut être en vie et ne pas donner des signes de vie. Il n'existe aucune âme qui quitte un être vivant à sa mort. La mort est la cessation d'activité des organes. Un médecin bien formé ou un secouriste peut RÉANIMER une personne qui ne respire plus, ne bouge plus et a le sang qui coule des narines.

Beaucoup d'enfants naissent dans les hôpitaux sans donner signe de vie et le médecin lui fait un massage cardiaque pendant des minutes. L'objectif de ce geste est de démarrer le cœur et assurer la distribution du sang dans les autres organes. Les secouristes et les médecins ont les appareils qu'il faut pour maintenir en vie un accidenté qui ne respire plus de lui même. Ça s'appelle un respirateur mécanique ou électronique.

C'est l'oxygène qui maintient un être humain en vie et non les prières et Dieu. Si vous ne me croyez pas, coupez l'oxygène à un homme qui a Dieu ou Jésus Christ comme Sauveur pour voir s'il va continuer à vivre. Ensuite, coupez Dieu et Jésus a un homme qui a l'oxygène pour voir s'il ne va pas vivre ses prochaines 69 années sans problème. C'est pourquoi tous les hôpitaux sont fournis en bouteilles d'oxygène et non d'eau bénite.

S'attrouper autour d'un accidenté qui n'est pas encore déclaré mort ne l'aide en rien. Il peut toujours être sauvé. Appeler les pompiers et les secours devraient être le premier geste, le mettre en position latérale de sécurité ou pratiquer un massage cardiaque si vous avez reçu la formation lui serait vital.

Si c'est un endroit où l'accès sera difficile aux secours, organiser une transportation tout en communiquant votre position et la progression aux secours serait un geste héroïque.

IL EST PAR TERRE, IL NE BOUGE PLUS, IL NE RESPIRE PLUS NE SIGNIFIENT NULLEMENT QU'IL EST TANT QU'UN MÉDECIN, DE PRÉFÉRENCE UN LÉGISTE N'A PAS ENCORE CONSTATÉ ET ANNONCER SON DÉCÈS.

Beaucoup de gens se réveillent à la morgue et les morguiers n'ont autre choix que de les assassiner. D'ailleurs, aucun parent n'accepterait le retour de l'un des leurs qu'ils pleurent déjà et dont le faire-part et les invitations aux obsèques sont déjà disponibles.

Merci pour le bon geste dans l'avenir.

SUJET 25 : FIN DU MONDE DU 20 MAI 1947

Février 1947, les prêtres et pasteurs blancs des diverses missions chrétiennes reçurent la lettre les informant de l'éclipse solaire totale qui sera observée en Afrique Occidentale Française AOF dont le Bénin et la Côte d'Ivoire et d'autres pays sous domination française ou anglaise à savoir le Nigeria, le Ghana, le Congo, le Cameroun et le Togo.

Un sermon "spécial fin du monde" fut adapté à l'événement pour créer une psychose au sein de la population.

Entre Cotonou et Porto-Novo, la nouvelle s'envola comme une traînée de poudre. Les séminaristes et les catéchumènes relayaient les prêtres et donnaient un détail sanglant de l'événement.

Ils prédisaient la colère de Dieu contre la divinité Gou car c'est le jour de cette divinité que Dieu a choisi pour mettre fin aux humains. L'événement aura lieu un Mardi, le Gouzangbé.

Or la divinité Gou, d'origine Yoruba d'Oyo, est un Dieu primaire et le plus populaire chez les Fon, Goun et assimilés. Il est présent dans toutes les expressions usuelles. On ne jurait que par lui. Il est le Dieu de la connaissance, de la postérité et de la prospérité.

Quand un maître transmet le savoir de son domaine à son élève, on dit qu'il lui a transmis le Gou. L'héritage qu'un père laisse à sa descendance est aussi désigné par le Gou. C'est la divinité directe de tous ceux qui travaillent le fer. Dans les maisons authentiques, on retrouve toujours une petite case où sont assemblées quelques ferrailles arrosées d'huile rouge. C'est un égrégore très facile à installer.

La colère de Dieu allait donc s'abattre sur tous les béninois de la côte. Chaque dimanche, les apatam servant d'abris devant les églises étaient bondés de monde. Les gens étaient appelés à la repentance. C'était la psychose totale.

C'était une occasion pour les vendeuses d'illusion qui proposaient l'achat d'une craie spéciale pour tracer une croix sur le montant des portes.

Les bokonons offraient un lot de feuilles d'hysopes à attacher à l'entrée de la case.

Ceux qui n'ont pas beaucoup de moyens fabriquaient une croix à base de rameaux de palmiers qu'ils accrochaient au cou et à leurs habitations.

Le jour J, tout le monde se réveilla la peur dans le ventre. Personne n'osa mettre d'huile sur son Gou. Tout le monde était dans l'attente. Beaucoup de croyants avaient entrepris le jeûne pour échapper à la colère de Dieu. D'autres espéraient un enlèvement ce jour.

14:45. Le ciel qui était brûlant se mit à s'obscurcir. La peur gagna tout le monde. Les uns se mettent à genoux implorant Dieu de les pardonner. Les autres criaient, pris de panique.

14:55. Ce fut l'éclipse totale. Il fit nuit en plein jour.

Les sachants non religieux mettaient de l'eau dans un récipient pour observer le phénomène et ceux qui étaient au bord des cours d'eaux l'observaient dans la rivière. D'autres faisaient résonner les ustensiles de cuisine en criant à tue-tête : "Sun djo whé do" ce qui en français veut dire "Lune, libère le soleil".

Bien entendu, il s'agissait d'une éclipse totale du soleil et non d'une supposée fin du monde, mais la chrétienté de l'époque sait comment user de tout pour démontrer une supposée colère de Dieu ou une probable fin du monde.

Cet événement a changé le cours de l'histoire au sud du Bénin qui est devenu fortement christianisé au point où les couvents Vodoun étaient pris d'assaut par les pasteurs et prêtres pour arracher les femmes qu'ils reconvertissaient en sœurs religieuses ou en domestiques travaillant gratuitement pour les prêtres.

Le prêtre blanc qui était vu comme une divinité, raison pour laquelle on l'appelait le "Yê vou", petite divinité, va finir par prendre le nom de "Atɔtɔnɔn", l'incirconcis car ce qui se cachait sous sa longue robe sera enfin dévoilé à certaines mauvaises langues.

Pendant ce temps, dans un village lacustre situé entre Abomey-Calavi et Ganvié, un jeune menuisier reconverti en exploitant forestier vivait une expérience psychologique qui va changer l'histoire du Bénin, du Nigéria et par la suite du monde entier.

Abandonné dans une barque par son piroguier qui le conduisait suite à une dispute causée par le vol de sa friture de tomate appelée #Dja, #Bilewu_Samuel se retrouvera seul, au milieu d'une forêt dense au cours de l'éclipse solaire qui changera son métabolisme.

Dans les documents officiels de L'ÉGLISE DU CHRISTIANISME CÉLESTE, c'est le 22 Mai 1947 qui sera retenu comme date de l'éclipse solaire, ce qui est historiquement inexact.

Selon son témoignage, pris de panique en voyant le soleil disparaitre en pleine journée suivie d'une profonde obscurité amplifiée par la présence de grands arbres, il s'agenouilla et se mit à prier. Au cours de sa prière, il entendit une voix qui lui dit : "Luli", un message qu'il va traduire par "Grâce de Jésus-Christ".

En ouvrant les yeux, il vit un singe blanc avec deux dents en haut et en bas, avec des mains et des pieds ailés, comme une chauve souris. Quand il voulait voler, il battait des ailes vers l'avant, mais il restait sur place.

Il verra d'autres animaux de la forêt avec qui il va cohabiter dans une pirogue qui le mènera où va le courant pendant environs 4 mois.

Quatre mois après lesquels il sera considéré mort par ses parents qui, ayant remarqué sa disparition auraient abandonné les recherches.

A son retour de la forêt, il commencera à faire des oeuvres prodigieuses juste en touchant les personnes en difficultés. Le 29 SEPTEMBRE 1947 à Porto-Novo, il va fonder une religion dénommée : ÉGLISE DU CHRISTIANISME CELESTE.

QUI EST Le Prophète Pasteur Fondateur Révérend Samuel BILEHOU Joseph OSCHOFFA ?

Né en 1909 à Porto-Novo d'un père Yoruba d'origine Nigériane et d'une mère Yoruba aussi originaire d'Abéokouta comme son père, Samuel sera le garçon unique d'un homme protestant méthodiste polygame à qui ses multitudes femmes ne donnent que des multitudes de filles qui finissent par mourir jusqu'à une seule.

A 7 ans, il sera confié à un pasteur de l'église Méthodiste pour servir Dieu puisque, selon son père, c'est la promesse qu'il avait faite à Dieu pour l'obtenir, raison pour laquelle il le nomma Samuel comme le prophète de la Bible. Mais suite au mauvais traitement qu'on lui infligeait, son père va le retirer de l'église avant de le retourner encore à l'église, cette fois-ci, à un missionnaire blanc auprès de qui il va grandir avant de se rebeller et entamer l'apprentissage de la menuiserie.

Après avoir exercé ce métier jusqu'en 1946, il va décider de se lancer dans l'achat du bois d'ébène dans les forêts pour les revendre en ville et en tirer un plus grand profit.

C'est donc au cours de l'un de ses voyages d'affaire qu'il sera abandonné dans une grande forêt par son pagayeur qui aura les maux de ventre après avoir volé sa friture de tomate. Il va donc poser la main sur le ventre de ce dernier qui sera témoin du premier miracle opéré par le jeune Joseph qui sera bientôt célèbre.

Samuel avait donc une base solide de chrétienté. Il n'a pas découvert Jésus dans la forêt et il n'était adepte d'aucune divinité locale. Il avait surement entendu parler de la fin du monde et c'est la panique créée par cet évènement vécu loin de toute autre forme d'humanité qui a activé en lui une autre dimension de spiritualité.

Quoi qu'il en soit, dès son retour à Porto-Novo, la nouvelle de ses oeuvres volera dans les quatre coins de la ville. Curieux et affamés de miracles convergeront dans sa maison qui ne pourra plus contenir le monde. Il va solliciter l'aide du commissaire de la ville, un blanc pour dégager les gens de sa maison puisqu'il n'avait plus dormi pendant plus de deux semaines. Le commissaire, un chrétien catholique, lui suggéra l'organisation, le samedi suivant, d'une grande réunion publique en plein air.

La nouvelle de cette réunion attirera les gens de toutes les confessions qui avaient entendu parler de l'affaire.

Pendant qu'il croissait, les autres églises solidement établies décroissaient. Une grande campagne de dénigrement sera organisée sur toutes les paroisses pour le déstabiliser. Malheureusement pour ses détracteurs, c'est l'effet contraire qui va s'opérer : ceux qui n'en avaient jamais entendu parler vont se ruer chez lui.

Plusieurs groupes ou paroisses vont voir le jour. Les combats et autres rivalités avec les vodounnons et autres hounnongans vont devenir monnaie courante. Ceux qui seront défiés et vaincus troqueront leurs fétiches contre la soutane et les bougies.

Les chefs couvent révèleront le secret des empoisonnements par la viande de porc qui est très prisée à Porto-Novo. Cette viande sera interdite pour régler un grand problème.

La religion sera basée sur la quête de la spiritualité personnelle où le fidèle par sa foi obtient l'approbation de l'esprit saint avec qui il communique directement sans l'intermédiaire du clergé.

La nouvelle église naissante en quête de doctrine sera prise d'assaut par les vodounnons, les protestant, les catholiques, les évangéliques et d'autres curieux. Chacun y vient avec sa science, ses connaissances et ses pratiques.

Et pourtant, dans ses messages, le fondateur rappelait à ses fidèles qu'il avait eu une vision où les chrétiens n'avaient pas la faveur de Dieu après leur mort car ils l'adoraient, lui Dieu, et faisaient les pratiques occultes en cachette.

L'église du christianisme céleste deviendra rapidement la plus grosse plateforme de vision gratuite. Les chrétiens et musulmans ne se font plus prier pour aller les consulter. Un nouveau marché de vision va voir le jour avec une offre de plus en plus grandiose.

Les églises du christianisme céleste vont commencer par pousser comme des champions dans toutes les rues. Les paroisses vont se substituer aux hôpitaux et couvents vodoun.

La paresse des fidèles en quête de miracle et non de spiritualité boostera le marché des rituels au bord des rivières et sur les carrefours. Le Koudiô ou report de la mort imminente deviendra un rituel très prisé.

L'intervention de Dieu, Jésus-Christ ou l'esprit saint à travers la prière ne sera plus nécessaire. La spiritualité de l'église se transformera en spiritisme avec des rituels et pratiques identiques à ceux des adeptes du vodoun, mais à prix réduit.

Le courage d'affronter les méchants à main nue et par la prière va se transformer en une peur de la sorcellerie.

Dès que les gens n'ont plus le moyens de faire les gros gris-gris, ils courent se planquer derrière les soutanes.

Après le coup d'état raté du 17 Janvier 1977 au Bénin, Le Prophète Pasteur Fondateur Révérend Samuel BILEHOU Joseph OSCHOFFA sera contraint en exil au Nigéria où il y avait déjà plusieurs paroisses implantées par les pêcheurs migrateurs.

Après sa mort le 10 Septembre 1985 dans un accident de voiture au Nigéria, l'église qu'il a fondé va prendre une ascension fulgurante et s'implantera partout où iront les Nigérians avec plus de 50.000 paroisses dans le monde entier et plus de 10.000.000 de fidèles et assimilés.

L'église du christianisme céleste deviendra, ces dernières décennies, la plus grande école de musique en Afrique francophone et au Nigéria. C'est une pépinière où pousse la majorités des artistes chanteurs et instrumentistes.

Il faut noter que son fondateur était un grand musicien dans la ville de Porto-Novo.

C'était moi, votre <u>Flê Woli Chou</u> né dans l'église du christianisme céleste en mil neuf cent il y a très longtemps, maitre contre 69% des pratiques spiritistes qui s'y déroulent.

SUJET 26 : POURQUOI JE N'AI PAS PRIS DE PHOTO AVEC LA STATUE DE L'AMAZONE?

Pour moi, un béninois des régions côtières qui prend les Agodjiés comme des héros et la statue de l'Amazone comme un symbole de bravoure est comme un juif qui prend la statue de Adolf Hitler comme un symbole de fierté et de bravoure.

Les amazones étaient pour les peuples alentours ce que les Nazis étaient pour les juifs, les noirs, les témoins de Jéhovah et les homosexuels.

Les amazones étaient utilisées par les rois d'Abomey pour capturer les Mahis, les Nagots, les Aizôs, les Whlas, les Gouns, les Yorubas et les vendre aux Européens en échange de liqueurs, armes, poudre à canon, tissus et autres objets de piètre valeur.

Les amazones n'étaient une fierté que pour leurs maîtres esclavagistes qui les envoient en mission pour exterminer d'autres vies et capturer d'autres pour alimenter le commerce triangulaire.

Et la véritable histoire extirpée des légendes nous renseigne qu'elles n'ont de succès qu'auprès des paysans non armés, des femmes et des enfants.

L'histoire n'a connaissance d'aucune bataille qu'elles auraient remporté face à une armée constituée.

On peut prendre l'exemple de la bataille de 1851 où le roi Ghézo sera humilié à Abéokouta par les Egba qui vont tuer plus de 4.000 amazones et 2.000 hommes et prendre tous les attributs du roi.

Mais à Abomey, on ne concède jamais la défaite, une armée sera envoyée à Porto-Novo pour capturer les habitants qui seront exhibés comme trophées de guerre et une grande cérémonie de victoire sera organisée.

Le même scénario va se répéter avec Glèlè le 15 Mars 1863 où il essuiera une défaite équivalente à celui de son père auprès des Egbas de Abéokouta. Des milliers d'amazones vont encore tomber.

A sa mort en 1889, son successeur Béhanzin va renouer avec la tradition des amazones. Cette fois, il va les lancer contre les régiments français qui va les exterminer à chaque occasion.

En témoigne un extrait de la lettre de Béhanzin : "la première fois, je ne savais pas faire la guerre, mais maintenant, je sais. J'ai tant d'hommes qu'on dirait des vers qui sortent des trous... Si cette guerre doit me couter 20.000 hommes, je la ferai".

Pour finir, il sera capturé et déporté.

Les historiens d'Abomey diront qu'il s'est rendu. Chacun est libre de jouer avec les mots.

Les amazones font partie intégrante de l'histoire béninoise, mais en aucun cas, elle ne sont un symbole de fierté pour ceux qui connaissent l'histoire du Bénin.

Il n'y a que ceux qui préfèrent la propagande et les légendes qui se retrouvent en ce que les amazones représentent. Les véritables fons d'Abomey se sentent insultés quand on les prennent pour les amazones.

Donc, seules les femmes incultes s'identifient aux amazones qui se font toujours décimer fasse aux armées régulièrement constituées.

Les Toffins qui sont obligés d'aller vivre au milieu de l'eau ne peuvent pas trouver les amazones comme un symbole de bravoure. Leurs parents étaient des paysans qui étaient obligés de traverser les rivières pour ne pas être capturés par ces femmes et être vendus aux Européens.

Au temps des Agodjiés, il y a une multitude de peuples qui les voyaient en ennemis. C'est donc très bizarre de voir les descendants de ces peuples en train de célébrer leur bravoure.

Elles n'inspiraient la quiétude à quiconque et elles représentaient la personnification de la mort. Elles étaient l'instrument utilisé pour anéantir les ennemis du royaume d'Abomey.

En ce temps, les ennemis du royaume de Danxomɛn sont :

- Les princes, princesses, futurs rois, mère du roi, femmes du roi, les parents proches du roi.

- Les Fons d'Abomey.

- Les Maxi des Collines.

- Les Whédah de Gléhoué.

- Les Watchi et Whla des Grand et Petit Popo.

- Les Yoruba d'Oyo

- Les Nago de Kétou

- Les Goun, Yoruba et Nago de Porto-Novo

- Les Ègba de Abèokuta.

- Les Toffinou.

- Les Wémènou.

- Les Français qui réclament la cessation des sacrifices humains.

- Les Anglais qui combattent la traite négrière.

- Les rois sans armées qui ont eu l'intelligence d'être sous la protection des forces Françaises, Anglaises et Allemandes.

Quand un descendant de ces peuple se retrouve à se prendre fièrement en photo devant le symbole de destruction de ses ancêtres, sûrement, ces derniers vont se retourner dans leurs tombes.

Bien entendu, les amazones font partie intégrante de l'histoire de nos peuples, exactement comme les nazis font partie intégrante de l'histoire des juifs.

La seule différence est que tu ne verras pas un juifs qui arbore fièrement la croix gammée.

Beaucoup seront étonnés et d'autres énervés car ce qu'ils viennent d'apprendre est différent de ce qu'on leur a toujours appris.

Je vous laisse faire vos propres recherches et ensemble, on va en discuter.

Bien entendu, je ne vais pas répondre aux incultes qui ne font aucune différence entre histoire et dithyrambe.

Le blanchissement de l'histoire est une activité très prisée chez nous où les incultes se frappent la poitrine à raconter partout que ce sont nos ancêtres qui ont inventé toutes les technologies du monde moderne. Mais si vous leur remettez une bouteille d'eau, ils ne peuvent pas transformer ça en solide.

Nous avons le droit de connaitre le passé pour ne plus reprendre ses erreurs. Les amazones étaient la terreur de leur époque, elles ne vivent plus parmi nous, mais nous avons besoin de connaitre la vérité, même si elle fait mal.

Pour ceux qui aiment la lecture, voici un témoignage très émouvant

LES REECRITURES DE L'HISTOIRE

On était en 1999. En excursion sur les sites historiques d'Abomey, nous avions prévu une rencontre avec Justine Béhanzin, petite fille du roi Béhanzin. Figure de la lutte politique au Dahomey dans les années 1950-60, elle gardait une étonnante énergie malgré son âge avancé (près de 100 ans à l'époque). Nous faisons donc un tour chez elle. L'un d'entre nous commet la maladresse de l'appeler amazone pour mettre en exergue les luttes qu'elle a menées en son temps. Erreur ! Elle se met en boule en nous tançant vertement : « Je croyais que vous étiez des historiens ! Comment pouvez-vous me confondre, moi, une authentique princesse d'Abomey, à une amazone ! » Je me rappelle encore ses cheveux blancs qu'elle secouait énergiquement pour ponctuer sa colère toute majestueuse. Dans sa bouche en effet, « amazone » signifiait une femme de condition inférieure utilisée pour défendre le Danxomè. Et rien d'autre.

C'était essentiellement des captives de guerre à qui il était fait obligation d'aller combattre pour sauver la vie des leurs faits prisonniers lors des razzias qu'opérait l'armée du Danxomè. En clair, si vous voulez que votre père ou votre mère soit libéré, vous devrez combattre avec fougue. A défaut, vous savez le sort qui leur était réservé. De mes recherches ultérieures, j'ai pu apprendre que quelques femmes volontaires faisaient aussi partie de ces contingents peuplés en grande majorité de forçats.

D'où vient alors l'étiquette de bravoure qui leur a été collée ? En fin de compte, leur bravoure n'était pas usurpée. Mais l'on a tôt fait de la lier à un certain patriotisme anticolonial. Les réécritures opérées dans les livres d'histoire du primaire et du secondaire ont fait le reste. Tant et si bien qu'on a désormais la place de l'amazone qui célèbre les femmes et leur courage. Ce travestissement passera à la postérité, en gommant astucieusement un pan de cette histoire pour la présenter sous des jours commodes. Tourisme oblige, appât du gain aussi, volonté d'héroïcisation du passé, tout cela confère à ces initiatives une volonté d'appropriation mercantile. On s'éloigne allègrement de la vérité.

A Ouidah, on en est arrivé à créer une place Chacha pour célébrer le vendeur d'esclaves le plus célèbre de la ville voire du pays. On a ainsi transformé une activité pour le moins répugnante en un acte parfaitement héroïque que la nation doit célébrer. Pendant ce temps, le nom du roi Adandozan qui fut le premier à interdire la pratique de l'esclavage, est banni de tous les livres d'histoire. Il avait osé faire des réformes qui lui ont valu un coup d'Etat. Un coup financé par Chacha au profit de son ami, le prince Gakpé devenu Ghézo.

Les réécritures de l'histoire ne concernent pas que les intrigues de cour. L'une des plus époustouflantes concerne l'odieux crime de l'esclavage. Tous les livres d'histoire parlent de traite négrière, en utilisant bien le mot « traite » pour montrer qu'il s'agit d'un commerce. Et en commerce, tant qu'il y a un acheteur, c'est qu'il y a un vendeur. En l'occurrence, le vendeur c'était bien nos ancêtres. Par une manipulation lexicale historique, on a transformé un génocide authentique en un commerce légal. De la sorte, les descendants des survivants ont été chargés d'accuser leurs parents d'avoir nourri l'odieux crime. On a passé par pertes et profits toutes les razzias, toutes ces guerres commanditées par les négriers pour ramasser de force des captifs présentés dès lors comme des gens vendus par leurs propres parents. C'est ce que nous continuons d'enseigner à nos enfants. C'est ce que nos artistes, y compris l'illustre Sagbohan Danialou, s'ingénient à nous chanter.

Par contre, la manœuvre a permis de faire oublier les compagnies de commerce françaises, anglaises, néerlandaises, directement auteurs de ces crimes. Près de 200 ans après, elles existent toujours sous diverses appellations aussi prestigieuses les unes que les autres. Je les vois faire leurs activités à Cotonou, sans que personne ne s'en émeuve. C'était le but visé. Faire croire aux descendants des survivants du génocide que ce n'était qu'un simple commerce !

L'historien tchèque Milan Hübl a dit ceci : « Pour liquider les peuples, on commence par leur enlever leur mémoire. On détruit leurs livres, leur culture, leur histoire. Puis quelqu'un d'autre leur écrit d'autres livres, leur donne une autre culture, leur invente une autre histoire. Ensuite, le peuple commence lentement à oublier ce qu'il est, et ce qu'il était. Et le monde autour de lui l'oublie encore plus vite. »

SUJET 27 : JÉSUS REVIENT BIENTÔT

Le 4 Août 2020, il y a 4 ans 4 jours, <u>Eliette Mérab Gomez</u> a écrit que "JÉSUS REVIENT BIENTÔT"

Quand j'ai lu ça en son temps, mon cœur a fait BOUM ! J'ai pris ma Bible pour voir ce que je dois faire pour me préparer à son retour IMMINENT.

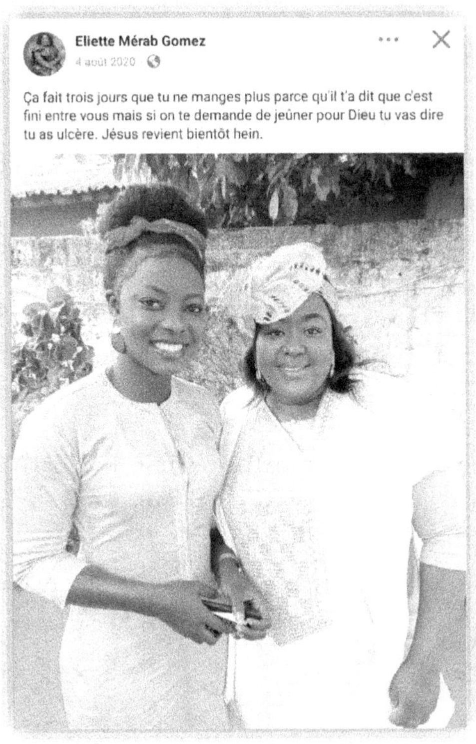

Dans la Bible, je découvre que je devrais abandonner père et mère, vendre mes biens et distribuer aux pauvres, ensuite me lancer dans l'évangélisation et crier au monde entier JÉSUS REVIENT BIENTÔT.

Heureusement, j'ai consulté mon cerveau qui m'a dit que ça fait 2000 ans que ce mensonge dure et c'est un processus d'abrutissement mis en place par le christianisme pour faire peur aux gens et les dépouiller de leurs moyens d'existence.

J'ai pris mon téléphone pour consulter l'histoire des juifs et j'ai appris que Jésus n'est personne de particulier, c'est juste un gars rempli d'illusion qui croyait être ce qu'il n'était pas.

Oufff ! J'y ai échappé belle !

Imaginez que j'ai effectivement tout abandonné en son temps, aujourd'hui, je serai comme l'un des gars qui portent costume en plein soleil en train de crier à rompre les viscères.

Malheureusement, d'ici 2.000 autres années, il y aura toujours des gens qui continueront d'être victime de cette arnaque.

Demain n'est pas la veille, mais on fera tout pour réveiller le maximum de gens victimes de lavage de cerveau.

SUJET 28 : LE SEXE EST LA VIE

Ko on ne couche pas avec n'importe qui, on va voler ton étoile, on va te transmettre la poisse par le sexe et voler ton aura, on ne lèche pas une femme, tu vas perdre le pouvoir du verbe, on ne met pas dans sim 2, c'est malédiction, patati, patata.

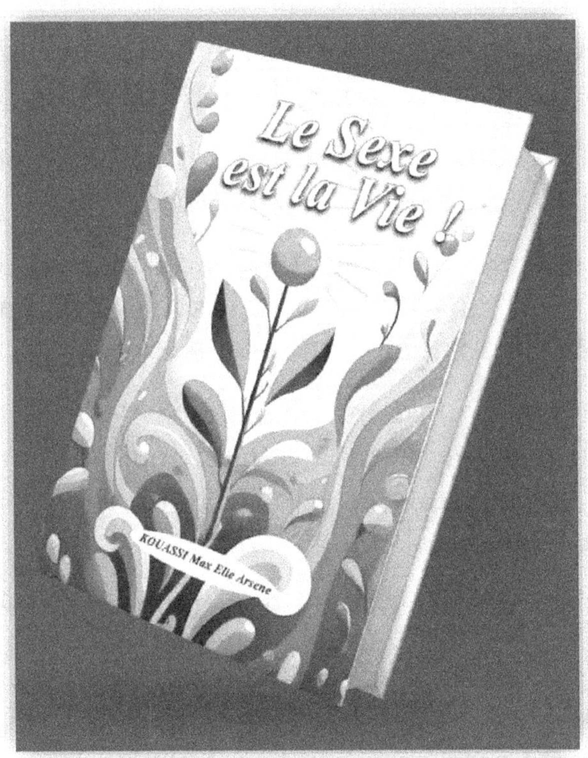

Donc vous avez étoile qu'on peut voler et vous demandez MoMo 2.000 en longueur de journée ? Vous avez aura et pouvoir de verbe et ça fait 6 ou 9 ans que vous êtes au chômage ?

Nous ne sommes plus à l'époque où on emploie les fables et légendes pour faire passer un message et enseigner une leçon.

L'utilisation de la peur et du mensonge est contre productif.

Les ancêtres de nos ancêtres ont utilisé ses méthodes en leur temps parce que c'est tout ce qu'ils avaient sous la main.

Nous sommes désormais à l'ère de la connaissance. Les enfants de 3 ans savent poser de questions à Siri et à Alexa.

L'éducation sexuelle est désormais une obligation à partir d'un certain âge. Le sexe n'est plus tabou.

Les conséquences d'une sexualité précoce sont évidentes. Un jeune de 15 ans sait déjà les risques qu'il encoure en pratiquant une sexualité non protégée.

L'information, la vraie est plus efficace que de dire à un jeune qu'il peut se réveiller sur un tombeau après avoir passé la nuit avec une Tougbédjè rencontrée à <u>La Vague Blanche</u> le 18 Août prochain à Torri.

La sexualité responsable est le résultat d'une éducation efficace.

Tout le monde se sent trahi après avoir découvert qu'on lui a servi du mensonge pendant trop longtemps.

Mon oncle m'a toujours dit que face à la sensation forte, les interdits sont toujours mis de côté.

Si on se réveillait sur un tombeau après avoir souri à une inconnue, c'est au PK14 que <u>Oscar Gbeke</u> va se réveiller tous les matins à 6 heures 9 minutes.

Il existe aujourd'hui beaucoup d'outils pour aider les jeunes à prendre des décisions éclairées en matière de sexualité.

Ériger un rempart de mensonges autour du sexe éveillera la curiosité des jeunes à s'en approcher de façon dangereuse et à en user en guise de rébellion.

Le savoir, c'est le pouvoir. Halte à l'obscurantisme.

SUJET 29 : UN ÉGOUNGOUN EN CHALEUR EMBRASSE UNE FILLE SUR LA BOUCHE !

Son geste embarrasse les dignitaires du culte Égoungoun de Porto-Novo.

Il est de notoriété publique que j'ai toujours invité les mâles à s'initier à toutes les confréries de masque pour leur propre culture et pour faciliter leur intégration dans certains milieux.

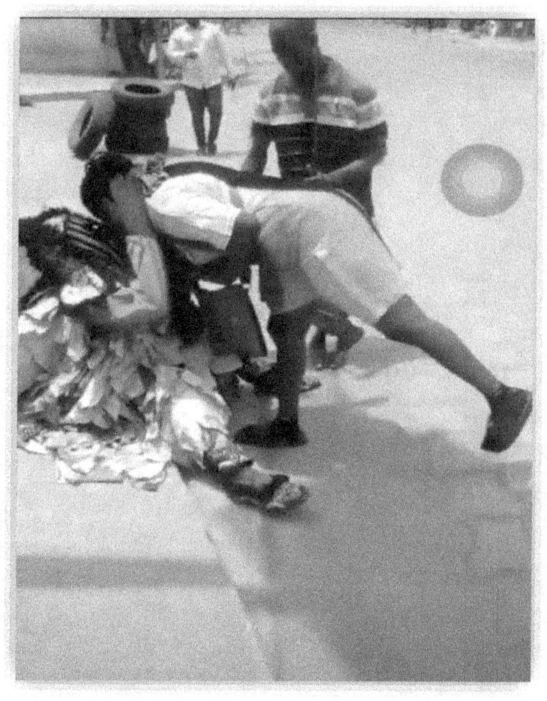

Mais jamais je ne vais appeler à l'initiation aux cultes Égoungoun car pour émoi, c'est une confrérie de sans emplois, de délinquants sexuels, de drogués, de criminels qui attendent la tombée de la nuit pour perturber la tranquillité de paisibles populations.

Au Bénin, le Kaléta est plus respectable que le Égoungoun car il ne sort jamais avant et après les périodes qui lui sont destinées.

Mais pour les Égoungoun, c'est carrément autre chose. Ils rivalisent avec les mendiants qui passent de maison en maison pour demander l'aumône.

Je me rappelle de cette époque où le Égoungoun était si craint qu'on avait peur d'être touché par son accouchement de peur de mourir. Djaaaa, c'est Dôhi, ça peut même embrasser femme sur la bouche.

Heureusement qu'il ne faisait pas nuit car il est capable de sortir le phallus pour sexepliquer rapidement avant de poursuivre sa route.

Qui voudra s'initier ou être identifié à un truc qui n'a aucun secret ? D'ailleurs, à quoi ça sert d'être initié à Égoungoun si sa présence n'empêche la circulation ni le jour ni la nuit ? A-t-on besoin d'être initié pour suivre les spectacles Égoungoun ?

Jusqu'à un passé récent, on espérait encore que quelque chose pouvait être fait pour une revalorisation de la chose. Peine perdue.

NB: Les agricoles incultes qui viendront proférer des menaces à deux balles là, vous n'intimidez ou ne faites peur à personne. La seule chose que vous faites est de prouver que tout ce que j'ai dit dans le texte, que vous êtes des sans emplois drogués délinquants.

SUJET 30: J'AI ÉTÉ CHICOTTÉ PAR LES ADEPTES DU FÉTICHE ORO.

Je ne me lasserais jamais de vous le dire, si vous êtes un mâle et vous vivez dans une communauté, faites tout pour vous initier aux différentes confréries de masque et les sociétés secrètes de cette communauté. Ça fonctionne exactement comme avoir une carte d'identité ou un passeport dans une république. Ça vous permet d'être accepté dans votre communauté, de circuler en journée comme dans la nuit chez vous ou à l'étranger et ça vous ouvre des opportunités spirituelles incommensurables.

"SI je savais, j'allais écouter les conseils de mes mentors qui m'ont vivement recommandé de m'initié au #Baba_Laké. J'ai quitté Kétou pour me rendre chez moi tard la nuit, vers 02 heures du matin. J'étais allé à la réception d'une cérémonie funèbre. Le défunt est un notable du village et pour honorer sa mémoire, le fétiche Oro était sorti pour "Tuer" un arbre en son honneur.

Le fétiche Oro a la puissance de faire vibrer l'air par son bourdonnement. Sur mon chemin, le vent me faisait parvenir son écho qui, parfois lointain, parfois rapproché. L'inconnu avec qui je cheminai me disait que le fétiche qui résonne là-bas, quand on s'en approche, c'est du haricot qu'ils servent aux non initiés.

Quand j'ai entendu haricot, je me suis dit qu'ils doivent être très hospitaliers pour traiter les étrangers avec autant de distinction et de sympathie. Qui va entendre qu'il y a un buffet libre de haricot et ne pas s'approcher?

Je décidai de me rapprocher. Quand ils m'aperçurent, ils m'entourèrent et me demandèrent de faire la prosternation initiatique.

- Je ne suis pas venu me prosterner, leur répliquai-je, je suis là pour le haricot.

- Ici, le haricot, c'est la chicotte. Ta réaction moontre que tu n'es pas initié.

- Ah, là, vous allez devoir m'excuser, si je savais que c'était une affaire de chicotte, je n'allai jamais m'y aventurer.

J'avais pas encore fini ma plaidoirie qu'un jeune homme dans le lt cria "Kabiéssi". Aussitôt, une pluie de chicottes s'abattit sur moi. Ils me sifflaient violemment le dos, la tête les pieds.

Poussée par la force du dernier espoir, je détalai et m'introduis dans la brousse. Après une longue course, je réussi à les semer dans la brousse. Ils criaient "Kpalèmôn OOO" dans tous les sens. J'étais terrifié. Je vis de loin une concession à la quête de laquelle je me lançai.

En entendant le bruit des fétiches ORO, toutes les femmes entreprirent de s'enfermer, chacune dans sa case. L'une d'entre elles ayant remarqué ma présence ouvrit et me faire signe de venir me cacher dans sa chambre. Je ne me fit pas prier.

Enfin dans cet oasis gracieusement offert, je me mis à remercier mon hôte et la bénir.

Quelques instants plus tard, je commençai à sentir un corps se blottir sur moi. Elle m'arracha un violent baisé.

- Je n'ai jamais rêvé qu'un jour, je me retrouverai seule avec un homme viril comme toi. Ça fait trois longues années et quelques mois que je suis veuve. C'est la manne de nos ancêtres qui t'a sûrement conduit vers mon logis. Maintenant, tu vas payer ta cahette par ta virilité. descends ton pantalon pour qu'on sexeplique.

- Madame, soyez indulgente avec moi, c'est à cause de la chicotte je me suis réfugié ici. Même si je le veux, je peux rien faire, regarder mon phallus, il a rétrécit au premier sifflement de chicotte. Il est comme une tortue, dès qu'il sent venir un danger, même s'il est l'auteur, il se précipite d'abord dans sa coquille. Regardez comment il est devenu presque invisible et complètement ramolli.

- Ne t'inquiète pas. Il faut te détendre. Inspire, respire. Je vais jouer avec ça, le Kiki, c'est comme du gari, quand on met ça dans la bouche, ça devient beaucoup.

- Même si ça se lève, je ne pourrai rien faire. Qui sait si vous n'avez pas une maladie virale?

-Moi, avoir une maladie virale par quelle alchimie? Je vous dit que ça fait plus de 1.000 jours que je n'ai pas vu un pénis debout. Ne craignez rien, donnons-nous du plaisir, vous allez adorer.

- Non, je ne peux pas, je ne suis pas dans le mood, et je ne suis pas du genre à tirer sur tout ce qui bouge.

- Dans ce as, je vais te manger. Oui oui oui, je ne te l'ai pas dis. Je suis une grande sorcière. J'ai le 41ème grade de la sorcellerie et c'est avec ça j'ai mangé mon mari. Tu as le choix d'entrer par toi-même dans mon bas ventre, soit je te mets dans mon ventre. De toutes les façons, tu seras en moi.

Oui, le malheur n'arrive jamais seul dans la vie. Certains problèmes arrivent sous forme de solution. C'est en fuyant la chicotte que je suis désormais dans les mailles d'une sorcière. Voila ce qu'on appelle sauter de la marmite au feu. Au moins dans la marmite, la mort est lente, mais au feu, on y laisse d'abord les poils. Il est temps que j'invente une farce pour me sortir d'affaire. Je dis à mon hôte que j'aimerai aller couler le bronze. De me laisser aller dans la brousse à côté, faire le besoin et revenir sans déchets dans l'estomac.

- Voici un pot, fais ça dedans, me lança-t-elle.

Dehors, il y avait les éclaireurs du fétiche Oro qui criaient "Djadé, Djadé, Djadé".

- Je suis d'accord avec toi. On va sexepliquer jusqu'au petit matin si tu veux. Mais comme ils 'ont vu entrer et crient de sortir, je vais rapidement leur parler et revenir.

Elle me laissa ouvrir la porte pour sortir. Dehors, je ne vis personne. je compris alors que le cri "Djadé, Djadé, Djadé" était de l'enfumage pour me débusquer de ma cachette. Je me lançai dans une autre course. Je n'ai plus rien à perdre.

La chicotte ne tue pas. C'est mieux que de finir dans l'estomac d'une sorcière après avoir longuement séjourné dans son utérus.

J'avais pas fait 69 pas que je fus rattrapé par les jeunes armés de chicotte qui déversèrent leur colère sur mon dos qui saignait. Ils crièrent "Hékpa Oro", je ne savais quoi répondre. Ils me demandèrent si je ne suis pas initié. Je leur mentis en disant que je le suis. Ils demandèrent le nom de mon #Adjinan. Je leur inventai un nom. Ils ne me crurent point. Ils répétèrent "Kini Oro?", j'avais toujours pas de réponse. Ils me demandèrent quand j'ai été initié, je leur répondis que c'étais hier tout près, raison pour laquelle je ne maitrise pas encore les codes et le langage secret.

Il y a un adage de chez moi qui dit qu'avant que la tristesse ne se transforme en lamentation, parfois, la providence envoie un sauveur. Mon sauveur ce jour fut Joël Dimitri Vihoundjè qui, sortit de nulle part, vint à mon secours. Il sera secondé par Nokwe Eric et Ademonla Omon Oba qui, un natif de Kétou, leur parla en Nagot.

Avant de prendre leur retraite, après m'avoir confié à mes deux secours, les éclaireurs du fétiche Oro entamèrent une belle chanson qui m'est restée à ce jour.

Cette chanson dit : "Gangan mangan mangan Oro gbé é k'alô. Gangan mangan mangan Oro gbé é k'alô. Gangan mangan mangan Oro gbé é k'alô. Gangan mangan mangan Oro gbé é k'alô."

SUJET 31 : LA RÉSURRECTION DE JÉSUS-CHRIST: 5 récits bibliques, 5 narrateurs, 5 versions différentes.

ÉTUDE COMPARATIVE DE LA BIBLE NUMÉRO 3x23.

La bonne nouvelle est que nous allons nous baser UNIQUEMENT sur les livres et récits de la BIBLE pour analyser l'histoire de la résurrection de Jésus, la base et le fondement de la majorité des christianismes (Oui, il n'existe pas qu'un seul christianisme, et eux tous ne croient pas en la résurrection de Jésus et d'autres ne considèrent pas Jesus comme le Christ, nous y reviendrons sur une étude spéciale).

Une fois encore, je vais rappeler à tous que, c'est une grosse erreur de croire que les évangiles canoniques racontent la même chose. Chaque auteur appartient à une communauté dont le christianisme n'est pas le même que celui des autres.

Pour ne pas repousser nos amies qui n'aiment pas les longs textes (mais quand c'est un long zizi qui touche le nombril, elles sont aux anges), je vais donner les références bibliques et faire un résumé de l'essentiel. Nos frères Béréens qui aiment tout vérifier peuvent examiner chaque référence et me confondre.

Mathieu 28:2-10

1- Jour de la résurrection: Après le Sabbat, premier jour de la semaine, le Dimanche.

2- Deux femmes: Marie de Magdala et l'autre Marie se rendent au tombeau.

3- Il y a eu un tremblement de terre.

4- Un ange roule la pierre et leur parla de la résurrection. Et leur dit d'aller informer les disciples et de le retrouver à Galilée.

5- Les deux femmes rencontrèrent Jésus sur le chemin du retour.

6- Jesus leur dit d'aller dire à ses disciples qu'il est ressuscité.

69- Jésus leur donne rendez-vous à Galilée.

Marc 16:1-14

1- Jour de la résurrection: Après le Sabbat, premier jour de la semaine, le Dimanche.

2- Trois femmes: Marie de Magdala, Marie mère de Jacques, et Salomé se rendent au tombeau.

3- La pierre était déjà roulée avant leur arrivée.

4- Elles rentre dans la tombe et voient un jeune homme qui leur annonça la résurrection. Et leur dit d'aller informer les disciples et de le retrouver à Galilée.

5- Les trois femmes s'enfuient et ne disent rien à personne.

6- Jésus apparut à Marie de Magdala en premier sans les autres femmes.

69- C'est Marie de Magdala qui alla apporter la nouvelle à ceux qui avaient été avec Jésus.

Luc 24:1-10, 13-18

1- Jour de la résurrection: Après le Sabbat, premier jour de la semaine, le Dimanche.

2- Six à neuf femmes mais on connaît seulement le nom de trois: Marie de Magdala, Marie mère de Jacques, Jeanne, et 69 autres femmes se rendent au tombeau.

3- La pierre était déjà roulée avant leur arrivée.

4- Elles rentre dans la tombe, la tombe était vide. Elles voient deux jeunes hommes qui leur annoncèrent la résurrection. Et leur dit d'aller informer les disciples et de le retrouver à Galilée.

5- Les femmes s'enfuient et allaient tout raconter aux autres qui ne les crûrent point, car, vous connaissez les femmes, c'est les Emmanuelle Keïta, leur kpaflotage est légendaire, disaient les disciples.

6- Jésus n'apparut à aucune des femmes, il savait qu'elles ne sont pas crédibles.

69- Jésus apparut à deux disciples qui se rendaient à Emmaus dont l'un s'appelle Cléopas.

Jean 20:1-18

1- Jour de la résurrection: Après le Sabbat, premier jour de la semaine, le Dimanche.

2- Une seule femme, Marie de Magdala se rend au tombeau.

3- La pierre était déjà roulée avant son arrivée.

4- Pierre et Jean sont entrés dans le tombeau et ne voient personne. Ils sont rentrés chez eux.

5- Marie de Magdala refuse de rentrer et tandis qu'elle était là, elle vit 2 anges assis sur le lit où Jésus était étalé.

6- Jésus apparut à Marie de Magdala et lui parla.

69- Marie de Magdala alla informer les disciples de Jésus.

1 Corinthiens 15:3-8

1- Jesus est ressuscité le 3ème jour.

2- Il est apparut à Céphas, puis aux douze, ensuite à 500 personnes, puis à Jacques puis à tous les apôtres, enfin à lui, Paul.

MON COMMENTAIRE

Le seul détail sur lequel nos 5 témoins s'accordent est le jour de la résurrection de Jésus. Après ça, tout est parti en couilles. On ne sait pas si c'est 1, 2, 3 ou 69 femmes qui sont allées sur le tombeau de Jesus.

On ne sait pas si la pierre a été roulée devant elles ou avant leur arrivée. On ne sait pas si c'est un ange qu'elles ont aperçu ou deux.

On ne sait pas qui a vu Jesus en premier, si c'est Marie de Magdala, ou si c'est deux Marie, si c'est les trois femmes ou si c'est d'autres disciples.

En résumé, aucun de ces auteurs ne complète les autres, ils sont tous contradictoires et se renvoient dos à dos.

LA PARTICULARITÉ DE PAUL.

Je me garde de vous donner mon sentiment personnel sur la plus grosse arnaque derrière le christianisme qu'est Paul qui se fait passer tantôt pour apôtre, tantôt pour personne. Mais de son récit, on peut souligner 69 incohérences:

1- Comment peut-il dire que Jesus a apparu aux 12 si Judas ne fait plus partie du groupe et se serait déjà suicidé?

2- Comment Jesus se serait présenté à 500 personnes alors que la nouvelle de sa résurrection était gardée secret par ses disciples?

Si tu as lu jusqu'ici, c'est que tu es un ogre friand de savoirs et tu es obsédé par la vérité. Pour ne pas te décevoir, je vais aller un peu plus en profondeur en ajoutant un élément ESSENTIEL au dossier.

PONCE PILATE

Pour vous expliquer qui est Pilate, je vais essayer de le comparer à Toboula. Oui, il était 69 fois plus zélé que Toboula. Il n'avait en réalité que deux missions, collecter les taxes et maintenir l'ordre dans la Judée. Mais le gars détestait tellement les juifs qu'il leur faisait des misères quotidiennes. Je vais appuyer ma description par un seul exemple.

Dès sa nomination, une action de Pilate est lue comme une provocation par les Juifs, quand le préfet prend l'initiative d'introduire, de nuit, à Jérusalem, des enseignes et des effigies de l'Empereur, alors qu'aucun autre gouverneur romain n'avait fait cela avant lui et cet interdit religieux avait été jusqu'alors respecté par les Rois et les Empereurs.

Les juifs n'étant pas des enfants, ils ont décidé de se plaindre auprès de l'empereur César lui-même des exactions du fougueux Pilate. Les enfants de Herode et la famille royale allèrent le supplier pour qu'il retire les images.

Mais Pilate s'obstine. Alors les Juifs se couchèrent autour de sa maison et y restèrent prosternés, sans mouvement, pendant cinq jours entiers et cinq nuits.

Pilate convoque alors le peuple dans le grand stade au prétexte de lui répondre :

« Là, il donna aux soldats en armes le signal convenu de cerner les Juifs. Quand ils virent la troupe massée autour d'eux sur trois rangs, les Juifs restèrent muets devant ce spectacle imprévu. Pilate, après avoir déclaré qu'il les ferait égorger s'ils ne recevaient pas les images de César, fit signe aux soldats de tirer leurs épées. Mais les Juifs, comme d'un commun accord, se jetèrent à terre en rangs serrés et tendirent le cou, se déclarant prêts à mourir plutôt que de violer la loi»

Finalement, frappé d'étonnement devant un zèle religieux aussi ardent, Pilate n'exécute pas sa menace. Ayant été saisi par les fils du roi Hérode et par les autres hauts personnages, l'empereur ordonne à Pilate de retirer les enseignes problématiques. Elles sont alors remmenées à Cesaree.

Pilate ne s'est pas avoué vaincu, il a, à lui seul, fait crucifier plus de 6900 juifs pour des raisons plus ou moins fallacieuses.

D'ailleurs, il sera rappelé par l'empereur qui n'en pouvait plus de sa barbarie. Limogé, il s'est finalement exilé et aurait même commis le suicide, d'après certains historiens du premier siècle.

Ceci dit, dans quelle mesure un tel homme aurait accepté que le corps d'un juif crucifié soit remis à un autre juif pour subir un enterrement décent?

La pratique en matière de crucifixion est que le crucifié devrait servir d'exemple pour les autres et il est laissé sur la croix, à la vue de tous les passants, et c'est les animaux qui le dévoraient et ses os traînaient sur le lieu, c'est pourquoi on l'appelle ce lieu Golgotha, le lieu des crânes.

MA CONVICTION

Pour moi, la Bible est censée être la parole de Dieu, c'est comme cela qu'on me l'a présenté. Cette même bible m'invite à poursuivre la vérité car elle est libératrice. Je me suis donc investis dans cette parole et la meilleure chose que j'ai découverte est qu'elle est trop loin d'être la parole dictée par Dieu. C'est un excellent ouvrage spirituel avec des manipulations, des contrefaçons et des incorporations d'histoires populaires. Si Jésus pouvait ouvrir la bouche, il dira que le Nouveau Testament n'a aucun rapport avec lui et sa vie.

Je ne fais donc pas mes publications pour décourager quiconque à croire en Dieu. Je fais mes publications pour vous initier aux savoirs et vous aider à voir des choses que le prêtre et le pasteur ne vous diront JAMAIS. Le pasteur ne vous le dira pas puisqu'il ne sait pas. Mais le prêtre, lui il sait. Il a été à l'école théologique et à étudié l'histoire du christianisme et les différents premiers pères de l'église.

L'esprit de défense à l'aveuglette est un frein pour le savoir. Il est temps d'arrêter d'enfantiliser Dieu. Il est le tout puissant, il peut se défendre lui-même quand quelqu'un dit des choses inexactes sur lui. Venir dire qu'il faut l'esprit de Dieu pour comprendre la bible est une arnaque dont s'est toujours servie les responsables religieux pour vous dissuader de découvrir les vérités de la bible. Il y a 200 ans, lire et où posséder une bible était passible de mort par pendaison ou par le feu. L'église sait pourquoi elle tuait systématiquement ceux qui étaient illuminés. On ne peut pas continuer à vivre en 2022 comme si nous étions en 1469.

REVEILLEZ-VOUS !

Une foi basée sur la connaissance est mieux que celle basée sur la peur de rôtir en enfer.

La plus grosse foi, c'est découvrir toutes ces incohérences dans la Bible et pourtant continuer à nouer une relation privilégiée avec Dieu.

Beaucoup ont déserté les lieux de culte quand ils se sont rendus compte qu'on leur a menti et on les a endoctriné sur du faux.

Je vais finir avec les paroles secrètes de Jésus à Thomas:

1) Jésus a dit : Celui qui cherche, qu'il ne cesse de chercher jusqu'à ce qu'il trouve ;

2) quand il aura trouvé, il sera troublé ;

3) troublé, il s'étonnera et il régnera sur le Tout.

La foi en la bible, c'est bien, mais la véritable connaissance de la bible devrait être la priorité de tout chrétien.

Pour la quête, seule les sœurs en cuisses sont autorisées à les donner en chair.

ACCLAMONS LA PAROLE DE L'ÉTERNEL.

SUJET 32: LIBERTÉ DE CROYANCE OU DROIT À L'IGNORANCE ?

"Chacun a le droit de croire ce qu'il veut", tel est le pass des aliénés à court d'arguments sensés et de raisonnement logique quand on leur démontre par A+B les conséquences néfastes sur leur vie des fausses croyances religieuses erronées.

Mais dans la réalité, c'est complètement absurde. Les gens ont l'autorisation de croire en ce que leur gouvernement décide. Au Mali, Niger, Burkina-Faso, le gouvernement primitif a une religion et c'est 99% d'adhésion.

En Corée du Nord, la seule religion autorisée est l'adoration du dictateur. C'est les pouvoirs publics qui décident de l'orientation spirituelle selon leurs intérêts.

Et c'est sur cette base que l'humanité a toujours évolué.

La déclaration selon laquelle nous naissons tous libres et égaux est totalement absurde. Les gens naissent, majoritairement, bêtes et idiots et certains meurent sous le même statut.

Si chacun avait le droit de croire ce qu'il veut, il n'existeraient pas les états et les gouvernements, l'humanité aurait déjà disparu comme les dinosaures.

Ce qui fait la particularité de l'humain est qu'il est capable de prévoir les conséquences de ses actions et parfois y remédier.

C'est cette faculté qui a manqué aux animaux les plus puissants qui ont disparu de la terre.

Si les lions avaient la capacité de réflexion, ce sont les humains qui seraient dans les cages, entassés les uns contre les autres, engraissés pour servir de viande dans les boites de conserve à l'usage des lionceaux.

Pendant que Elon Musk investit des milliards de dollars dans la construction de vaisseaux spatiales pour aller coloniser la planète Mars, un autre géant de la technologie, Mark Zuckerberg investit des millions dans la construction d'un Bunker souterrain dans l'éventualité d'une apocalypse. C'est le plan qui est en photo.

Ces deux hommes ont l'intelligence et le réflexe de préserver ou de participer à la perpétuation de la race humain.

C'est donc l'intelligence et la capacité de réflexion de l'être humain qui l'a amené à maitriser des animaux qui sont 10.000 fois plus grands, plus forts, plus rapide et plus puissants que lui.

Or, la première chose qu'on découvre dans la Bible est que Dieu hait la connaissance, il est contre l'intelligence et il enrage face à la réflexion. Le mythe de l'arbre de la connaissance, la tour de Babel, etc.

De son apparition jusqu'au au milieu du 18ème siècle, l'homme a toujours cru et obéi à Dieu sous toutes ses formes. La conséquence est qu'il a traversé l'obscurité pendant des millénaires puisque la croyance en Dieu empêche l'évolution.

Mais dès que les gens ont acquis le droit de ne plus croire à un être imaginaire et de tout laisser dans sa main, l'humanité a atteint en 100 ans, le niveau qu'elle n'a jamais imaginé atteindre en 10.000 ans.

La population mondiale est passé de 100.000.000 à 8 Milliards en moins de 200 ans.

La course vers la connaissance et le savoir est la nature innée de l'homme. Mais pour combler son ignorance et éviter de chercher les réponses à des questions existentielles, il créé un Dieu.

Nous avons inventé Dieu parce qu'on en avait besoin pour combler notre ignorance. Son invention nous permet de nous octroyer un repos très mérité.

C'est comme l'histoire du petit prince qu'on retrouve au chapitre deux où il demande au pilote rescapé de lui dessiner un mouton. Or le pilote a décidé de piloter les avions parce qu'il ne savait pas dessiner. Après trois tentatives infructueuses, il dessine une caisse et dit au prince :"Le mouton que tu veux est dedans." A sa grande surprise, ce dernier lui répondit avec un visage illuminé : "C'est tout à fait comme ça que je le voulais !".

Cette caisse en question, c'est notre imagination et le mouton, c'est Dieu. Chacun lui donne la forme qu'il souhaite et il répond à l'aspiration de tous à la fois et au même moment.

Dieu est un fantasme, il n'est pas une entité existante en et par elle-même, c'est nous qui le faisons exister.

Grâce à cette caisse, le pilote aura enfin la paix. Il y fout toute son incompétence.

Comme le dirait Voltaire: " Si Dieu n'existait pas, il va falloir le créer"

À un moment de la vie de l'homme, Dieu est une fiction nécessaire pour dominer, exploiter, escroquer, créer l'obéissance.

La croyance en Dieu est une preuve de défection intellectuelle.

Michel Bakounine, l'un de mes auteurs préféré dira : "Toutes les religions, avec leurs dieux, leurs demi-dieux, et leurs prophètes, leurs messies et leurs saints, ont été créées par la fantaisie crédule des hommes, non encore arrivés au plein développement et à la pleine possession de leurs facultés intellectuelles ; en conséquence de quoi le ciel religieux n'est autre chose qu'un mirage où l'homme, exalté par l'ignorance et la foi, retrouve sa propre image, mais agrandie et renversée, c'est-à-dire divinisée."

(Dieu et l'État, p.24, Mille et une nuits, n°121, 2000).

Il suffit de voir les réactions des aliénés religieux pour donner raison à Bakounine.

J'ai vu une vidéo d'un escroc qui se fait passer pour prophète d'une certaine église appelée #Auto_Auto où une femme en larme le supplie pour que le phallus de son mari devienne opérationnel. Devant une foule de gens qui croient qu'il y a Dieu dans la caisse installée dans leur tête inopérante, l'escroc en chef exécute un piteux tableau incohérent, pas du tout comique. Quelques minutes plus tard, l'actrice payée au rabais revient témoigner du retour en service de la feue verge.

Tout ça se passait devant des centaines de personnes parmi lesquels il n'y a pas un seul pour arrêter la saignée.

Ce qui est merveilleux, dans ce lot, il y a des gens qui ont déjà été victime de #Vicentia_Tchranvoukini, des bokonnon, des Gbigbô-Wiwé, des alfas et autres charlatans, mais se retrouvent en rang pour se faire encore sucer.

Dans l'histoire de l'humanité, il y a toujours des illuminés pour réveiller la majorités des gens qui ne savent pas réfléchir et leur offrir matière à réflexion.

Je fais partie de cette catégorie de personnes toujours prêtes à tirer sur la sonnette d'alarme pour vous donner le déclic nécessaire.

Malgré la haine des aliénés et écervelés, tous les jours, j'ai des retours qui me confortent dans ma position et boostent mon moral. J'ai sorti des centaines du malheur à la joie. J'ai arraché beaucoup de malades aux charlatans et les ai remis aux hôpitaux qui en ont pris grand soin. J'ai fait rendre gorge à des dizaines de Bokonon qui ont pris des sommes faramineuses chez les pauvres gens pour leur vendre la boue de vache dans une calebasse.

Sur le principe du droit à la croyance de son choix, beaucoup ont perdu les êtres les plus chers de leurs vies. D'autres ont perdu la vie.

Le droit à la croyance de son choix, oui, mais c'est aussi de notre devoir de vous apporter la connaissance et l'information exacte sur votre croyance afin que vous ne soyez pas une victime de plus, car, aucune religion n'est conçue pour votre bien, mais pour le bien-être du clergé, du fondateur et ses collecteurs de fonds. Ils vous placent une boite dans la tête et c'est à vous d'imaginer et y remplir tout ce que vous voulez.

SUJET 33 : JÉSUS ÉTAIT-IL UN HOMOSEXUEL?

C'est ce que l'auteur de l'évangile de Marc a essayé de nous révéler et les trois autres évangiles ont tout fait pour camoufler bien qu'ils ont tous copié Marc.

La scène se passe dans le jardin de Gethsémani où Jésus avait été saisi pour ensuite être crucifié.

Marc 14:50-52 nous informe que, suite à son arrestation, tous ses disciples prirent la fuite. Tous, sauf un jeune homme nu en linceul fin, ou encore un drap. C'est quand ils ont voulu se saisir de lui qu'il a pris la fuite, la queue entre les jambes, tout nu, laissant le linceul derrière lui.

Un garçon nu, tellement attaché à Jésus qu'il ne voulait pas le laisser partir, qui pouvait-il être?

Et pourquoi les autres évangiles ne mentionnent pas cette partie?

Une étude de l'évangile de Marc a permis de connaitre l'identité du jeune garçon en question de sa provenance et de sa relation avec Jésus.

En Marc 10: 46, on lit une information pratiquement inutile et sans intérêt : "Et ils arrivèrent à Jéricho; et comme il quittait Jéricho avec ses disciples..."

Qu'ont-ils fait à Jéricho? Depuis quand Jésus se rend dans les endroits et sa cellule de communication a honte d'en parler?

En 1958, les biblistes ont découvert "Lévangile secret de Marc" la version plus longue de l'évangile de Marc. Vous pouvez faire vos recherches sur ce livre.

Grâce à cette découverte, on apprend que plusieurs parties embarrassantes ont été retirées du livre de Marc.

La partie manquante de Marc 10:46 est "Et la sœur du jeune que Jésus aimait, sa mère et Salomé étaient là, et Jésus ne les reçut pas."

C'est d'ailleurs grâce à ce livre qu'on a découvert la vraie nature de la relation qu'il y avait entre Lazare et Jésus au point où sa mort le fit pleurer. Lisons :

"Et ils entrent à Béthanie. Et il y avait là une certaine femme dont le frère était mort. Et en arrivant, elle se prosterna devant Jésus et lui dit : « Fils de David, aie pitié de moi. » Mais les disciples la réprimandèrent. Et Jésus, irrité, s'en alla avec elle dans le jardin où était le tombeau, et aussitôt un grand cri retentit du tombeau. Et s'approchant, Jésus roula la pierre de la porte du tombeau. Et aussitôt, entrant dans l'endroit où se trouvait le jeune homme, il étendit la main et le leva, lui saisissant la main. Mais le jeune homme, le regardant, l'aimait et commençait à le supplier d'être avec lui. Et sortant du tombeau, ils entrèrent dans la maison du jeune homme, car il était riche. Et après six jours, Jésus lui dit quoi faire et le soir, le jeune vient à lui, portant un linceul sur son corps nu. Et il resta avec lui cette nuit-là, car Jésus lui enseignait le mystère du royaume de Dieu. Et de là, se levant, il retourna de l'autre côté du Jourdain."

Dans les autres évangiles, l'expression "Le disciple que Jésus aimait" revenait plusieurs fois.

JÉSUS ÉTAIT-IL GAY?

L'église catholique a accès à des manuscrits très anciens et authentiques. Le Pape connait des choses qu'on ne saura jamais. N'oubliez pas que c'est l'église catholique qui a donné au christianisme sa forme actuelle.

L'évangile de Marc, pour moi, reste le meilleurs des évangiles et le plus raisonnable d'ailleurs. Il présente un homme Jésus ordinaire qui gagnera la faveur de Dieu. L'évangile de Marc ne se laisse pas entrainer dans les fictions de naissance virginale. Mieux, l'évangile de Marc ne parle pas de la résurrection de Jésus puisque c'est une fiction.

En ouvrant la Bible, le lecteur croit que c'est l'évangile de Mathieu qui est le premier et le plus fourni. C'est l'église catholique qui en a décidé ainsi. C'est une stratégie malicieusement orchestrée pour obscurcir le fait que c'est l'évangile de Marc qui était le plus ancien et les auteurs des évangiles de Mathieu et Luc ont copié Marc et ont ajouté leur fantaisies pour transformer l'homme Jésus en une divinité extraterrestre.

L'évangile de Jean quant à lui est séparé des autres car, c'est une réflexion philosophique complètement en déphasage avec les trois premiers évangiles.

D'ailleurs, les biblistes appellent les trois premiers évangiles "les évangiles synoptiques".

Aucun des évangiles n'a été écrit par un disciple de Jésus ou un témoins oculaire.

Les évangiles ont été écrits par les anonymes pour les non juifs qui ne comprennent pas araméen. C'est pourquoi, plusieurs expressions en araméen seront traduites en grec pour permettre au lecteur qui ne comprend rien à la culture juive de comprendre.

D'ailleurs, l'auteur de Luc a fait preuve d'honnêteté en mentionnant à l'introduction de son livre qu'il ne fait que rapporter des choses qu'il a entendu des gens qui ont entendu des gens qui auraient vu. Luc 1:1-4.

La découverte des manuscrits de plus en plus anciens nous ont permis de comprendre que les évangiles ont été édités et réédités à travers le temps. Ce qui fait que le Jésus de la Bible n'a absolument rien à voir avec le Jésus historique.

IL suffit de voir comment les choses embarrassantes ont été exclues et des fables sont ajoutées.

Le plus ridicule des évangiles, c'est celui de Jean. Il commence avec fracas en élevant directement Jésus au même rang que Dieu. C'est d'ailleurs l'évangile préféré des chrétiens évangéliques sans savoir que ce n'était qu'une affabulation en parfaite contradiction avec les trois évangiles synoptiques.

C'est un évangile rempli de haine contre les juifs. Dans les trois autres, C'est contre les chefs religieux que Jésus s'est battu. Mais dans Jean, c'est les juifs son ennemi sans savoir que Jésus lui-même est un juif appartenant à un courant de pensées.

Beaucoup se sont toujours demandé pourquoi les prêtres catholiques sont si attirés par la pédophilie avec les jeunes garçons. Au fond, ils essaient d'imiter leur maître.

C'est d'ailleurs l'homosexualité et la pédophilie maladive des prêtres catholiques qui va pousser le Pape Benoît 16 à démissionner. Un gars qui est employé par Jésus lui-même va décider de jeter le tablier. L'église catholique va débourser plusieurs milliards de dollars pour dédommager les petits garçons à qui les prêtres catholiques ont déchiré le fion aux États-Unis uniquement. Faîtes un tour dans la barre de recherche Google, vous allez tomber des nues.

SUJET 34 : EST-CE UN PÉCHÉ SI UN PRÊTRE SEXEPLIQUE ET FAIT DES ENFANTS ?

À mon avis, la réponse est non quand ils font la cour à des femmes qui acceptent entretenir une relation amoureuse avec eux en connaissance de cause.

Quoi qu'on dise, tout être humain use de sa situation pour arriver à sa fin.

Il n'existe aucune loi de la république qui condamne un prêtre d'avoir des relations sexuelles ou faire des enfants à une adulte consentante.

Néanmoins, l'abus est à proscrire.

Autant le prêtre a le droit d'user de sa bite, de même la loi lui sera appliquée en cas de viol, enlèvement, séquestration et autre crimes perpétrés pour couvrir les relations sexuelles.

Je ne cesserai de vous rappeler que les prêtres ne croient ni en Dieu ni en l'enfer.

Ils ont fait des vraies études pour savoir que la religion n'est rien d'autre qu'un instrument politique destiné à dominer les esprits faibles.

Ils portent les robes pour les avantages que ça offre : argent, pouvoir et sexe.

Si vous êtes une femme et vous acceptez coucher avec un prêtre, sachez qu'il est capable de vous faire disparaitre pour maintenir l'illusion d'une sainteté.

Vos enfants vous seront arrachés pour ne pas laisser de preuves compromettantes.

Les prêtres savent qu'il n'y a aucun jugement après la mort. Ils savent qu'il n'existe aucune loi autre que celle des hommes, raison pour laquelle ils sont prêts à faire couler le sang pour faire taire une affaire.

J'ai touché du doigt plusieurs victimes, des femmes utilisées et ensuite rangées par les prêtres pour passer à d'autres filles plus jeunes.

Ce n'est pas un sujet que j'aborde dans l'ignorance absolue. Vous êtes des millions à savoir ce que font ces criminels en robe et pourtant vous êtes les premiers à les défendre.

Ce qui est sûr, en son temps, c'est chez moi que vous venez pour demander l'aide.

Je serai toujours là pour vous aider en son temps, mais je vais toujours vous rappeler votre passé.

SUJET 35 : CONTINUEZ À REFUSER LA CONNAISSANCE, L'IGNORANCE ACQUISE VA VOUS EXTERMINER !

Voici les seules publications dans lesquelles il faut me taguer. Vous qui croyez que je perds mon temps ici, voilà une divinité imaginaire qui vient de prendre la vie de celui qui l'a élevé au stade du sacré.

"Les choses existent hein, moi dans mon village, il faut venir chez nous, tu vas voir les choses"

Je ne cesserai de vous le dire, c'est parceque vous n'avez pas de cervelle fonctionnelle qu'on vous fait passer des vessies pour des lanternes.

Quand quelqu'un vous prête un peu de sa cervelle, le mieux est de s'y accrocher jusqu'à trouver votre lumière.

Le cerveau, c'est comme une batterie de voiture, vous pouvez démarrer votre voiture avec la batterie d'une autre voiture en cas de panne de votre batterie.

Si l'idiot là n'était pas mort, <u>François Tchidi</u> viendra nous dire que le gris-gris original et infailllible, c'est dans son village.

Plaise à Dieu, Jésus de Nazareth, Ogou, Sakpata, Lêgba, Daagbo Dieue Esprit Gros Seins, c'est comme ça vous allez tous finir les uns après les autres.

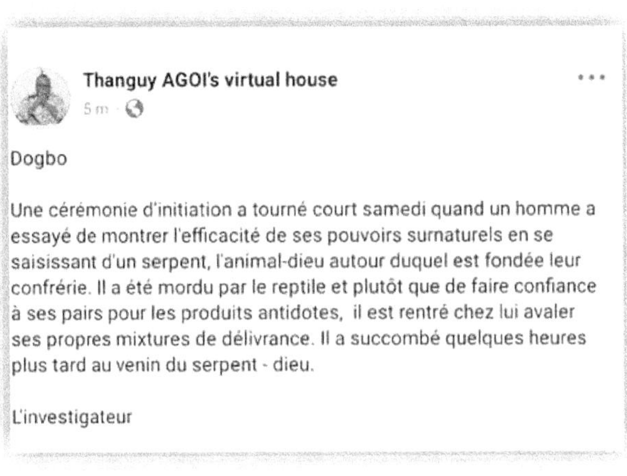

UNE PARTOUZE DE CROYANCES !

Les vendeurs de fétiches sont, je vous le dirai toujours, de parfaits ignorants, incultes qui n'en veulent qu'à votre argent.

J'étais tranquille dans mon coin quand une Tata en panique a pénétré mon inbox pour me demander de lui expliquer l'affaire du 8-8-2024.

Avant ça, j'avais déjà vu quelques écervelés faire du bruit autour de la dite date et je les ai ignorés.

D'abord, le charlatan qui a publié ceci me fait beaucoup rire. Je ne sais pas par quelle magie il a réussi à trouver les correspondances astrologiques des signes du Fâ. Comment peut-on concilier les 12 signes du zodiaque au 16 signes du Fâ ?

Comme si cette salade à l'huile rouge n'est pas assez indigeste, le vendeur de savon de chance distille des fumisteries sur une date du calendrier Grégorien qui n'a rien à voir avec le calendrier lunaire qui est normalement sa référence.

Ils vous parlent de retour à la spiritualité de vos ancêtres mais vont acheter les fétiches Indiens pour jouer aux spiritualistes.

Quelqu'un achète vieux livre ésotérique, il se fait coudre un chapeau de Harlequin et s'autoproclame Dah, Hounnon, Bokonon.

Il suffit de leur demander ce qu'est un Dah, ils ne peuvent pas répondre.

Un Dah, c'est le chef d'une collectivité familiale désigné pour diriger les cérémonies de cette famille à savoir les naissances, les mariages et les obsèques. Un Dah n'est pas un féticheur, c'est pas un Bokonon.

Tous les comédiens que vous voyez à Cotonou ne sont que des vendeurs de fétiches escrocs.

Désormais, quand ces gens vont déverser les poubelles dans votre tête, prière rester avec eux pour la suite. De grâce, ne venez pas perturber ma tranquillité. Vous avez le droit d'être des moutons et ils ont le devoir de vous griller et de vous exterminer.

C'est aussi ça la sélection naturelle.

C'est seulement dans la race humaine que les forts continuent à aider les faibles à survivre.

Continuez à suivre les vendeurs de peurs sous toutes les formes. Mais ne me taguer plus sur les fumisteries sur lesquelles vous tombez régulièrement ici.

Ma tête est plus petite que la vôtre, à vue d'œil.

Utilisez aussi la vôtre.

 **Rabbi TAN**
5 j ·

8 AOUT 2024 À 8H8.
HUITIÈME JOUR DU HUITIÈME MOIS DE L'ANNÉE 8 À 8H8.
UNE GRANDE ABONDANCE SE PRÉPARE DANS L'UNIVERS. JE VOUS
EN FERAI PROFITER AVEC UNE RECETTE À PUBLIER DEMAIN
MATIN.
PROFITEZ DE LA PUISSANCE DE 88888 OU 8 LE CHIFFRE DE
L'INFINI.

 M'po N'koué Roger et 580   59 commentaires   6 partages

 J'aime   Commenter    Partager

SUJET 36 : LA MORT, C'EST LA FIN DE LA VIE !

Avant son décès le Lundi 5 Juin 2017 à 30 ans d'une crise cardiaque lors de l'entraînement, l'international footballeur #Cheick TIOTÉ avait logé sa famille dans l'un de ses immeubles à Abidjan, un immeuble qu'il a construit pour eux comme une maison familiale.

Trois ans plus tard, sa veuve va vendre la maison et la majorité de ses autres biens immobiliers, au total, 8 immeubles.

Le vendredi 2 Août dernier, sa famille a été déguerpie par le nouveau propriétaire qui leur a laissé une période de grâce de 3 ans.

C'était la consternation dans les visages.

La Côte d'Ivoire en quête de potins était en ébullition. Le pasteur Cube Maggi Makosso Camille va s'emparer du dossier pour animer ses différents réseaux sociaux.

Pendant ce temps, que fait #Tioté? Eh ben, ce que font tous les morts : RIEN.

Avant notre naissance, nous n'existions nulle part et après la mort, personne ne va autre part que là où il a été déposé.

Si les morts avaient une puissance, combien d'orphelins n'aimeraient pas avoir un coup de main du défunt parent actuellement ?

Ceux qui sont partis ne vivent que dans nos souvenirs, nos albums photos, et nos histoires.

Si les morts avaient un pouvoir, #Cheick ne resterait pas insensible à la situation que vivent les siens pour qui il s'est privé de tout.

Au Burkina Faso, il y a un rituel selon lequel, le jour de ses obsèques, on promène le cercueil d'un cadavre dans la concession et le cadavre guide les porteurs vers la case de celui qui est responsable de sa mort.

Quand j'ai vu la vidéo, j'ai compris ce qu'il y a en dessous. C'est bien entendu celui qui est devant qui dirige l'opération. Il fait ses règlements de compte en douce, au nom d'une tradition d'ignorance.

J'ai demandé aux gens de déposer le cercueil et de laisser le cadavre se diriger lui-même vers la case de son assassin. Bien entendu, ça ne marchera jamais.

C'est comme toutes les divinités imaginaires du monde, c'est toujours l'homme qui les anime.

Nous avons dans la sagesse Goun une merveilleuse maxime pour faire passer le message : Kuvitɔ nɔn do mɛn bo biɔ wɔ : fitɛ é nan mɔn ɖé. Mɛn é ɖo gbɛ lɛ o mɔn a?

En français facile, ça dit : un cadavre demande la pâte de maïs dans l'au-delà : il va attendre l'éternité car la pâte de maïs est un luxe pour les vivants.

SUJET 37: L'ESCROQUERIE SPIRITUELLE : UN GRAND MÉTIER D'AVENIR

La photo ci-dessous est celle de dame #Rotina_Mavhunga une charlatan qui se fait passer pour une guérisseuse spirituelle avec des pouvoirs extraordinaires. Elle est entourée des ministres et hauts cadres du gouvernement du President Robert Mugabe.

On lit la joie et le bonheur sur le visage de ces cadres qui ont chacun étudié pendant au moins 25 ans avec des diplômes académiques pas des moindres.

En effet, ce qui faisait leur joie, c'est de voir cette Zimbabwéenne de 35 ans utiliser ses pouvoirs spirituels pour faire sortir le diésel raffiné d'une roche.

Oui, vous avez bien lu, elle frappe la roche 3 fois et du diésel raffiné coule à flot et on pouvait remplir plusieurs bidons.

Pour cet exploit, le gouvernement a offert 5 milliards de francs Zimbabwéen, environ 12 milliards de FCFA aujourd'hui, une ferme saisie à un blanc, des maisons, une voiture et une garde rapprochée.

Pour vérifier la véracité du tour de magie, au lieu d'envoyer un géologue vérifier la source du pétrole, ils ont envoyé des politiciens qui sont allés voir de leurs yeux pour témoigner que c'est vrai et c'est miraculeux.

Cette histoire se déroulait en 2007. À l'époque, le Zimbabwe était soumis à une immense pression économique, avec des pics d'inflation astronomiques, jamais vus en Afrique australe.

Les produits de base étaient rares et l'approvisionnement en carburant était difficile car le pays ne disposait pas de réserves de devises étrangères pour acheter du pétrole.

Mugabe avait même caressé l'idée d'hypothéquer les ressources naturelles du pays, comme l'or, en échange de pétrole dans le cadre d'un accord avec l'homme fort libyen Mouammar Kadhafi.

Après avoir fini sa démonstration et convaincu les autorités de ses compétences, le gouvernement décida d'envoyer la société de l'hydrocarbure pour une éventuelle exploitation. Elle s'y opposa catégoriquement et a déclaré que Mugabe, alors âgé de 83 ans, devrait marcher pieds nus depuis Harare jusqu'à la région, une distance de 200 kilomètres.

Sa réticence a poussé les gens à commencer à utiliser leur cerveau. Ils ont lancé des enquêtes et ont découvert le pot aux roses.

En effet, dame Mavhunga a découvert l'année précédente une grande citerne de diesel, soupçonnée d'avoir été abandonnée dans les collines de #Chinhoyi pendant la guerre civile des années 1970.

Elle a posé des tuyaux depuis la tonnelle jusqu'à un point situé au bas de la colline. Chaque fois qu'elle rassemblait un public, elle frappait un rocher et un assistant au sommet de la colline ouvrait le robinet et voilà, du carburant coulait.

Pendant un moment, la citerne ne contenait plus de diésel, mais secrètement, elle en achetait chez les camionneurs pour approvisionner la citerne.

Finalement, elle sera arrêtée et déposée en prison en Juillet 2007 où elle passera 2 ans en prison.

Pourquoi des hauts cadres sont-ils tombés dans une telle vulgaire escroquerie à deux balles?

La réponse est simple : les croyances religieuses erronées. Dans la bible, Moïse a frappé un rocher et l'eau a coulé à flot. En ce temps, c'était de l'eau dont le peuple avait besoin.

Les pasteurs ont convaincu ces gens sans intelligence active que le Dieu de Moïse en est encore capable aujourd'hui.

La religion est un cancer du cerveau. Elle t'interdit de réfléchir et t'oblige à penser à sa doctrine.

Face à cette charlatan analphabète, les intellectuels du pays ont éteint leur cerveau. Au lieu de chercher à vérifier la source, ils ont conclu que c'est un mystère. Néanmoins, ils ont vérifié si c'est du véritable diésel raffiné. Ce qui n'a laissé l'once d'un seul doute.

La même chose continue d'arriver aux gens sans intelligence aujourd'hui. Ils voient mystère et miracle partout. Ils sont prêts à croire qu'un être humain peut vomir des lames, des clous et même un œuf de dragon. Ils ne vont jamais se demander d'où viennent ces éléments et comment ils apparaissent. Pour eux, leur ignorance est comblée par le mysticisme. L'inculte sera toujours fasciné par l'occulte.

Jusqu'à présent, il y en a encore qui continuent de croire que les portefeuilles magiques existent et qu'on peut devenir riche en faisant des sacrifices ou en tuant un être humain.

J'ai déjà prouvé par des millions d'exemples que c'est une escroquerie. Mais les pasteurs et les blagueurs ivoiriens qui se font passer pour des blogueurs essaient de vous faire croire que c'est une réalité et que c'est le diable qui donne l'argent par des rituels.

Il n'y a pas ce jour où je n'ai pas sur ma table des dossiers d'escroquerie des bokonon, hounnon, vodounnon et autres sans parler des pasteurs. Les prêtres pour le moment sont trop occupés à enceinter les mineurs et les femmes d'autrui.

Tant que vous allez continuer à croire en l'occultisme, vous serez toujours des victimes et vous pouvez en payer de votre vie.

Mes conseils sont et seront toujours gratuits tandis que vos croyances religieuses erronées vous coûteront un jour la vie.

SUJET 38: POURQUOI DÈS QU'IL PLEUT, LES GENS PENSENT À SEXEPLIQUER ET NON À LABOURER LE CHAMP ?

Pour répondre à cette question, il faut d'abord chercher à savoir pourquoi les testicules de l'homme sont à l'extérieur du corps.

Pour fabriquer des spermatozoïdes de bonne qualité, les testicules doivent se trouver à une température de 33 à 34 °C, soit moins que la température du corps (37 °C). C'est pourquoi il est important qu'ils soient positionnés dans les bourses à l'extérieur du corps.

Chez l'homme et la plupart des mammifères, une température plus froide permet une meilleure spermatogenèse.

Puisse que la pluie engendre une baisse de température, les bourses se mettent en activité intense et tout l'organisme reçoit le signal de copulation.

C'est pourquoi, quand un homme atteint l'âge d'activité sexuelle, il doit éviter de porter le string et le slip et préférer les boxer ou la liberté totale. Il doit éviter de croiser les jambes quand il est assis et de se laver à l'eau chaude. Il doit préférer l'eau du marigot, du bas-fonds et de la rivière.

Pour un acte sexuel de qualité, c'est l'homme qui doit assurer les préliminaires à la femme. C'est entre les deux tours que la femme prend les reines en refroidissant la bourse grâce à une pipe baveuse qui laisse l'eau de ruissellement sur le scrotum.

Gardez à l'esprit que seul l'homme produit les cellules reproductrices lors d'un rapport sexuel. La femme n'a pas besoin d'activités sexuelles pour en produire. Son organisme est en pilotage automatique programmé à se renouveler tous les 28 jours avec ou sans sexe.

CONCLUSION : C'est tout à fait normal qu'un gars se rappelle de vous chaque fois qu'il pleut. Vous n'êtes pas un parapluie , d'accord, mais il répond à un principe de la nature qui a établi les choses ainsi sans prendre son avis.

Penser à sexepliquer dès qu'il pleut net est un phénomène biologique tout à fait normal et naturel.

Néanmoins, les femmes qui disent : "Il fait un temps porno" dès qu'il pleut un peu, pour elles, c'est Gbléwa.

SUJET 39: COMMENT RETIRER LES #abrus precatorius OU #AZÉ NOUKOUN SUITE À UN ENVOÛTEMENT ?

Ceux qui savent comment déterrer un gris-gris qui n'a jamais été enterré ont déjà une idée du sujet mais malheureusement, ce n'est pas tous ceux qui me lisent qui comprennent mes écrits.

Pour certains, je ne fais que donner mon avis selon la limite de mes connaissances et pour d'autres, je ne suis qu'un animateur de galerie en quête de like et de réactions sur les réseaux sociaux.

À ceux-ci, j'aimerais dire que si tel était le cas, il suffit de battre les tambour avec mes parties génitales en live TikTok comme un certain #Jeremie pour atteindre cet objectif.

JE NE FAIS RIEN D'AUTRE QUE PARTAGER LA CONNAISSANCE, DÉMYSTIFIER UNE ARNAQUE, EXPOSER LES TROMPERIES, OUVRIR LES YEUX, APPELER À LA VIGILANCE !

C'est tout.

La conséquence directe est que ceux qui profitent de votre ignorance vont s'attaquer à ma personne et à mes canaux de diffusion.

Mais vous qui bénéficiez de mes partages n'aurez rien à perdre, au contraire, vous allez faire énormément d'économie pour investir sur les choses réelles.

L'OCCULTE FASCINE L'INCULTE.

Les INCULTES DIAGNOSTIQUÉS sont très FRIANDS de tout ce qui est MYSTIFICATEUR, ce qu'ils ne peuvent pas expliquer de façon rationnelle, tout ce qui tend vers L'OCCULTISME.

Donc chaque fois que quelqu'un me mentionne en commentaire pour savoir ce que je pense d'une publication où quelqu'un décrit ce dont il est témoin, en demandant "Mon avis", je trouve cela ridicule.

Ridicule car ça prouve que la personne qui me mentionne est un parfait inculte congénital qui n'a aucune capacité d'apprentissage.

C'est comme après avoir reçu une leçon à l'école, et face à l'épreuve à l'examen, votre premier réflexe est d'appeler votre maître d'école pour lui demander la réponse.

C'est la preuve que vous êtes tarés. Quand on a une connaissance, on l'applique. La suite logique du savoir, c'est l'application.

J'ai été mentionné par plusieurs personnes sous la publication de <u>Yves Dakoudi</u> qui a été témoin oculaire comme des milliers de béninois d'une arnaque très connue appelée #Tchakatou.

Le récit de <u>Yves Dakoudi</u> est digne de confiance. Son objectif est de démontrer que le "Béninois est un 🐱 pour le béninois". D'ailleurs, le titre est très explicite : "LE NOIR EST SALE". Par son récit, il voulait appeler à la vigilance.

La seule chose qu'il ne sait pas est qu'il est très facile de détourner l'attention de <u>Yves Dakoudi</u>. C'est trop facile de lui faire prendre des vessies pour des lanternes.

Même dans son texte, #Yves a démontré qu'il n'est pas très attentif. Au lieu d'écrire #ATTAQUE_MYSTIQUE, il a écrit #ATTAQUE_PSYCHIQUE pour décrire le #TCHAKATOU.

Yves a fait confiance à son #Oncle et à ses #Yeux. Il ne savait pas que ces deux sont trompeurs.

Yves n'a jamais payé 25 FCFA à l'école pour voir le magicien transformer les feuilles de papier en billets de banque.

Yves n'a jamais vu le magicien retirer un œuf du caleçon d'une de ses camarades de classe.

Yves n'a pas lu beaucoup de manuels scolaires où après une séance de prestidigitation au cours de laquelle un camarade a vomi un œuf, tous ses amis ont continué à le forcer à en vomir d'autres en vain.

Quand un certain #Noumonvi_Noumonvi, natif de #Dogbo lui a dit qu'il a été arnaqué, sa réponse sans ambages était : "Tu n'as pas vu ce que j'ai vu".

Sacré Yves.

On a fait des jeux de passe-passe devant ses yeux et depuis 15 ans, il n'a encore rien pigé.

Et pourtant, Yves a à disposition la technologie nécessaire pour se connecter à YouTube pour voir au ralenti comment se déroule un tel tour de passe-passe.

Celui qui m'a le plus fait pitié c'est Gaël Diaz. Il a osé écrire en commentaire : "Et vous en tant que intellectuel vous avez vraiment cru que des choses comme ça sont tombés du corps d'une personne ?"

Faites un tour pour voir comment il a été mangé comme des popcorn ⅼⅼ. Ça lui apprendra de vouloir inciter les gens à utiliser leur cervelle.

Et pourtant, il suffit d'aller sur le compte TikTok de #NOUWLIKANLIN pour voir la démonstration étape par étape de comment on retire l'abrus precatorius du corps humain.

C'est très facile de tromper les gens que de les convaincre qu'ils ont été trompés. Il suffit de voir les témoignages sous la publication.

Sacré Modeste Kpotin, il a demandé à voir pour croire. Il a été servi la seconde suivante par les gens qui lui ont demandé de considérer qu'il a déjà vu.

Mais la seule chose que Yves a réussi dans son récit, c'est de décrire, involontairement, le Tchakatou comme une attaque psychique et non une attaque mystique.

Oui, beaucoup sont sous attaque psychique et mystique.

Les gens ont des maladies dues au manque d'intelligence. Les gens ont des maladies qui n'existent que dans leur tête.

C'est comme les guérisons miraculeuses dans les églises. Ça n'arrive jamais aux aveugles connus. Les sourds muets connus ne parlent jamais. C'est toujours ceux qui imitent l'aveugle et le sourd muet qui ont des guérisons miraculeuses.

Le bon petit de Yves n'a jamais vomi les aiguilles et l'abrus precatorius. C'est son oncle qui a malicieusement mis ces objets dans son vomi.

Mais Yves avait l'attention détournée. Le magicien utilise une jolie assistante très sexy pour le même but. Pendant que vous avez l'érection en l'observant, votre cerveau manque de sang pour fonctionner normalement. Et le magicien utilise cette stratégie de diversion pour vous en mettre plein le fion.

J'ai vraiment honte de devoir expliquer ces choses à des êtres humains qui ont été à l'école.

Je profite donc pour inviter ceux qui me lisent à ne plus demander mon avis sur une publication parce que j'ai déjà fait une autre publication qui normalement devrait aider à ne plus faire partie des moutons qui gobent ces genres de choses.

Quand on sait, on s'applique. C'est pourquoi je vous invite constamment à la recherche personnelle. Nous sommes en 2024 et la connaissance est disponible et gratuite.

Laissez les INCULTES se complaire dans L'OCCULTE.

Mais vous, recherchez la connaissance et chérissez la.

Quand on dit que vous n'avez jamais rien vu. Acceptez. C'est la preuve que vous êtes éveillés et n'importe quel analphabète inculte illettré ne peut casser des noix sur vos yeux.

Que ceux qui ont tout vu continuent de voir. D'ailleurs, c'est toujours à eux que ces bizarreries arrivent. Ils y ont été préparés depuis leur naissance. Ils ne croient pas que c'est un spermatozoïde et une ovule arrivée à maturation qui sont à l'origine de leur existence mais une divinité imaginaire.

Puisqu'ils adorent la souffrance, souhaitons leur donc de très nombreuses.

On n'a jamais rien vu, et c'est tant mieux.

SUJET 40: COMMENT DÉTERRER UN GRIS-GRIS QUI N'A JAMAIS ÉTÉ ENTERRÉ ?

Dans sa parution du jour, le quotidien béninois #Le Grand Matin aurait accompagné un Bokonon (anonyme) dans une église (anonyme) pour déterrer un gris-gris remis à un pasteur (anonyme).

Quand deux éléphants se battent, ce sont les herbes qui en souffrent. L'informateur du journal fait partie des herbes piétinées dans ce combat de religion où les pasteurs passent 96% du temps d'enseignement à démontrer que les religions traditionnelles sont les associées du diable et que tous ceux qui ont part avec eux iront directement en enfer.

La plus grande guerre qu'a connue l'humanité est la guerre des religions où les perdants d'hier, minoritaires, deviennent des gagnants du lendemain.

La religion étant désormais un business fructueux ayant pour clientèle la même cible, le marketing est conçu pour éliminer systématiquement la concurrence.

Pour preuve, il y a des dizaines de chansons chrétiennes qui relatent la souffrance d'être client de l'autre côté et le bonheur qu'il y a dans Jésus.

Les campagnes de dénigrement sont légions. Les mise-en-scènes de fétichistes vaincus par le nom puissant de Jésus.

Nollywood produit des millions de vidéos où Jésus est toujours vainqueur.

Face à cette série d'humiliations quotidiennes, les Bokonon Hounnongan et Vodounnon contre attaquent.

C'est devenu fréquent de les voir sur les plateaux de télévision et de les entendre dire à la radio que c'est chez eux que les pasteurs vont chercher les pouvoirs imaginaires de mystificateurs vendeurs d'illusions.

Mais quand tu demandes un nom, ils se réfugient derrière le principe de la confidentialité. Pour eux, la seule chose que ce principe interdit c'est le nom du client.

Beaucoup de gens qui ne savent pas réfléchir tombent facilement dans leurs pièges.

Nous savons tous que le Père Noël n'existe pas. Maintenant, si quelqu'un vient vous voir pour vous dire qu'il connaît la femme du Père Noël, le prendriez-vous au sérieux ?

Spécialement sur TikTok, les petits vendeurs de fétiches n'ont pas autre chant dans la bouche que de dire que les prêtres et pasteurs leurs rendent visite dans la nuit pour faire des bains rituels ou pour des potions magiques pour agrandir leur église.

C'est prendre son auditoire pour un con que de débiter de telles âneries.

Être pasteur en Afrique, c'est d'abord s'ériger en ennemi et opposant direct des adeptes des religions traditionnelles. C'est pouvoir démontrer qu'on a une force supérieure aux leurs. Dans ce cas, comment aller demander l'aide d'une puissance inférieure à sienne ?

Il y a des cas particuliers de reconversion des adeptes de religion traditionnelle qui passent au christianisme mais continuent d'utiliser les méthodes apprises de l'autre côté pour pouvoir attirer plus de gens qui n'auront plus la conscience troublée. C'est le cas des premiers fidèles de l'église du christianisme céleste qui ont simplement remplacé Vodoun par Jésus-Christ dans diverses pratiques fétichistes et spiritistes.

Comment un BOKONON peut-il déterrer un gris-gris dans une église sans l'y avoir enterré ?

C'est une méthode très connue chez les pratiquants de la prestidigitation. C'est exactement la méthode utilisée par les magiciens pour sortir une pièce de monnaie de l'oreille de quelqu'un.

La pièce de monnaie n'y était pas cachée, elle a juste été révélée.

C'est exactement cette méthode qu'utilisent les Bokonon qui traitent le #Tchakatou en faisant extraire de la partie atteinte des clous, des aiguilles, des fils noirs, de petits objets.

Aucun de ces objets n'y était avant, tout était caché dans sa main ou sa bouche.

Habituellement, les Bokonon Hounnongan et Vodounnon qui font ces déclarations sont des inconnus chez qui il n'y a pas foule comme leurs supposés clients pasteurs et prêtres à qui ils ont donné des gris-gris pour attirer la foule.

Le pasteur de l'église anonyme dans laquelle le journal Le Grand Martin a assisté au déterrement de gris-gris n'a pas été interviewé.

Sinon, si c'est lui qui avait reçu le gris-gris a enterrer, comment le Bokonon a su l'emplacement exact ?

Il y a forcément une campagne médiatique de dénigrement qui est en cours et il faut un peu de jugeote pour détecter le pot-aux-roses.

Est-ce à dire que les prêtres pasteurs et autres sont des saints ? Absolument pas. Mais ils n'ont jamais été chez ces gens là, ceux qui se vantent publiquement de les avoir reçus.

Un Bokonon chez qui un pasteur peut aller, quand on le voit, on le sait.

Si le pasteur y va la nuit, c'est forcément pour les raisons de confidentialité. Et un Bokonon qui en parle n'en a jamais reçu.

Un prêtre traditionnel qui a des gris-gris aussi puissants ne va jamais le commercialiser. C'est comme quelqu'un qui a un portefeuille magique et veut le vendre, vous ne voyez pas l'arnaque ?

Et un pasteur se ferait beaucoup d'argents en tant que Bokonon que Berger d'une église.

N'acceptons pas qu'on se foute de nous impunément comme des moutons.

Même les utilisateurs de iPhone racontent énormément de bêtises sur les Android et vice versa.

SUJET 41: À L'ÉCOLE DU SAVOIR : Technique de manipulation des Pasteurs, Prêtres, Charlatans, Vodounnon et Politiciens.

Lors d'une visite pastorale chez une Tougbédjè 5 étoiles, installé au salon, mon regard se pose sur l'un des livres qui m'ont beaucoup appris sur mon chemin de réveil : LE DAIM MANGEUR DE TIGRE.

C'est l'histoire de Yoyo un petit daim qui s'égare dans la forêt et se retrouve nez à nez avec un tigre. Malicieusement, pour sa survie, il va coller au tigre la peur de sa vie.

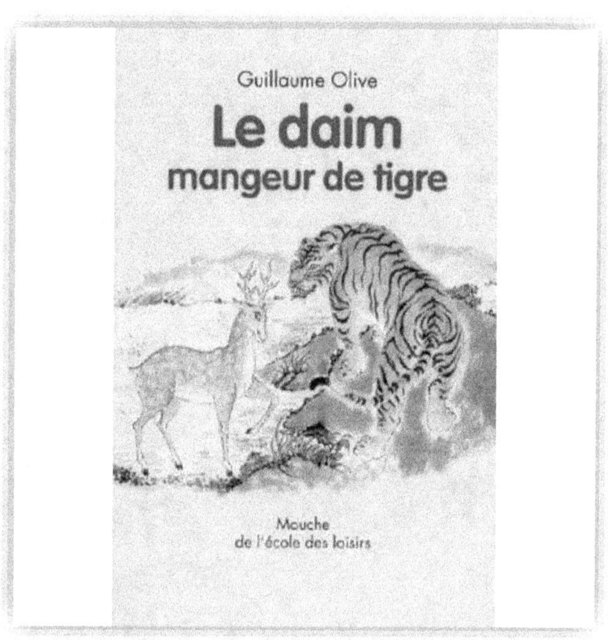

Vous vous demandez certainement comment un minuscule animal, herbivore de surcroît, pouvait terroriser un prédateur féroce de cette masse !

Il a utilisé la technique de manipulation des Pasteurs et les autres Charlatans de la catégorie.

Pour sa survie, il s'est taillé un portrait imaginaire en inventant au tigre censé le terroriser un mensonge qui va faire croire au tigre qu'il est en danger de mort car lui, le daim, serait un mangeur de tigre et qu'il aurait déjà mangé 999 dans un dans une prescription de 1.000 tigres à manger pour devenir immortel.

Pris de panique, le tigre, pour ne pas être le prochain repas du daim, prit sa jambe au cou et se lança dans une course folle. Il traversera forêt et savanes pour s'assurer que Yoyo n'était plus à sa poursuite.

Heureusement, il est tombé sur un petit singe qui soutenait mordicus que les daims qui mangent les tigres, ça n'existe pas. Le tigre attachat donc sa queue à celle du singe pour le conduire là où il a rencontré le daim et en cas de fuite, le singe pouvait monter sur les arbres avec lui.

Dès qu'ils aperçurent le daim qui se mit à trembler de peur à la vue du tigre , le tigre terrorisé se lança encore dans une course folle pour sauver sa vie traînant le singe au bout de sa queue.

Puisqu'il était traîné et sa tête se cognait à tout sur le chemin, le singe tomba dans les pommes.

Arrivé à une clairière, le tigre s'arrêta, se croyant hors du danger, et se mit à se moquer du singe : "Te voilà évanoui de peur à la vue du daim effrayant. Je t'avais dit qu'il était redoutable et féroce".

LEÇONS :

1- Le daim a profité de l'ignorance du tigre pour lui faire douter de son existence, de sa force, de ses pouvoirs, de ses capacités et lui a installé dans la tête une peur imaginaire qui ne le quittera jamais de sa vie.

C'est exactement ce que feront les vendeurs d'illusions. Ils vont vous vider de vos aptitudes naturelles. Ils vous diront que le souffle de vie est une grâce, que la respiration est un processus spirituel, que respirer n'est pas un phénomène biologique naturel. Que si vous êtes en vie, c'est parce que Dieu l'a décidé.

Ils vous diront que dormir et se réveiller sont les œuvres d'une divinité imaginaire. Ils vous diront que ce n'est pas votre père qui a défait son pantalon, pour entretenir une érection provoquée par votre mère pour vous concevoir en une si longue nuit. Ils vous diront que votre mère n'a pas souffert pendant 9 mois pour vous mettre au monde. Ils diront que c'est une divinité imaginaire qui vous a créé.

Ils diront que c'est Dieu qui a favorisé une de football au détriment d'une autre.

La grossesse que les gens ramassent naturellement, ils vont vous convaincre qu'il faut des jeunes, veillées et prières pour en trouver.

Pendant que les gens normaux se marient normalement, ils vont vous convaincre que c'est par la grâce de Dieu que vous aurez l'onction du mariage.

Ils vont vous convaincre que vous êtes en perpétuel danger de mort et qu'ils sont les seuls capables de vous sauver d'un danger imaginaire. Ils vont vous pointer les ennemis imaginaires contre qui vous allez lutter toute votre vie.

Ils vous parleront d'un péché que vous auriez commis 6.000 ans avant votre naissance. Ils vous terroriseront avec un grand feu imaginaire appelé enfer.

Le plus gros exploit du christianisme est de réussir à terroriser les africains avec l'enfer pendant qu'ils vivent déjà l'enfer sur terre.

2- Le singe illuminé qui essaie de sortir le gros tigre bêtard de l'ignorance va en souffrir plus que tous dans l'histoire. On cognera sa tête à tous les obstacles. Et pour finir, on lui fera comprendre que ce qui lui arrive a été causé par le danger imaginaire.

Si un moustique le pique, on dira que c'est parce qu'il ne croit pas au daim mangeur de tigre.

Quelqu'un qui pense qu'il est intelligent parmi les tigres bêtards dira : "Si les daims ne mangent pas les tigres, pourquoi ils ont des tâches ? La vérité est devant vous et vous utilisez la réflexion humaine."

D'autres témoigneront qu'ils ont assisté eux-mêmes à une séance où un féroce daim découpait un gros tigre en morceaux.

3- Les pense-petits réussiront à manipuler les gens qui sont censés avoir le savoir. Il faut voir comment une fille qui n'a pas le BAC a réussi à faire croire à des professeurs d'université qu'elle est Dieue Esprit Gros Seins créateur des cieux et de la terre. J'ai vu des académiciens se prosterner devant elle.

Il faut voir comment les grands cadres de l'administration et des hommes d'affaires milliardaires courbent l'échine devant les charlatans analphabètes vendeurs d'illusions. Le business est tellement rentable que même les les hauts cadres de l'administration se sont transformés en vendeurs d'illusions proclamateurs de blocages incessants.

Voyez-vous, j'étais très jeune quand j'avais lu cette histoire pour la première fois, il y a 20 ou 30 ans. Mais aujourd'hui, au lieu de la voir comme un simple conte, je réussis à en tirer une substance vitale pour moi et mon entourage.

Nous sommes la somme de notre existence.

Aucune expérience n'est inutile, il suffit d'y prêter attention, il y a forcément un trésor caché dedans.

Désolé de ne pas avoir étalé les 69 leçons habituelles. Mais comme vous le constatez, l'olive a déjà commencé son effet. Et mon priapisme me force à écourter mes réflexions. On n'arrive pas à réfléchir trop loin quand on a la tête au milieu de deux grosses pommes comme le dirait le Général Civil <u>Anderson Houndete</u>.

La première Paroissienne, <u>Lulu Demoi</u> vous passe le bonjour.

SUJET 42: SI DIEU A CRÉÉ L'HOMME LE 6ÈME JOUR, POURQUOI ON CONTINUE DE REMARQUER LE PROCESSUS DE L'ÉVOLUTION CHEZ L'HOMME ?

En commentaire de ma dernière publication sur les moutons, il y a un crétin qui a écrit : "Le jour où je verrai un singe devenir un être humain la je renierai ma foi."

Je ne vais pas écrire son nom car <u>Edikson Edikou</u> et moi sommes de bons amis.

Pour lui, l'évolution est une métamorphose où la chenille se transforme en papillon en une journée.

Et pourtant, il n'y a pas ce jour où il n'y a pas la preuve de l'évolution de l'espèce humaine devant nous.

Je n'arrive pas à croire que certaines personnes aient vraiment été à l'école quand je lis les niaiseries qu'ils sont capables de débiter alors qu'ils sont censés avoir reçus l'enseignement dans le domaine en question.

Si Dieu avait créé l'homme le 6ème jour, pourquoi Adam n'avait pas inventé l'électricité malgré ses 930 ans de vie biblique ?

Si c'est Dieu qui a créé l'homme, pourquoi Jésus ne s'est-il pas rendu à Jérusalem en jet privé comme les pasteurs Nigérian d'aujourd'hui ?

Si Dieu a créé l'homme, est-ce à dire qu'il a fait une œuvre incomplète et a confié la finition à la nature ?

Et pourquoi Dieu n'a pas créé les autres animaux à partir de l'argile ?

Pourquoi c'est après que l'état s'est séparé de l'église catholique que le monde a connu la meilleure évolution scientifique, industrielle, technologique et intellectuelle de l'histoire de l'humanité ?

Pourquoi dans le livre appelé "Parole de Dieu" il n'y a pas une formule pour inventer l'électricité ? La voiture, l'avion ?

Si l'homme n'est pas le produit de l'évolution, pourquoi la capacité intellectuelle de l'homme aujourd'hui est plus développée que son ancêtre ?

Pourquoi existe-t-il encore les singes si l'homme est descendu des primates ?

L'évolution ne signifie pas élimination systématique de l'étape précédente. La preuve, malgré que nous vivons à l'époque où l'information est dans la poche et la paume de main de chacun, il existe encore des abrutis et idiots incapables de comprendre le processus de l'évolution de la race humaine.

Non, ce ne sont pas les singes d'aujourd'hui qui se sont un jour levés et sont devenus des humains, nous partageons les mêmes ancêtres qu'eux, ils sont bien nos cousins.

Les chiens sont descendus des loups. Et il existe des loups aujourd'hui, beaucoup dans les églises, habillés en bergers pour dévorer les moutons.

L'évolution n'est pas le processus par lequel quelque chose devient meilleur et remplace l'autre. C'est un processus qui prend énormément de temps.

Même les insectes et autres animaux évoluent face au danger. Les virus qui occasionnent les maladies font des mutations raison pour laquelle il y a des maladies qui ne sont pas encore curables à ce jour comme la bêtise humaine.

Dans la vidéo, il y a un jeune du nom de #Ben_Underwood, qui a perdu les yeux à 3 ans. On lui a arraché les deux boules. Vous pouvez faire vos propres recherches. Mais Ben a développé ce qu'on appelle l'Écholocalisation, une aptitude utilisée par les chauves-souris pour se déplacer la nuit.

Ben émet un son et la répercussion de ce son sur un objet lui renvoie une image numérisée que son oreille transmet à son cerveau pour reconnaître à 100% l'objet et sa forme.

Les êtres humains sont des survivants par principe et ils s'adapteront toujours à leur environnement.

Oui, c'est l'environnement, le climat et le milieu qui décident de la couleur, de la résistance, de la taille, voire la longévité de l'être humain et non un Dieu imaginaire.

Si vous aimez jouer au jeu de Ludo, je ne vous conseille pas de jouer contre mon Papa. Il peut appeler le nombre exact du dé et c'est ce qui apparaîtra.

Les êtres humains peuvent développer des compétences et capacités extraordinaires au cours de leur existence.

Il y a deux semaines, j'ai vu la vidéo d'un mouton qui marche sur ses deux pattes arrière puisqu'il avait les deux pattes supérieures brisées. La nature l'a forcé à évoluer.

Je me rappelle d'une époque au passé où, les femmes mariées sont obligées d'attacher un gros foulard et passer les pommades au visage et faire le faux malade pour éviter le phallus du mari la nuit. La peur du Kiki était si réelle qu'elles accueillaient avec joie l'arrivée d'une nouvelle épouse. Je me rappelle des cris la nuit quand une fille se marie nouvellement.

Aujourd'hui, même les filles de 12 ans insultent la kikinette. Aujourd'hui, les femmes quittent le mari pour manque de phallus. Aujourd'hui, même la combinaison kiki plus Rôba n'arrive pas à satisfaire certaines filles. Aujourd'hui, les filles de 13 ans fuguent pour aller manger kiki. Et elles donnent les 69 positions du kamasutra.

Si ça n'est pas une évolution, comment ça s'appelle ?

Ce qui est excellent avec les sciences et les technologies, c'est qu'elles n'inventent aucune histoire à dormir debout pour expliquer un phénomène dont elles ignorent l'explication. Elles se mettent au travail laissant la porte ouverte à toutes les éventualités.

Selon la Bible, Dieu a créé les cieux et la terre il y a 6.000 ans. Point. C'est l'ignorance absolue. Nous avons la preuve que l'humanité existe depuis plus de 300.000 ans et la terre est âgée de 4 milliards et demi d'années.

300.000 ans et pourtant l'homme continue d'évoluer. Donc celui qui veut voir un singe se transformer en un être humain doit attendre les 200.000 prochaines années, encore que là, la nature n'opère pas le même changement deux fois.

SUJET 43: SI JÉSUS EST LE MESSIE, POURQUOI LES JUIFS, LE PEUPLE À QUI IL A ÉTÉ PROMIS, L'ONT REJETÉ? POURQUOI ISRAËL N'EST PAS UN PAYS CHRÉTIEN ?

Avant d'aller dans les détails, je vais vous donner les statistiques et des chiffres que vous pouvez vérifier à loisir.

En 2023, la population d'Israël est de 9.169.096 personnes.

C'est le pays de naissance de Jésus-Christ et pourtant, il n'y a que 1,9% de chrétiens en Israël, environ 175.000 chrétiens et ce qui est très remarquable est que 80% des chrétiens d'Israël sont des Arabes, pas des juifs.

Jésus-Christ est un juif et près de 75% de la population d'Israël est juive.

Dans son pays de naissance, dans sa propre ethnie, à peine 20.000 personnes croient qu'il est important dans leurs vies.

Je répète, en Israël où il y a 8.000.000 de juifs, il n'y a pas 25.000 juifs qui ont donné leur vie à Jésus-Christ.

Or, à Kinshassa, 25.000, c'est le nombre de chrétiens dans un seul village.

Si les juifs ne sont pas tombés dans cette escroquerie, c'est justement parce qu'ils savent EXACTEMENT ce qu'est un MESSIE et comment en reconnaître un.

Messie, Christ, Oint, Élu... sont les mêmes mots traduits dans diverses langues. Donc Messie est un mot hébreux qui est traduit par Christ en Grec et Oint ou Élu en français. Les anglais diront : The Chosen.

Le peuple Israelite, pour avoir côtoyé le peuple Africain, a décidé de suivre son modèle d'organisation en laissant leur divinité choisir ses chefs. Une fois le chef est désigné par la divinité, les prêtres font des cérémonies et rituels particuliers, parfois en présence du peuple pour officialiser le choix et imposer l'élu.

Ce type d'organisation s'appelle la Théocratie qui est un gouvernement des divinités qui désignent un souverain absolu qui a tous les pouvoirs sur le peuple. Ce qui est contraire à la démocratie où c'est le peuple qui désigne celui qui lui est présenté comme le meilleur.

En Israël, le premier Messie était le roi Saül. Il a été oint par le prophète Samuel et vous pouvez lire le déroulement en 1 Samuel chapitre 10.

Donc pour les juifs, le Messie, c'est leur roi, le chef établi sur eux, ce n'est pas un Dieu qui doit descendre du ciel et naitre d'une vierge. Pour le juif, un Messie est celui choisi par leur divinité.

Mieux, dans la Bible, le Dieu d'Israël a choisi le roi d'une autre nation comme Messie. Le roi Cyrus était appelé le Messie de Dieu et c'est Isaïe le prophète jamais contesté qui en parle dans son livre au chapitre 45.

N'EST-CE PAS LE MÊME ISAÏE QUI AVAIT PRÉDIT LA NAISSANCE DE JÉSUS ?

Avant de répondre à cette question, je tiens à notifier qu'il n'existe aucune prophétie dans l'ancien testament qui ait prédit l'arrivée de Jésus, aucune.

Qu'en est-il donc de Isaïe 7 : 14 qui fait référence à une naissance vierge?

Mon frère et ami l'exégète Michel Akodegnon a déjà démontré que le mot réel dans ce verset est #Almah qui tout au long de la Torah fait référence à une jeune femme sans référence à sa virginité comme ça apparait en Genèse 24:43.

C'est très bien ressorti en Proverbes 30:19 qui fait référence à "la voie d'un homme avec une jeune femme (almah) où, l'intention est clairement pour une non -vierge – comme le verset l'utilise comme exemple d'un acte qui ne laisse aucune trace.

De plus, la Torah contient un mot spécifique pour une vierge – #Betulah – qu'elle utilise systématiquement en référence à la virginité d'une femme comme en Genèse 24 :16 et ce n'est pas le mot utilisé par Isaïe.

Matthieu 1 : 23 affirme que la conception immaculée de Jésus était l'accomplissement de la prophétie d'Isaïe selon laquelle une vierge accoucherait, mais il est immédiatement clair que ce n'est pas ce qu'Isaïe avait en tête.

Les chrétiens sont très connus pour leur habile manipulation des textes hébreux où ils kidnappent les versets pris hors contexte pour les faire dire ce qu'ils ne disent pas ou pour les rapporter à l'unique personne de Jésus. Cette pratique est appelée la méthode de cueillette de versets hébraïques pour diviniser Jésus.

QUEL EST DONC LE CONTEXTE DE ESAÏE 7:14?

Je vais maintenant parcourir le verset dans son contexte complet, et cela démontrera encore plus clairement qu'Isaïe ne fait pas allusion à la naissance de Jésus.

Isaïe venait d'informer le roi Achaz de Juda que le roi d'Aram et le roi d'Israël (c'est-à-dire le royaume du Nord, Samarie) étaient sur le point d'attaquer Juda mais que leur campagne échouerait.

Comme signe que la prophétie d'Isaïe se réaliserait, il propose une prophétie plus immédiate – et le fait que la première prophétie se réaliserait serait la preuve que la seconde se réaliserait également.

Ce signe fait l'objet du verset 14 : "Voici, la jeune fille est enceinte ; elle enfantera un fils et elle l'appellera Emmanuel."

Isaïe fait donc référence à «la jeune fille» – clairement quelqu'un devant eux qu'il pouvait directement identifier. Le signe le plus immédiat est donc que la femme enceinte devant eux aura un garçon (et non une fille) et qu'elle l'appellera Emmanuel, ce qui signifie « Dieu est avec nous » – ce qui implique que Dieu sauvera la nation.

Il est clair que la femme en question n'écoutait pas la conversation et qu'il ne lui a pas été donné ordre de nommer son enfant Emmanuel. C'est si cela arrive comme prédit que le roi saura que la seconde prophétie va se réaliser.

Et plus loin, alors que les versets 15-16 continuent "ce garçon jouira d'une vie riche dès sa jeunesse – c'est-à-dire qu'il ne vivra pas dans un pays ravagé par la guerre – parce que les deux royaumes qui vous menacent seront eux-mêmes abandonnés."

Isaïe fait donc clairement référence à une femme contemporaine qui accoucherait dans un avenir très proche. Il ne pouvait pas faire référence à Marie qui ne vivrait pas des centaines d'années – et qui n'enfanterait un fils que longtemps après la bataille à laquelle Isaïe faisait référence.

Encore une fois, la prédiction d'Isaïe concernant la naissance du bébé devait servir de preuve antérieure que sa prédiction ultérieure se réaliserait également.

D'ailleurs, l'évangile de Marc qui est le premier évangile rédigé dont les autres vont copier n'a jamais fait allusion à la naissance miraculeuse de Jésus ni à la virginité de sa mère.

C'est les évangiles de Mathieu et Luc qui on copieusement copié Marc qui vont lui fabriquer une naissance virginale et immaculée juste pour répondre aux questions légitimes que les gens de leur époque se posent.

C'est donc au fur et à mesure du temps que le récit de la vie de Jésus était assaisonné de légendes, mythes et épopées selon l'audience et sa culture.

L'évangile de Jean qui est le dernier des évangiles transformera Jésus en Dieu pour boucler la boucle.

Les épitres du pseudo Apôtre Paul ont été écrits avant les évangiles, mais jamais Paul n'a trouvé nécessaire de mentionner qu'il était né d'une vierge. La seule chose que dira Paul de sa naissance est qu'il est né d'une femme.

Ce que ceux qui ont connu Jésus à travers le film JÉSUS DE NAZARETH retiennent est qu'il est le fils unique de Dieu envoyé sur terre pour sauver l'humanité, né d'une vierge, a fait des miracles, a guéri les malades, a ressuscité les mort et a été crucifié pour notre péché. Pour eux, Jésus était une grande star mondialement connu de tous et pourtant ils l'ont rejeté.

Et pourtant, en Palestine de cette époque sous domination Romaine, il n'était pas possible à un leader religieux ou politique de réunir 5.000 personnes pour leur parler de son programme d'action du gouvernement ou de son plan de rébellion.

On peut faire la même étude d'autres soi-disantes prophéties annonça le venue de Jésus.

Pour les juifs, un Messie ou un Christ doit être Oint d'huile par le grand prêtre.

Nulle part dans le nouveau testament, il n'a existé une cérémonie d'onction de Jésus. Pour combler ce manquement, ils ont inventé l'histoire d'une femme qui lui verse de l'huile très couteuse sur la tête ce qui aurait suscité la colère de Judas.

Puisque Jésus ne remplissait aucune condition pour être le Messie, des conditions fantaisistes seront inventées pour le déguiser. Il sera baptisé par Jean son cousin avec qui il a séjourné dans la communauté des Ésséniens à Qûmran, l'esprit saint se posera sur lui, il va guérir les malades, nourrir les affamés, mourir et se ressusciter.

Nulle part dans la Bible Hébraïque il n'est mentionné que le Messie allait mourir et se ressusciter. Nulle part il n'est écrit qu'il ira au ciel et reviendra.

Nulle part dans la Bible chrétienne qui est une belle falsification, nulle part, Jésus n'a été appelé Emmanuel.

La preuve que ceux qui ont mis en place cette manigance ne s'adressaient pas au monde entier mais à un groupe de paysans, de cultivateurs, de pêcheurs et de vendeur d'huile d'olive.

Je vous invite à lire le livre "La révoltes des juifs" de l'historien de l'époque Flavius Josèphe pour comprendre le véritable contexte de la vie en Israël au temps de Jésus pour voir si le récit des évangiles ne sont pas plutôt des contes de fées.

Jésus aurait bien existé, mais il s'agissait d'un total inconnu. Les gens célèbres de cette époque sont bien mentionnés dans les livres d'histoire qu'on peut encore retrouver à ce jours.

La vie de Jésus n'était donc pas un évènement spectaculaire majeur qui aurait marqué tout le peuple d'Israël.

D'ailleurs, ses propres parents ont pensé qu'il était dérangé d'esprit.

Sa mère qui l'aurait conçu pendant qu'elle était vierge, et aurait reçu l'ange Gabriel pour lui parler de l'enfant ne saurait-elle pas que son fils sera le futur Messie?

Pourquoi aurait-elle donc pensé qu'il était fou?

Même quand en secret il demande à ses disciple de dire qui il est et ils donnent la bonne réponse, il leur interdit de le dire aux autres.

D'ailleurs, en Mathieu 13, il déclare qu'il utilise la parabole pour que les gens ne le comprennent point.

Comment la majorité va donc le connaitre au point de le rejeter s'ils ne le comprennent point?

Demander à un vrai juif d'accepter Jésus comme le Messie, c'est comme demander à un Béninois de reconnaitre <u>Yacouba Olaniyi Badarou</u> comme président du Bénin.

C'est sûr que vous êtes nombreux à vous demander qui est <u>Yacouba Olaniyi Badarou</u>.

C'est un gars qui s'est levé un jour , à l'approche des élections présidentielles de 2021, pour proclamer qu'il est désormais le "Chef Gouvernement Parallèle du Peuple béninois souverain."

Avant cela, en 2011, il avait déjà déposé une candidature incomplète pour être candidat aux élections présidentielles de l'année. Sa candidature sera rejetée purement et simplement car ce qui s'organisait n'était pas un cirque auquel tous les clows avaient accès.

On en était là quand, le 6 Avril 2021, il forma un gouvernement de transition et se proclama "Président de la République du Bénin par Intérim".

Le 12 Mai 2023, son corps en putréfaction sera retrouvé dans sa chambre à Niamey au Niger dans une flaque de sang selon ses partisans.

Ses amis ont célébré un héros, un martyr et un libérateur qui reviendra sûrement libérer le peuple béninois des mains de <u>Patrice Talon</u>.

Comme un prophète, le 25 Mars jour de son anniversaire, il faisait une publication dans laquelle il disait "NOUS NOUS RAPPROCHONS INÉLUCTABLEMENT VERS LA TOMBE".

Ses partisans diront sûrement qu'il a prédit sa propre mort comme l'aurait fait Jésus.

POURQUOI LES BÉNINOIS N'ONT PAS ACCEPTÉ <u>Yacouba Olaniyi Badarou</u> COMME PRÉSIDENT DE LA RÉPUBLIQUE?

C'est exactement la même raison qui fait que les juifs n'acceptent pas Jésus comme leur Messie.

J'aurai bien aimé aller plus loin pour démontrer que le Messie d'Israël n'est pas censé être le sauveur du monde et quiconque l'accepte ira au ciel.

Nulle part dans la Bible le Messie devrait être un Dieu.

La nation d'israël a toujours eu son histoire qui n'a rien à voir avec le monde entier. Pendant qu'ils étaient en souffrance, d'autres peuples vivaient la prospérité et l'abondance, si bien qu'ils étaient obligés d'aller envahir ses peuples.

On vient donc de voir les raisons claires et simples. Prière nous épargner du NUL N'EST PROPHÈTE CHEZ SOI. Jésus n'est pas un prophète, et tous les autres prophètes d'Israël ont été acceptés et respectés. Evitez-nous cette niaiserie.

NON, JÉSUS N'EST PAS ET NE SERA JAMAIS LE MESSIE DES JUIFS ET LE MONDE ENTIER N'A PAS BESOIN DE MESSIE CAR CHAQUE PAYS A UN PRÉSIDENT ET UN GOUVERNEMENT.

NON, AUCUN JÉSUS NE REVIENT POUR QUICONQUE, NI HIER, NI DEMAIN.

Contradictions dans la bible

Abraham et Jacob ont vu Dieu	*Genèse 32 :30, 18 :1*
Aucun humain n'a jamais vu Dieu	*Jean 1:18*
Le premier-né de Dieu : ISRAËL	*Exode 4:22*
Le premier-né de Dieu : Éphraïm	*Jérémie 31:9*
Nous sommes justifiés par la foi	*Romains 3:20*
Nous sommes justifiés par les œuvres	*Jacques 2:14*
Selon Paul Jésus est égal au Père	*Philippiens 2:9-11*
Jésus a dit : « Le Père est plus grand que moi »	*Jean 14:28*
Jésus est mort pour expier les péchés de l'humanité	*1 Corinthiens 15:3, Galates 3:13*
Le péché est la responsabilité de chacun	*Ézéchiel 18:20*
Jésus a perdu un de ses disciples	*Jean 17:12*
Jésus n'a perdu personne	*Jean 18:9*
Personne n'est monté au ciel	*Jean 3:13*
Élie et Enoch sont montés au ciel	*2 Rois 2:11, Genèse 5:24*
D'Abraham à Jésus il y'a 40 générations	*Matthieu 1:2-16*
D'Abraham à Jésus il y'a 56 générations	*Luc 3:23-34*
Dieu essaie/teste les gens	*Genèse 22:1*
Dieu ne tente pas l'homme	*Jacques 1:13*
Celui qui voit Jésus a vu le Père	*Jean 14:9*
Tu n'as jamais vu le visage du Père	*Jean 5:37*
Dieu a incité David à combattre Israël	*2 Samuel 24:1*
Le Diable a incité David à combattre Israël	*1 Chroniques 21:1*

SUJET 44: JÉSUS DE NAZARETH : LE MEILLEUR PRODUIT COMMERCIAL SUR LE MARCHÉ?

Suite à ma publication sur le business de vente de Jésus en détail, j'ai essuyé les pires insultes et humiliations de ma vie. Les menaces de mort et autres ne me font rien, car le seul moyen pour les croyants de vérifier l'existence de leurs divinités est de souhaiter malheur à ceux qui leur apprennent que le Père Noël n'existe guère: c'est un Chinois.

Ceux qui m'ont le plus faire rire, c'est mes gentils amis qui, pour se moquer de mon incrédulité ont mis en commentaire comme Abraham Houngbo que si un produit est le plus vendu, c'est parce que c'est un très bon produit ou le meilleur produit.

D'autres ont dit qu'il suffit de voir les merveilles que font le nom de Jésus-Christ pour savoir que c'est un puissant nom.

Quelqu'un d'autre a souhaité que les sorciers de mon village s'attaquent à moi pour que j'ai la démonstration que seul le Nom de Jésus de Nazareth sauve. Un autre a carrément souhaité ma fin pour que j'arrête de lui donner l'urticaire à travers mes publications.

Et à mon frère bien aimé Paterne Bakpe d'ajouter avec le plus grand sérieux du monde : "Si c'est vraiment un business, ses initiateurs doivent donc être considérés comme des surdoués et placés en haut de l'échelle en terme de réflexion et d'ingéniosité puisque malgré la concurrence au fil des années, il ne s'effond pas mais au contraire draine de plus en plus de monde."

À tous, je vais répondre par une histoire vraie de création d'un produit TOTALEMENT INUTILE qui a connu plus de succès que Jésus. Il s'agit du #Pet_Rock et pour ceux qui ne comprennent pas Araméen, c'est #Caillou_De_Compagnie en Minan.

Le Pet Rock est un jouet de collection fabriqué en 1975 par le publicitaire #Gary_Dahl. Il s'agissait de #Pierres emballées dans des boîtes en carton personnalisées dotées de trous d'aération et d'une litière de paille imitant un sac de transport pour animaux de compagnie.

#Gary a eu l'idée dans un bar en écoutant ses amis se plaindre de leurs animaux de compagnie; cela lui a donné l'idée de l'animal de compagnie parfait : #Un_Roc. Un roc n'aurait pas besoin d'être nourri, promené, baigné ou soigné, et il ne mourrait pas, ne tomberait pas malade ou ne désobéirait pas.

D'une blague autour d'un #Talokpémi, il transforma l'idée en une réalité et fabriqua des boites en carton dans lesquelles il installera les cailloux dans une litière de paille.

Contre toutes attentes, il va vendre plus d'un million d'exemplaires en moins de 6 mois, à raison de $4 l'unité, ce qui fait $123 aujourd'hui.

Il est devenu multi millionnaire en une nuit.

Voyant que ce qu'il avait commencé comme un blague a commencé à affecter le raisonnement et la psychologie des gens, il a mis fin à la production et à la vente de ce caillou qui était même accompagné d'un manuel de 32 pages intitulé : "Les soins et le dressage de votre Pet Rock".

Exactement comme la Bible, ce manuel aidait les acheteurs à apprendre comment nourrir le caillou, comment l'habiller, comment lui parler, comment l'appeler, comment le porter et même comment l'enterrer en cas de décès.

Interrogés, beaucoup de propriétaires de ce caillou ont déclaré que c'est grâce à ce caillou qu'ils ont enfin trouvé un sens à leur vie, grâce à lui, ils ont trouvé la paix du coeur, grâce à lui, ils ont trouvé du boulot, grâce à lui, ils ne font plus de cauchemars. D'autres ont même témoigné qu'il les a sauvé d'un accident et d'autres encore d'une incendie. Beaucoup d'autres ont déclaré être totalement guéris d'une grave maladie grâce à ce caillou de compagnie. Pour ne pas trop écrire, faites votre propre recherche sur les vertus du Pet Rock.

Ça vous dit quelque chose ses témoignages? Exactement ce que racontent les Jésulâtres pour attester de la puissance du produit IMAGINAIRE TOTALEMENT INUTILE appelé Jésus de Nazareth.

Pour les chrétiens, il n'y a pas un nom au dessus de Jésus. C'est le seul nom qui accomplit tout. Et pourtant, les musulmans, les juifs, les Vodounnon, les Daagbovi, les Brahnamistes, les adeptes de #Kacou Silipe, les Sakpatassi et autres Bokonon expérimentent les mêmes phénomènes en faisant référence à d'autres choses imaginaires.

Comment donc expliquer les miracles et les oeuvres prodigieuses ?

Il n'existe aucun miracle, aucune guérison miraculeuse en dehors de ce que votre organisme peut produire à travers votre programmation mentale. Tout le charlatanisme que vous voyez à la télé lors des croisades d'évangélisation et autres ne sont que des pièces de théâtre bien orchestrées pour vous abrutir et vous débarrasser de votre cervelle fonctionnelle et vous installer une cervelle de moineau pas plus grosse qu'un pois chiche. Faites un tour sur YouTube vous allez apprendre énormément de chose sur comment ça s'organise.

Quand j'aurai la cyprine à la lie, je vais vous faire une analogie à travers l'étude d'une histoire tirée de #Astérix_Et_Obélix pour vous montrer qu'il n'existe aucune puissance en dehors de vous et c'est quand vous ne le savez pas que les charlatans vous revendent votre propre puissance à des prix faramineux.

Pour répondre à mon frère sur l'ingéniosité des vendeurs de Jésus en morceau, je lui dirait qu'on n'a pas besoin d'une intelligence hors du commun pour être le meilleur bandit adjotor olé voleur du monde.

La preuve, 96% de ceux qui sont à la base des grands centre commerciaux spirituels sont soit analphabètes, soit des demi lettrés. Je ne vais pas citer #Mohammed, #John_Smith, #Joseph_Oshoffa, #TB_Joshua, #Vicentia_Tchranvoukini, #Ogboni_Owo_Lôbè, etc pour ne pas énerver les musulmans, les mormons, les Gbigbô-Wiwé, les adeptes du SCOA, les Daagbovi, les ogboni, etc.

Oui, il n'y a point besoin de grande intelligence pour jouer de garces aux gens. Prenez l'exemple sur les #Papa_Rayan, parmi eux, il y en a qui ont à peine le niveau CE2 du cours primaire et pourtant, ils arrivent à arnaquer les gens qui ont un BAC+5 en Europe.

Desire Vodonou a à peine le CEP, mais il a réussi à voler plusieurs milliards aux banques et institutions internationales.

Il suffit juste d'avoir la volonté de tromper pour faire des millions de victimes car comme les acquéreurs de caillou de compagnie, les êtres humains ont en eux ce besoin de croire à l'extraordinaire.

Combien d'illuminés, professeurs d'université, de scientifiques de haut niveau sont riches et millionnaires? Le cerveau est un centre de connexions de milliards de neurones. Plus elles sont actives, plus sont auteur brille et moins d'idées sombres les traversent.

La première chose à laquelle pense les génies, c'est comment apporter une contribution éternelle à l'humanité. L'argent leur tombe dessus par accident. Les Einstein, Teslas et autres ne sont pas morts riches. Mais les #Rockefellers qui ont participé à plusieurs crimes ont une richesse qui traverse plusieurs génération.

Voyez-vous ! Pendant que vous êtes limité à un livre fictif désuète que vous prenez pour la parole de Dieu, moi je me branche à des sources infinies pour vous fournir la connaissance véritable.

Pendant que vous ne connaissez même pas 0,069 du contenu de la Bible que vous défendez à mort, moi j'ai 200% de connaissance de la Bible, de son histoire, de ses auteurs, de leurs sources d'inspiration, des cultures et mythes dont ils s'inspirent.

Quand je pose des questions sur mon mur, ce n'est pas FORCÉMENT pour chercher des réponses, c'est pour inviter à la réflexion et à la recherche de la connaissance.

Selon vous, pourquoi Dieu n'a pas créé Adam avec un pénis circoncis? Pourquoi il ne lui a pas demandé de se circoncire? Pourquoi pas à Abel? Pourquoi pas à Enock qu'il a même appelé son ami? Pourquoi pas à Noé? Pourquoi c'est après avoir visité l'Égypte où il a vendu sa soeur Sara pour manger que subitement, Dieu demande à Abraham de se circoncire sachant que c'est une pratique égyptienne?

Il suffit de bien réfléchir pour comprendre que chaque auteur de la Bible a simplement relaté ses expériences personnelles basées sur son milieu de vie et son époque pour créer son mythe.

Alors, qu'est-ce que ce caillou de compagnie a de commun avec Jésus, Allah, Dieu, Vodoun, Jéhovah et autres?

Ils sont tous des inventions humaines à qui on attribue des pouvoirs qui existent dans la nature, en nous, ou dans notre imagination.

Personnellement, j'ai la capacité d'entrer en transe dans une église, à un concert de <u>BOBO WÊ</u>, en écoutant la musique, en méditant, dans un couvent vodoun ou en chantant un cantique. Cette force est en moi et non dans un lieu spécifique.

Chers croyants, chaque fois que vous entrez en colère en voyant mes écrits ou que vous proférez des menaces à mon endroit, ça prouve simplement que vous êtes véritablement des adeptes des divinités fabriqués de vos propres mains car chaque fabriquant défend toujours son produit et le créateur défend toujours sa créature. Si tu dois défendre ton créateur, ça fait justement de lui ta créature imaginaire.

Si vous avez lu jusque là, bravo à vous. N'oubliez pas de vérifier tous les mensonges que je viens de débiter.

Jésus-Christ de Nazareth : un produit commercial, un business très juteux non imposable.

Depuis 2.000 ans, le produit révolutionnaire le plus vendu au monde s'appelle : Jésus-Christ.

Je ne fais pas partie des mysticistes qui croient et démontrent qu'il n'a jamais existé.

En effet, un gars a bien existé en Israël au début de notre ère et, comme tous les juifs de son époque, a rassemblé des gens pour renverser l'occupant romain et arracher la libération de son pays.

La première erreur de Jésus était de croire que Dieu allait l'établir roi en détruisant l'armée romaine et en tuant tous ceux qui ne sont pas juifs ou de la maison d'Israël.

Il n'a pas inventé cette croyance, avant lui, il existait une troisième secte du judaïsme dont les membres se sont retirés du temple de Jérusalem pour former une communauté à Qumran, dans la mer morte. Il s'agit des Esséniens. Dans les évangiles, Jésus s'attaque violemment aux pharisiens et sadducéens, mais jamais il ne parle des Esséniens.

Tout ce que Jésus a enseigné venait des Esséniens. Ce sont eux qui croient que Dieu allait détruire le monde corrompu et fait descendre son royaume du Ciel. D'ailleurs, c'est dans cette optique qu'il a appris à ses compagnons à prier pour que Dieu descende son royaume sur terre, prière qu'on continue de réciter à ce jour appelée le #Notre Père.

A un moment, Jésus a cru être celui qui va diriger la révolte qui va inciter Dieu à faire descendre son royaume sur Terre. L'histoire nous prouve qu'il était dans une erreur absolue.

Il a transmis cette erreur à ceux qui l'ont écouté. Ensuite , il leur a dit de garder cela comme un secret car, dès que la puissance romaine saura qu'il a un tel plan, il va subir le sort réservé aux rebelles. Malheureusement, son plan a échoué, il n'a pas pris la tête d'une force de rébellion, son secret a été dévoilé par l'un de ses compagnons les plus fidèles : Judas.

Puisqu'il a échoué d'accomplir ce secret messianique, la notion de résurrection et de seconde venue a été inventée.

Ses compagnons qui ont cru en lui étaient obligés de convaincre les gens que c'était lui le Christ attendu. Ils vont commencer à manipuler les différentes prophéties et les écrits désuètes de la Torah qui n'ont aucun rapport avec la naissance d'un Messiah.

Ils vont lui créer une naissance miraculeuse en se basant sur les dieux Grecs Athéniens qui naissent miraculeusement.

Ensuite, ils vont lui attribuer la même enfance que Moïse qui a donné la loi aux israélites.

L'histoire d'assassinat de bébé sera inventée comme au temps de Moïse où le Pharaon aurait ordonné l'assassinat des enfants mâles. L'histoire de ses parents qui vont le cacher en Egypte sera ajoutée comme pour Moïse.

Comme Moïse, il va faire 40 jours dans le désert. Puisque Moïse a donné la loi aux israélites sur le mont Sinaï, Jésus prononcera son discours célèbre sur le Mont des Oliviers.

Comme c'est Moïse qui a donné la loi, Jésus va accomplir la loi.

Comme Dieu a donné à manger aux israélites dans le désert, Jésus va multiplier les pains et donner à manger à la multitude.

Moïse a frappé un roc et ça a sorti l'eau, Jésus a transformé l'eau en vin.

Bref, Jésus croyait qu'il serait roi de Israël. Ses disciples aussi. D'ailleurs, deux de ses disciples ont envoyé leur maman lui demander d'accorder une position de premier ministre et ministre d'État à ses deux enfants quand il va former son gouvernement.

L'histoire nous l'a montré, il s'est largement trompé.

D'ailleurs, sur la croix, quand il s'est rendu tardivement compte de son erreur, il a crié : "Père, pourquoi m'as-tu abandonné ?"

Même le pseudo apôtre Paul croyait que c'est un événement qui allait arriver de son vivant.

COMMENT JÉSUS EST DEVENU UN PRODUIT COMMERCIAL ?

Tous les chrétiens de l'époque après la mort de Jésus se rassemblaient en cachette pour attendre l'arrivée de leur "Roi".

Ils devraient se nourrir en attendant. Alors, ils décidèrent de vendre leurs bien pour mettre à disposition de la communauté. De toute façon, la fin était dans quelques jours.

Le principe est donc, notre argent est l'argent de la communauté. Certains gars qui n'y croyaient pas trop mais tiennent à rester dans la communauté ont vendu leur bien et ont gardé l'argent sur eux. Il faut lire l'histoire de Ananias et Saphira dans Actes chapitre 5.

Ils ont été tués sur leur propre argent.

Alors, donner n'est plus une affaire d'amour ou de dîme, c'est avec peur et tremblements. Peur d'être tué, peur d'être bouté hors de la communauté.

Paul qui a enseigné l'opposé des enseignements de Jésus a écrit en Galates 6:6 "Que celui à qui l'on enseigne la parole fasse part de tous ses biens à celui qui l'enseigne". Aucun de vos pasteurs analphabètes vendeurs de peur n'a jamais lu ça devant l'assemblée de peur que les gens se révoltent contre lui.

Tout ça dans l'erreur que Jésus revient demain donc une seule personne n'a plus besoin de biens qui vont durer des générations.

Pour inciter les sceptiques à donner, on leur parle du principe de la loi mosaïque qui est la dîme. On lui fait peur, on lui promet l'abondance. On utilise Malachie 3:10 pour lui promettre l'abondance et la prospérité. L'évangile de la prospérité va naître aux États-Unis et embrasser le monde entier.

Jésus est devenu un produit. On commence à inventer des histoires de sa prochaine venue qui est imminente.

Personne ne s'arrête une seconde pour dire que le gars s'est trompé sur tout et ses premiers compagnons se sont aussi trompés et les gens se trompent à ce jour.

C'est en vendant un Jésus-Christ fictif que les gens deviennent multimillionnaires avec des jets privés. Ils oppressent les pauvres.

La seule personne que le Dieu du christianisme bénit, c'est le pasteur. Les autres doivent se tuer pour que lui ait de prospérité.

Personne parmi eux n'a inventé le système. Ils ne sont pas si intelligents pour le faire. C'est une farce qui existe depuis 3000 ans dont ils profitent.

De temps à autres, les pasteurs fixent un jour de fin du monde pour terroriser les gens. Ces derniers vendent tous leurs bien comme au premier siècle et remettent le revenu au pasteur.

Mais après qu'on découvre que c'est une escroquerie, les églises en question deviennent encore plus fortes et plus grandes. C'est cette stratégie que les Témoins de Jéhovah ont toujours utilisé pour être environ 9 millions aujourd'hui. Et tous les jours, ils écrivent dans leurs revues de propagande que la fin est imminente.

Moi, mon avantage, c'est que je connais la Bible au bout du doigt. Je sais de quoi je parle et je sais aller en profondeur. Contrairement à ceux qui s'énervent en me lisant.

Quelqu'un a mis en commentaire de ma publication d'hier s'il n'y a personne dans le pays pour me mettre le point sur le i. Il est tellement énervé qu'il a envie d'en finir avec moi parce que j'ai parlé de son Jésus commercial.

Jésus a vécu à une époque où la recherche d'un héros était le quotidien des juifs qui vivaient sous l'oppression romaine. À part Jésus, il y a eu des centaines de leaders politiques qui ont essayé de renverser Rome en vain. Il faut lire l'historien de cette époque, Flavius Josèphe.

Vous allez pleurer pour avoir cru que Jésus était un gars spécial. Il y a eu des vrais héros à l'époque dont un certain

Bar Koukba. Faites des recherches historiques sur cette personne qui a réellement existé.

Jésus est un business très juteux. Et aucun état ne prélève de taxe et impôts sur le revenu que génère la vente de Jésus en détail.

C'est le meilleur business au monde où tu ne vois même pas le produit mais on te manipule tellement bien que tu es heureux d'avoir été escroqué. Et pour couronner le tout, on te dit que tu seras livré le jour de ta mort.

Moi <u>Mahoutin</u>, j'ai tous les outils nécessaires pour développer le commerce de Jésus et gagner plusieurs millions par semaine. Et pourtant, je perds énormément de ressources pour vous aider à activer votre cerveau et reconnaître que vous vivez un mensonge de 2.000 ans.

Je n'ai pas placé un seul mot par hasard dans ce texte. Vous pouvez tout vérifier par vos propres soins.

SUJET 45: J'AI AUSSI ETE HOMOPHOBE

Le Vatican est dix mille fois mieux que vos kiosques à tabac que vous appelez église. Contrairement à vos pasteurs analphabètes en majorité, un prêtre est d'abord un académique qui a fait des études universitaires de niveau doctoral.

Contrairement à vos pasteurs ou gourous religieux qui connaissent à peine 6 versets bibliques, et qui a abandonné son atelier de mécanicien vélo moteur pour devenir pasteur, un prêtre, c'est un enseignant, un psychologue, un philosophe, un financier, un scientifique. Nombreux parmi eux sont physiciens et ont contribué par leurs travaux à de nombreuses avancées technologiques.

Le Vatican est une cité intellectuelle et possède la plus large bibliothèque du monde où on peut retrouver les manuscrits très anciens à l'instar de l'Égypte.

Si vous avez une Bible aujourd'hui, c'est bien grâce à l'église catholique dont les moines pendant mille ans ont copié et recopié les anciens manuscrits.

Même s'il y a eu de manipulation et de falsification par endroit, c'est grâce à l'église catholique que vous savez qu'il existe un livre appelé la Bible. Autrement, vous allez juste en entendre parler comme d'autres livres de l'antiquité tels que l'apologie de Socrate, l'Iliade de Homère.

Peu importe la motivation pécuniaire qui sous-tend cette décision, le Vatican sait qu'être homosexuel n'est pas un choix délibéré. D'ailleurs, la science a déjà tout essayé pour éradiquer le phénomène. Mais grâce à la biologie moléculaire, on sait que l'orientation sexuelle ne se décide pas.

Je ne parle pas des faux gays du Bénin et de la Côte d'Ivoire qui se féminisent juste pour se prostituer et vendre l'anus. Dans ces pays, c'est rare de voir les vrais homosexuels qui veulent juste vivre leur vie et avoir une vie de couple. On ne voit que des exhibitionnistes qui font la publicité perpétuelle de leur déviance sexuelle.

Il y a enfin la catégorie d'incultes et d'acculturés qui pensent que les pratiques homosexuelles sont les choses que les blancs ont apporté en Afrique et que nos ancêtres ne connaissent pas ça.

Mais que savez-vous de vos ancêtres vous qui avez renoncé dare dare à vos valeurs culturelles ? Vous ne connaissez absolument rien de vos cultures et la seule fois où vous faites recours aux charlatans analphabètes vendeurs de fétiches, c'est quand vous êtes en difficulté ou voulez mettre quelqu'un en difficulté.

Le sexe en Afrique est tabou et personne ne discute ouvertement d'aucune pratique sexuelle. Ceux qui ont grandi à Porto-Novo et surtout dans les villages alentours peuvent vous décrire s'il n'y a pas des mises en scène de pratiques homosexuelles lors de l'exécution du rythme "Houngangbo".

Dans les véritables lieux de transmission du pouvoir, c'est par voie anale que le savoir est transmis.

Les fons et les gouns authentiques peuvent témoigner que, pour confier un secret à son ami intime, on va dans un endroit isolé, on baisse le pantalon et soit il voit ta nudité ou il tient ta verge pendant qu'il te confie le secret. C'est même écrit dans la Bible où Abraham en voulant envoyer son serviteur pour aller chercher une femme à Isaac a exécuté la pratique que je viens de décrire. Vous pouvez vérifier en Genèse 24 verset 2.

Les meilleurs danseurs du rythme "Sakpata" sont des hommes déguisés en femmes.

D'ailleurs, pourquoi appelle-t-on les "Papa Rayan" Gayiman ? C'est parceque, à l'origine du mouvement, il faut se faire passer pour un gay pour sortir avec un blanc en Europe et lui soutirer de l'argent. Beaucoup de gens sont aujourd'hui en France, Allemagne, États-Unis et Canada grâce à ça. Bobo Adjanou est un exemple très typique. Le blanc, croyant avoir trouvé un esclave sexuel, leur offre le voyage. Avant d'y aller, beaucoup s'entraînent à mettre leur anus à niveau. Ceux qui n'en peuvent pas, disparaissent à l'aéroport.

En réalité, personne parmi vous n'a rien contre un homosexuel. Il y en a qui n'en ont jamais vu d'ailleurs. C'est votre religion qui vous a appris à les rejeter. L'église catholique qui vous a fourni le document que vous utilisez pour haïr les homosexuels, c'est la même église qui vous dit de les accepter.

Personne ne vous invite à devenir gay ou à offrir votre rectum à votre camarade garçon. Personne ne devient gay. Et ceux qui ont suivi la tendance à une époque sans vraiment l'être sont dans le regret aujourd'hui.

Pendant un quart de siècle, j'ai aussi été homophobe. Mais dès que j'ai décidé de m'instruire, tout a changé. C'est l'ignorance qui alimente la haine. Avant d'en rencontrer, la religion m'a dit qu'ils sont une abomination et je dois les haïr. Aujourd'hui, j'en connais des tonnes. Je suis désormais un gay friendly. Néanmoins, je vais combattre l'exhibitionnisme jusqu'à mon dernier souffle.

SUJET 46: LE TRIOMPHE DE LA CONNAISSANCE

Cas pratique : Le charlatan dans cette <u>vidéo</u> essaie de faire croire à ses clients qu'il possède une puissance mystique qui lui permet d'allumer une lampe, une ampoule led sans la brancher à une source électrique.

Naturellement, beaucoup de gens ont cru, beaucoup sauf vous, ce jeune ivoirien et moi.

Pourquoi nous ne croyons pas ? Parce que nous avons la CONNAISSANCE. Nous savons comment une telle lampe fonctionne. Nous savons où on peut se procurer cette lampe. Nous savons comment elle fonctionne. Nous savons que cette ampoule contient une batterie qui lui fournit l'énergie électrique et que ce n'est pas une quelconque puissance du charlatan qui l'allume.

Quelle est la différence entre les moutons qui ont cru et nous? Nous ne sommes mieux qu'eux, c'est sûr, mais notre CONNAISSANCE nous a libéré.

Ce charlatan représente parfaitement l'ensemble des religions et des croyances religieuses de nos jours.

Ce charlatan verra d'un très mauvais œil quiconque apporte la connaissance à sa clientèle. Il en est de même de vos différentes religions abrutissantes. Elles vous interdisent d'exercer le merveilleux art du doute, de la recherche de connaissances et de la science.

Plusieurs religions interdisent les recherches sur internet. Elles interdisent les lectures de certains livres. C'est avec fierté que leurs ouailles répètent que "La connaissance de ce monde est folie".

Plusieurs religions se liguent systématiquement contre la science. Ils ont des milliers de concepts erronés préconçus contre la science.

L'ignorant continuera de croire que tout est mystère. Rien n'est mystère, il n'y a que ce qu'on ne sait pas encore.

La spiritualité n'est rien d'autre qu'une science qui n'est pas encore expliquée.

Ce ne sont pas les scientifiques qui ont inventé la gravité, ils l'ont expliqué.

Les fréquences radio n'ont pas été inventées, c'est juste l'application qui permet de l'utiliser qui a été inventée.

Les systèmes de télécommunications ont toujours existé. Les êtres humains sont capables d'envoyer un message à un autre qui est à l'autre bout du monde juste par la pensée. On l'appelle la télépathie.

Les différents types d'arnaque et d'escroquerie ne marchent que lorsque vous n'avez pas certaines connaissances.

Les ignorants continuent de croire qu'il existe un rituel pour multiplier les billets de banque. D'autres croient qu'un être humain peut se transformer en un oiseau nocturne. Pour d'autres, un être peut faire disparaitre mystérieusement l'argent.

L'ignorance est un choix en cette année. Il y a un gars dont je veux taire le nom qui a écrit en commentaire que "L'ignorance est une qualité". Je lui ai suggéré une vasectomie pour éviter de reproduire des êtres de son espèce.

Il y a des gens qui croient que la Bible est la parole de Dieu.

La religion est un charlatanisme dont l'unique but est de vous empêcher d'accéder à la connaissance car un être cultivé est une perte économique pour les religions.

Vous allez souvent les entendre dire que les savants qui ont combattu la religion ont confessé Dieu avant leur mort. J'ai fait des recherches sur le sujet et j'ai découvert comment l'église catholique a honteusement fabriqué ce mensonge.

La connaissance triomphe toujours de l'ignorance.

#NB : pour ceux qui veulent contester que Décembre soit le Dixième mois : Il suffit de vous référer à la racine de ces mois pour voir que :

Septembre = Sept = Septième mois.

Octobre = Octo = Octogone = Huit côtés = huitième mois.

Novembre = Neuf = Neuvième mois.

Décembre = Déca = Dix = Dixième mois.

Si vous restez sage, je vous dirai pourquoi Les mois ont été décalés et par qui.

Pourquoi les mois ont-ils été décalés ?

Le calendrier romain primitif était constitué de dix mois, débutant en mars (Martius) et se terminant en décembre (Decembris). À l'époque, janvier et février n'existaient pas, et l'année romaine était bien plus courte que l'année solaire que nous connaissons aujourd'hui.

La réforme de Numa Pompilius

Le premier grand changement survint sous le règne de Numa Pompilius, le deuxième roi de Rome, vers le VIIe siècle av. J.-C. Numa a ajouté deux mois supplémentaires, janvier (Januarius) et février (Februarius), pour aligner le calendrier romain sur le cycle annuel du soleil, ce qui a allongé l'année à 12 mois. Ce décalage a ainsi modifié la position des mois de septembre à décembre, mais leurs noms sont restés basés sur leur position d'origine dans l'ancien calendrier.

La réforme julienne de Jules César

La réforme la plus notable est celle de Jules César en 46 av. J.-C., qui a introduit le calendrier julien. César a instauré une année de 365 jours avec un jour supplémentaire tous les quatre ans (année bissextile). Cette réforme visait à corriger les incohérences de l'ancien calendrier lunaire et à assurer une correspondance plus précise avec l'année solaire.

Pourquoi ces changements ?

Ces ajustements ne furent pas seulement motivés par des considérations techniques. Ils ont aussi eu des implications politiques et économiques significatives. En stabilisant le calendrier, les Romains ont pu mieux gérer l'administration de l'empire, organiser les récoltes, planifier les festivités religieuses, et contrôler le temps d'une manière qui consolidait le pouvoir central.

Les intérêts derrière le décalage

Le contrôle du calendrier a toujours été une question de pouvoir. En alignant le calendrier avec les saisons, les dirigeants romains pouvaient mieux organiser la société, structurer l'année fiscale, et garantir que les festivités religieuses coïncidaient avec des moments clés de l'année agricole. Cela renforçait le contrôle de l'État sur la vie quotidienne et assurait une stabilité économique essentielle pour l'empire.

Lorsque l'Empire romain s'est étendu, le calendrier julien est devenu un outil d'unification à travers les différentes régions conquises. En imposant un calendrier unique, Rome a pu mieux administrer ses territoires, standardiser les pratiques commerciales, et promouvoir un sentiment d'unité culturelle.

Avec la diffusion du calendrier julien, et plus tard du calendrier grégorien (introduit par le pape Grégoire XIII en 1582), les puissances européennes ont imposé leur système de gestion du temps aux colonies et aux pays du tiers monde. Cela a permis aux puissances coloniales de structurer les sociétés qu'elles dominaient selon leurs propres intérêts, facilitant l'exploitation économique et l'administration coloniale.

Pour les pays du tiers monde, l'adoption du calendrier grégorien a souvent été une imposition culturelle, effaçant ou marginalisant les systèmes de calendrier indigènes. Cependant, ce système a également offert certains avantages, comme l'intégration dans l'économie mondiale et l'accès aux marchés internationaux qui fonctionnent selon ce calendrier. Cela a permis une meilleure coordination avec les puissances économiques et a facilité l'entrée dans le commerce global.

SUJET 47: APPARITION DE LA VIERGE MARIE À ABIDJAN !

La paraphrénie est un trouble mental dans lequel le patient croit à des choses qui n'existent pas dans la réalité mais uniquement dans son imagination. C'est un délire paranoïde où le monde délirant se superpose au monde réel.

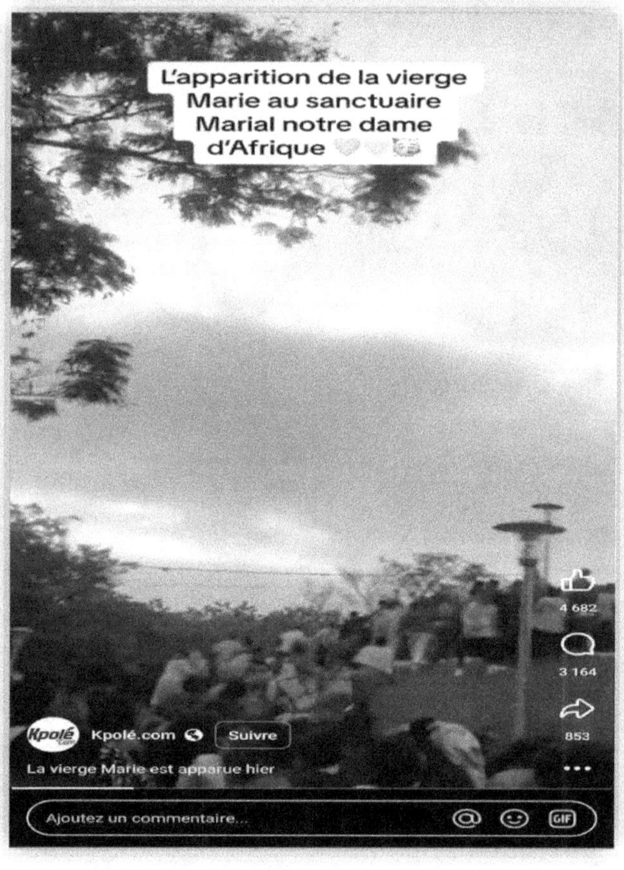

Le patient, souvent des femmes, a des illusions de grandeur, ou une sorte de mégalomanie exubérante. C'est pourquoi les églises sont remplies de la gente féminine.

Le malade a de pseudo-mémoires ou fausses mémoires. Il s'invente un personnage historique tout en assurant vraiment qu'il a bel et bien existé tout en gardant des créations imaginatives plus ou moins reliées entre elles.

Le paraphrénique est un individu ordinaire qui vaque souvent à ses activités sans problème. Parfois il est même félicité pour sa maladie mentale qu'on traite de grande foi.

Bref, la croyance est une maladie mentale dont on ne guérit que grâce à la connaissance. Ce n'est pas une maladie de chapelle, tout être humain qui pense qu'il existe des entités imaginaires est paraphrénique.

La forme la plus grave est de lier son réveil à une faveur accordée par un être imaginaire.

On trouve des paraphréniques qui incitent d'autres à un suicide collectif.

Alors, voir la Vierge Marie dans les nuages est une forme très normale de la paraphrénie.

L'autre problème est que la paraphrénie est une maladie très contagieuse. Il a suffit qu'un malade mental pointe le doigt au ciel pour désigner Marie et tous les autres, sans rien comprendre, l'ont suivi.

Cherchez de l'aide avant qu'il ne soit trop tard.

Qui a mangé le gâteau ?
C'était elle, maman !
@Evens Paul Fran
Ne sois pas menteur, elle ne voit pas, ne parle pas, ne bouge pas, n'entend pas, et ne mange rien!
Alors pourquoi tu t'agenouilles devant elle et tu lui demandes des choses.

SUJET 48: L'ODE AU TRAIN DE VIE !

Mon oncle, dans le processus de mon édification, me disait, je cite : "MAHOUTIN, n'importe qui peut aller au marché et s'acheter une lanterne. Mais il n'est pas donné à tout le monde de maintenir une lanterne allumée pour toujours. Un véritable responsable, c'est celui qui a toujours une réserve de pétrole lampant dans son petit bidon." Fin de citation.

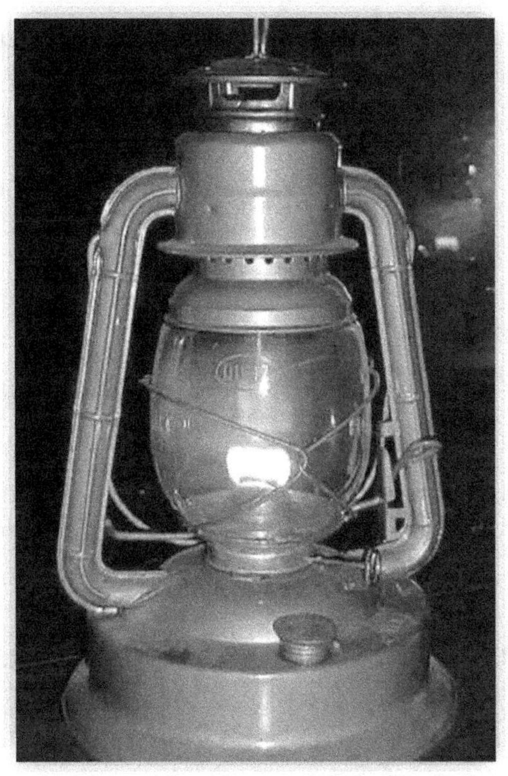

Toujours ce même oncle, me dira, au détour d'une conversation : "Avant de prendre une femme et commencer à faire des enfants, il faut d'abord acheter un chien ou un chat et apprendre à en prendre soin. Si un jour, ton chien se retrouve sur un tas d'immondices en train de chercher quoi manger, un jour, ta femme sera obligée de se vendre pour manger."

Un autre jour, il me dira : "On ne fait pas tontine avec l'argent tombé du ciel, l'argent imprévu, l'argent pour lequel on n'a pas travaillé, l'argent qui n'apparaît pas selon une fréquence bien définie."

Vous avez compris, mon oncle est une bibliothèque de connaissances et il a sa merveilleuse manière de dire les choses qu'on ne comprend pas forcément sur le champ mais qui refont surface quand on se retrouve face à certaines situations.

Grâce à mon oncle, j'ai appris à mettre les choses là où mes mains peuvent arriver sans avoir besoin d'une échelle. J'ai surtout appris à prendre les choses là où je les ai déposé.

Autrement dit, j'ai appris le contentement.

Je sais faire la différence de ce qui me rend heureux, ce qui m'est utile et de ce dont j'ai besoin.

Grâce à mon oncle, avant d'acheter un bien, je m'assure que sa disparition ne changera pas grand chose dans ma vie.

J'ai acheté mon premier téléphone après avoir perçu ma bourse universitaire et m'être assuré que je pouvais investir 4.000 FCFA par mois dans l'achat de carte de recharge AREEBA.

Alors jeune roi, dis-moi, si ton téléphone avec lequel tu lis ce message se perd, combien de temps te faudra-t-il avant d'en acheter un autre?

Es-tu fier d'utiliser un téléphone que tu ne peux pas remplacer dans les minutes qui vont suivre sa disparition ?

As-tu effectivement les moyens de ton train de vie? Es-tu le train de ta vie où tu n'es que le rail qui arrête d'exister lorsque le train ne passe plus ?

Quel est le pourcentage de contribution des autres au train de vie que tu penses mener ?

Si la générosité des autres disparaît, disparaîtras-tu aussi systématiquement ?

Il y a une différence entre avoir des ambitions et vivre au-dessus de ses moyens.

Beaucoup de jeunes dépriment après avoir visité le Snap de leurs camarades. Ils se sentent automatiquement en retard. Ils ne savent pas se mettre en valeur de vivre de leurs moyens.

Avoir des valeurs est la première richesse d'un être. Le but de la vie n'est pas d'être sous les projecteurs mais de transformer sa petite vie en paradis et s'y sentir heureux.

Ceux qui rêvent de vivre pour le regard des autres, c'est ceux qui entendent les voix dans la nuit leur suggérant de se suicider ou de sauter d'un pont.

La vie n'est pas si compliquée que ça. C'est nous qui ne savons pas combien de mètres de pagne peut nous couvrir.

VIVONS SIMPLEMENT !

SUJET 49: APRÈS LA MORT, LE MÉDECIN

Vendredi dernier, le voisin de <u>Tata Grâce</u> a perdu 3 enfants en l'espace de 2 heures. Il a 4 enfants et 3 sont morts sans être malade auparavant. Naturellement, ils ont emballé les trois petits corps et ils sont rentrés au village pour les cérémonies.

Aucune autorité n'a été informée, il n'y aura pas d'autopsie. Au village, les théories de sorcellerie seront élaborées et un ou des coupables seront désignés.

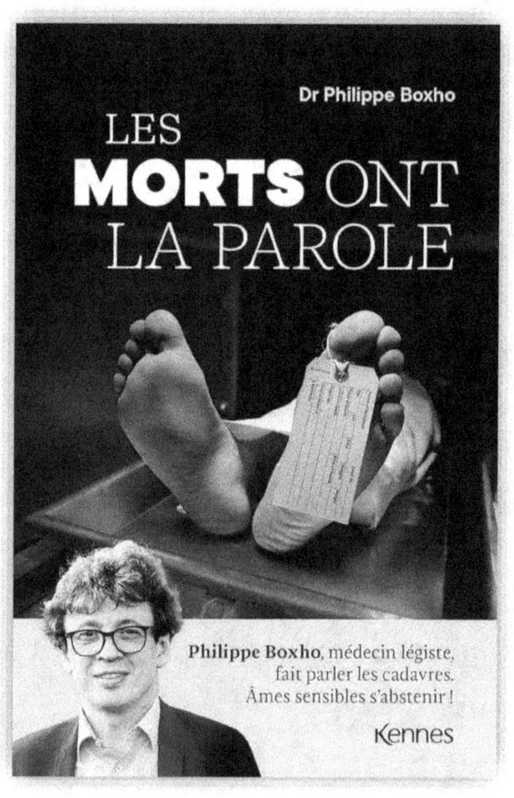

Et pourtant, il suffit de quelques heures aux médecins légistes pour détecter soit une intoxication alimentaire soit un empoisonnement, soit un autre accident et prendre les mesures nécessaires pour sauver la vie d'autres personnes dans le cas où qui se retrouveront dans le cas.

Même si les parents présents lors du drame ont une idée de ce qui pouvait causer une telle calamité, ils préféreront le narratif de la sorcellerie car ça va les consoler et les absoudre de toute forme de responsabilité.

Chaque jour, on apprend le décès de jeunes personnes. Le lendemain, ils sont enterrés. Ceux qui les ont connu commencent à paniquer et d'autres vont vider leur compte en banque pour faire le #Paya car ils se disent que la mort rode et ne prévient personne. Et pourtant, il aurait suffit qu'ils connaissent la cause du décès d'un tel et tel autre pour gagner en connaissance et en longévité.

Hier, un jeune descendu des États-Unis est décédé. Naturellement, c'est un AVC. C'est tout ce qu'on sait. Mais déjà, il y a des théories selon lesquelles il serait allé prendre un Vodoun Hêviosso pour décupler ses activités de cybercriminalité.

Pour quelqu'un qui a été malade et hospitalisé, on peut comprendre car les médecins ont déjà établi plusieurs diagnostics. Mais quand un malheur imprévu frappe, prenons le temps de mener les vraies investigations. Une mort en circulation est un accident de route, rien à faire. Mais quand celui qu'on a vu hier tombe aujourd'hui, nous gagnerons en longévité à connaître les causes biologiques de l'arrêt du fonctionnement de son cœur. C'est ainsi que des épidémies ont été documentées et combattues.

Après la mort, le médecin est primordial pour la survie de l'humanité.

Ne bavardons plus au nom des morts. Accordons leur la parole. Un médecin légiste est formé pour tenir une conversation avec les morts. Faisons lui confiance.

SUJET 50: L'ARNAQUE DU MAIRE ET LA VENTRILOQUE : QUAND LA SPIRITUALITE DEVIENT MANIPULATION

Lui, c'est Gilles d'Ettore, 55 ans. Avant son incarcération le 20 Mars dernier, il était le Maire d'Agde dans l'Hérault en France pendant 23 ans.

La particularité de sa ville de 30.000 habitants est que c'est une ville de bonheur, une ville où les habitants pratiquent l'échangisme. Eh oui, vous avez bien lu. C'est ça qu'on appelle une communauté très soudée. C'est donc une ville où il fait bon vivre, enfin, pour tout le monde sauf le premier citoyen car, il aurait aimé entendre son feu père lui parler pour une dernière fois, et être capable de lui dire que son dur travail a payé.

Un jour, il eut une brillante idée, il décida de consulter une médium qui, selon les rumeurs, est capable de le mettre en contact avec son défunt père.

Elle, c'est #Sophia Martinez, voyante, médium, charlatâne, visionnaire, tout ce que vous voulez. Elle a la réputation d'avoir des pouvoirs surnaturels et serait une très grande spiritualiste.

Monsieur Gilles va donc la contacter et lui exposer son désir. Elle lui dira que ce n'est qu'une petite affaire.

Elle prit rendez-vous et se retrouve avec le Maire chez lui pour une séance de communication avec l'au-delà. Encens, bougies, et tout, elle demandera au Maire d'évoquer son père. Il ne se fait pas prier. Il parle à son père et, à sa grande surprise, il entend ce dernier lui parler, le réconforter et même lui donner des directives pour la gestion de la mairie. Il va vivre le moment le plus merveilleux de sa vie.

Enfin, il est heureux et veut garder le lien avec son défunt père.

Mais ce que le Maire Gilles ne sait pas, c'est que Sophia a un talent de ventriloquie. Elle peut imiter n'importe quelle voix sans bouger les lèvres.

Et elle peut imiter les voix roques d'hommes à la perfection.

Elle se faisait gracieusement payer par le Maire qui la comblait de cadeaux.

Mais Sophia est une mère célibataire de 6 enfants, beaucoup trop de bouches à nourrir. Elle met en place un plan pour soutirer le maximum d'argent au Maire.

Elle lui proposa de continuer les séances de discussion avec son père au téléphone. Ce qui pour le maire était une très bonne idée car il pouvait appeler à tout moment pour parler à son papa chéri.

Tout allait bien jusqu'au jour où, le maire reçut un <u>Appel Masque</u> où la personne à l'autre bout du fil se présenta comme l'Archange Michel. L'Ange lui dit avoir remarqué que son père, au Paradis, est très heureux depuis le moment où il a commencé à discuter avec lui. Il lui dit que pour que son père maintienne cette joie, il doit promettre de s'occuper de la voyante médium charlatâne visionnaire qui a rendu tout ceci possible.

Alors, le maire a commencé à faire exactement comme l'a recommandé l'archange Michel. Il a payé les frais de leurs écoles, son chauffeur va déposer les enfants à l'école, il a rénové sa cuisine,, reconstruit sa maison.

Entre temps, Sophia va tomber sur un gars qui va la demander en mariage. Le Maire propose de prendre en charge les dépenses qui s'élèvent à €96.000 avec dès voyages partout.

Bref, cette arnaque va durer 4 ans. 4 années au cours de laquelle le maire va détourner plus de €300.000 de la municipalité au profit de Sophia.

Et ce n'est pas fini. L'archange Michel va aussi lui demander de recruter les poches de Sophia et de nommer d'autres à des postes de responsabilité dans la mairie.

Quand le maire n'a pas les moyens pour exécuter certains travaux au profit de Sophia, il ordonne aux entrepreneurs contractuels de la mairie de le faire gratuitement pour ne pas perdre leurs contrats avec la mairie.

À la suite de suspicions et des plaintes, la police va mettre le maire sous table d'écoute et devinez ce qu'ils vont découvrir : ils ont filmé Sophia en train d'imiter la voix de son père et de l'Archange Michel en train de lui dire quoi faire au téléphone.

L'affaire va éclater et c'est la honte totale pour la communauté qui devient la risée de toute la France.

Notons que Gilles d'Ettore, avant d'être élu maire a été élu député au parlement français de 2007 à 2012.

Même après l'éclatement de l'affaire, Gilles continuait de croire qu'il recevait les messages de l'au-delà et que Sophia n'est qu'une entremise.

En garde à vue, le Maire Gilles va présenter sa démission du poste de maire et sera remplacé par son premier adjoint.

J'ai bien envie d'aligner mes habituelles 69 leçons qu'on pourrait tirer de cette histoire mais ça va devenir redondant.

Ce que vous appelez spiritualité n'est rien qu'une manipulation de votre émotion. N'importe quelle andouille détenant l'art de la manipulation peut s'en servir à volonté.

La mort, c'est la fin de la vie. Il n'y a plus rien, c'est fini. Les morts ne peuvent rien et ne peuvent communiquer.

Les morts ne vivent que dans nos souvenirs, nos émotions.

Celui qui décide de se confier à un charlatan est déjà une victime. Son cerveau sera éteint et l'autre va lui faire miroiter exactement ce qu'il voulait entendre ou voir. Parfois, le charlatan n'a même pas besoin de parler et tu vas croire qu'il t'a raconté ta vie alors que ce n'est que de la prestidigitation.

Je vais prendre une seconde pour mettre le manteau d'humilité et demander pardon aux décérébrés africains qui croient en tout et partout, spécialement , ceux qui ont été à l'école. L'idiotie n'a pas de race, ça peut atteindre tout le monde.

SUJET 51 : À DEMI-MOT !

Deux femmes stériles d'un âge très avancé se rendirent chez l'oracle pour solliciter son entremise aux fins de communiquer avec les divinités de fertilité.

Après avoir jeté les cauris, l'oracle, un nonagénaire qui a sûrement été témoin de l'accouchement d'une montagne, fixa longuement les deux femmes et leur dit :

- "Vous avez trouvé faveur auprès des Dieux. C'est encore possible pour vous de connaitre les joies de l'enfantement, mais à une seule condition : Dès que vous serez enceinte, vous allez perdre la raison et devenir folles"

La première femme n'avait pas attendu que l'oracle finisse avant de se lever sur ses pieds.

- "Devenir folle juste pour être appelée maman? Ça ne vaut pas la peine. On n'a jamais enterré personne avec des enfants et le cadavre d'une femme stérile ne pourrit pas sur un tas d'ordures. Je préfère préserver ma santé mentale pour faire de vieux os."

À ces mots, elle tourna le talon et repartit en trombe, marmonnant des paroles à peines audibles.

La seconde femme, les larmes aux yeux, s'agrippa aux pied de l'oracle en l'implorant :

- "Grand maître, je veux être folle. Je veux qu'on dise de moi la folle dont l'enfant est un tel. Je suis prête à donner ma vie pour permettre la venue d'une autre vie. Je veux perdre la raison."

- "Es-tu sûre de ta décision? Ne veux-tu pas de temps pour y réfléchir?"

- "Non maître, je veux cette folie, ici et maintenant."

L'oracle sorti une gourde, la lui remit et lui dit de commenter à l'utiliser sept jours après ses ragnagnas et de sexpliquer régulièrement avec son homme jusqu'à remarquer un retard, une absence.

Les jours passèrent, elle suivit scrupuleusement les recommandations de l'oracle. Comme prévu, elle constata une absence.

La lune qui a suivi, sa morphologie commença à changer. Elle ne pouvait plus supporter certaines odeurs. La nausée devint son lot du quotidien. À la prochaine lune, son nez commença à prendre de volume. Elle crachait à tout va. Elle était fatiguée tout le temps et ne pouvait voir quelqu'un mettre quelque chose à la bouche sans aller lui demander un morceau. Elle pouvait aller s'asseoir par terre devant la porte qu'une tierce personne juste pour attendre que cette dernière finisse de préparer un repas. Ses cheveux étaient en désordre.

À la neuvième lune, elle accoucha d'un joli garçon qu'elle appela Vianou.

Dès que la nouvelle lui apparue, la première femme, en toute discrétion, faisait la ronde autour de la concession de la nouvelle mère pour voir quand sa folie allait se déclencher. Mais au lieu de l'entendre crier sur tout le monde, cassant tout, elle l'entendit chanter, tenir une conversation avec le nouveau-né.

Après plusieurs mois d'observation où sa binôme ne devenait pas folle, elle courut et alla se jeter aux pieds de l'oracle.

- "Grand maître dit-elle, ma camarade a accouché comme prévu, mais depuis là, elle n'est pas devenue folle. Quand est-ce qu'elle va finalement perdre la raison comme prévue?"

- "Ha ha ha ha ha ha ha ha, ricana l'oracle. Votre camarade vit déjà sa folie. Tout ce par quoi elle est passée lors de la grossesse est une folie. Une femme à qui rien ne manque dans sa chambre mais qui est capable de supplier la voisine pour une poignée de son repas, c'est une folie. Son aspect physique lors de la grossesse est déjà une folie. Toute cette conversation qu'elle a avec un nouveau-né incapable de parler, c'est ça la folie. Cette incapacité à rester loin de cet enfant pendant toute une journée, c'est ça la folie. L'amour et l'attachement qu'une mère a pour sa progéniture, c'est de la pure folie."

- "Grand maître répliqua-t-elle, s'il en est ainsi, je veux aussi perdre la raison, je veux être doublement, triplement folle."

LEÇONS !

L'éducation Africaine est essentiellement basée sur le demi mot. On ne discute qu'avec ceux qui sont capables de décoder le message. Comme le dit un dicton: On ne vent la montre qu'à celui qui sait lire l'heure. Quand on discute avec un quidam, la sagesse veut qu'on demande un approfondissement au cas où on n'a pas la capacité nécessaire pour comprendre le message. Et quand on se retrouve dans un milieu où le langage est fortement codé, on demande à être initié et on paie la tribu. La susceptibilité face à un message incompris dont on n'a pas l'humilité nécessaire pour poser de question est une gangrène qui peut ruiner et ronger l'âme. Parfois, on passe à côté d'une grande connaissance en s'indignant inutilement face à notre ignorance.

L'un des morceaux phares du baobab de la musique béninoise est "Gbêtôvivi".

Dans ce morceau, il raconte l'histoire de la souris qui, gambadant criait à tue tête : "L'humain est doux, l'humain est trop doux."

En entendant un tel louange, le serpent s'avança vers un homme et le mordit. Au cris de secours de l'homme, tous les autres accoururent avec des bâtons et autres armes prêts à en finir avec le serpent.

Après y avoir échappé, le serpent rencontra une autre souris et lui dit: "Te voilà mesquin ! N'as-tu pas crié ici que l'humain est doux et très doux? Il eut fallu que je goutte à un seul et tout un village s'est levé pour m'abattre. c'est sur mes pattes que j'ai compté pour me sauver. (Ceux qui vont demander si serpent a de pattes, votre tête gondolée.)

La souris, après avoir ricané à mort lui répondit : "La douceur ou la bonté de l'humain ne se situent pas dans sa chair. Par exemple, moi, je suis né sous le toit d'un humain, j'y ai grandi, j'ai pris femme et j'ai fait des enfants. Je n'ai jamais péché un copec au propriétaire, pourtant, qu'il pleuve ou qu'il neige, je suis toujours à l'abri. Prochainement, quand tu vas entendre une assertion que tu ne comprends pas bien, il faut toujours poser de questions. ne t'aventures pas dans un projet hasardeux."

Oui, Kanbiô wê non djê ho. Une bonne question permet de pénétrer l'esprit de la pensée. Se renfermer sur soi-même avec des idées farfelues peut entrainer à la mort.

À l'école de la sagesse, on apprend d'abord les codes de transmission du savoir, ensuite, on pose des questions pour comprendre et non pour affronter ou démontrer à l'autre qu'il a tort.

Il n'y a pas de questions stupides, les gens stupides ne posent JAMAIS de questions !

SUJET 52 : BRISEZ LES CHAINES DE LA SUPERSTITION ET VIVEZ LIBRE

Si vous lisez ce livre un weekend, je vous dis ceci. C'est le week-end, profitez de la vie. Alcool, nourriture, plaisir, sexe et sommeil ne sont pas des péchés. D'ailleurs, si vous ne péchez pas, c'est que Jésus-Christ est mort inutilement.

Nous sommes venus sur terre pour la rendre jolie et en profiter. Nous sommes nés pour vivre et non pour attendre la mort.

Les soucis ne finiront jamais.

Si vous devez vous endetter pour satisfaire une divinité, vendez-la.

Si vous devez vous priver de nourriture pour nourrir une divinité, mangez-la.

Vous n'êtes pas nés pour résoudre les problèmes de vos parents mais ceux de vos enfants.

Être et se contenter du peu est mieux que paraître dans l'abondance et ne pas être capable de se détendre à cause des engagements financiers inutiles.

Si vous vivez dans la peur d'un accident, vous allez mourir d'accident.

Si vous faites un gris-gris contre les couteaux, vous allez mourir poignardé. Celui qui n'a pas de gris-gris contre le couteau va fuir le couteau et celui qui a le gris-gris va compter sur lui pour toujours se retrouver dans les situations où il y a un couteau en l'air.

Tous ceux qui ont fui le village abandonnant champs et maisons à cause de la sorcellerie pour aller vivre en indigence en ville sont finalement morts de la sorcellerie et leurs corps sont enterrés dans le village qu'ils ont fui pour aller en souffrance.

La peur de la sorcellerie se soigne comme toutes les autres phobies, il faut apprendre à lui faire face.

L'endroit le plus sécurisé de la terre est un cimetière.

Apprenez à rationaliser. Adaptez votre intelligence à votre morphologie. Vous ne pouvez pas avoir 12 ans et croire que le Père Noel existe.

Vous ne pouvez pas avoir 21 ans et croire que Dieu existe au ciel.

Dire à quelqu'un qu'il ira en enfer parce qu'il ne croit pas en Dieu, c'est comme dire à un adulte qu'il n'aura pas de cadeaux à Noel parce qu'il ne croit pas au père Noel.

Si tu es Africain, c'est que tu ne crois pas en l'existence du Dieu Appolon, Zeus, Jupiter et autres divinités grèques. Mais comment tu en arrives à croire aux divinités Hébreuses?

Comment tu arrives à croire à Jéhovah, Satan, Jésus? Tu vas même jusqu'à accepter que les divinités de ton pays portent les noms de divinités étrangères. Comment le Lègba peut être Satan s'il n'est pas d'Israel?

Aux Etats-Unis, Spider-Man, Batman, Super-Man, Flash sont des figures d'un monde fictif qui sont nés dans les bandes dessinées et ont pris corps au cinéma. Les enfants s'identifient à ces personnages comme des modèles de courage, d'abnégation, de confiance en soi. Ils n'érigent pas un autel en leur nom. Ils n'ont pas peur de brûler dans l'enfer de Loki.

Au Bénin, les personnages fictifs de la littérature orale compilée dans le Fâ sont des divinités vénérés. Le Fâ qui est une référence au passé pour les précautions du présent et le futur est malicieusement utilisé comme une grande source d'arnaque.

Les faux Bokonons et Hounon utilisent même le Fâ pour désigner un voleur, désigner un roi, dire si telle personne peut épouser telle autre, prédire un évènement.

Le Fâ ne PRÉDIT ABSOLUMENT RIEN. Le Fâ est une référence des histoires, faits, contes, mythes et légendes du passé sur lesquels on peut s'appuyer pour le futur.

Ce qui se fait dans les grandes collectivités avec les Houédoutô et Tangninon dans le Yôxômên s'appelle le #Avidida.

Le Avi c'est les colas, et le Avidida, c'est le jeu du sort qui fonctionne par le principe du OUI ou NON.

Si un escroc vous dit d'aller consulter le Fâ pour savoir si un tel sera votre femme ou mari, demandez-lui quel FâDou indique que Antonin ne peut pas sortir avec Églantine.

Ils vont certainement ruser en disant que quand tu es né sous tel signe, tu ne peut pas épouser une femme claire, tu ne peux pas faire ci ou ça.

Tout ça n'est qu'un jeu de probabilité et n'est pas un axiome.

Si vous ne me croyez pas, allez chez un bokonon à 9 heures et obsevez le signe qui est sorti et allez chez un autre à 9 heures 1 minutes et observez le signe.

En plus de ça, certains Bokonon sont spécialisés dans à peine trois signes. Ils ont les mêmes récits pour les autres signes et sont toujours dans les généralités qui collent à tout le monde.

Si c'étaient les Béninois qui avaient géré la crise de COVID-19, aujourd'hui, il y aura une divinité appelée #Covid avec des adeptes et pleines de superstitions. Les exemples concrets existent avec la variole et d'autres maladies infectieuses à qui les gens offrent des sacrifices d'animaux jusqu'à nos jours.

Jésus est déjà mort pour tes péchés, si tu ne pèches pas, il va se fâcher.

SUJET 53 : ENTRE SUPERSTITIONS ET REALITE

UNCLE NO BE MY OWN OOOH !

C'est une publicité pour une agence de VTC où, l'acteur et comédien Nigérian <u>Dezny</u> va louer une <u>Rolls-Royce plc</u> juste pour son plaisir quand, soudain, en voulant sortir du véhicule, il a failli se faire écraser par une autre voiture. Aussitôt, il sonna le téléphone de son oncle qui, en réunion avec les membres de sa secte de sorcellerie, contrôlait l'accident qui allait l'envoyer dans l'au-delà.

"Oncle, je ne suis pas propriétaire d'une Rolls Royce, c'est une voiture en location." a-t-il crié pour que l'oncle arrête le rituel mystique de sa mort.

La vidéo de 69 secondes a fait plusieurs millions de vues sur Facebook, Youtube et TikTok.

Pourquoi ?

Tout simplement parce que l'artiste a capturé et projeté l'idée que les gens ont de leur famille, leur avenir et ce qui arrive dans leur vie.

Si vous demandez à un africain en général et un Béninois en particulier ce qu'est la sorcellerie, il vous décrira, au détail près, un film Nollywood, une confession mise en scène dans une église évangélique, un témoignage d'un escroc qui se fait passer pour un grand sorcier et qui s'est repenti, des fumisteries colportées au marché par les vendeuses de tomates, Etc.

Le Béninois se réveille chaque jour avec l'idée qu'il existe quelque part, quelqu'un qui travaille dur pour le faire échouer dans la vie. Le Béninois pense même qu'il y a des gens qui prient pour qu'il échoue alors que ces derniers n'ont même pas le temps de prier pour leur propre évolution.

Les églises et l'environnement réussissent à mettre dans la tête des gens qu'ils ont des ennemis surtout dans leur famille.

Être un oncle deviendra ensuite un crime, spécialement l'oncle paternel que les gens sont prêts à échanger contre deux boîtes de sardines. On accuse l'oncle de ne pas avoir investi l'argent qu'il n'a pas sur les enfants de son frère alors qu'il a ses propres charges et le père n'a jamais rien fait pour ses enfants non plus.

Suite à la manipulation de la mère qui a tout mis en œuvre pour éloigner les membres de la famille du père, les gens sont très fiers de dire que la FAMILLE PATERNELLE EST COMPLÈTEMENT INUTILE.

Parlant de cette publicité de #Dezny, plusieurs pasteurs vont utiliser ça pour leur sermon aux fins de parfaire le processus de manipulation et de déversement de poubelles dans l'esprit des ouailles.

Celui qui n'a pas peur n'est pas rentable pour les religions. C'est d'ailleurs pourquoi ils ont tout fait pour investir des milliards dans l'industrie cinématographique Nigériane pour distiller la peur dans le cœur de chaque futur victime.

Si vous demandez à quelqu'un de vous décrire les manifestations de la sorcellerie, il vous racontera le film #YATIN.

Ces types de spectacles rencontrent une massive adhésion car ils répondent à l'imagination et l'idée des gens. De quoi prouver que la paraphrénie collective n'est pas une maladie mentale uniquement pour ceux qui voient la Vierge Marie dans les nuages d'Abidjan.

Mon frère <u>Michel Akodegnon</u>, cet exégète est même capable de vous faire croire que la sorcellerie peut être scientifiquement prouvée car la CIA aurait fait des expériences scientifiques avec des résultats concluants.

Et pourtant, il suffit de se référer à l'histoire réelle pour comprendre que la sorcellerie a été inventée par l'église catholique au 12ème siècle pour exterminer des millions de personnes épargnées par l'inquisition, généralement des femmes et surtout, des veuves.

C'est d'ailleurs là qu'est née l'expression "La chasse aux sorcières" qui est traduite par une fausse accusation contre un tiers dans le but de l'éliminer.

J'invite les sceptiques à faire des recherches sur le livre "Le marteau des sorcières" pour comprendre comment ce prétexte a été utilisé pour faire avouer à des femmes torturées des choses dont elles ne sont même pas au courant.

Eh oui, la sorcellerie n'est pas une spécificité africaine, elle a été importée de l'Europe avec le christianisme. C'est l'église catholique qui nous a appris que nos parents qui connaissent les vertus des plantes sont des sorciers, nos médecins et chefs religieux sont des sorciers.

J'attends juste le jour où mon frère AMA va nous démontrer avec des preuves scientifiques à l'appui que l'érection qui résulte de l'observation d'un croupion dandinant est de la sorcellerie.

SUJET 54 : LES TEMOINS DE JEHOVAH : UN VOYAGE SANS RETOUR

Si un jour l'envie vous prend de devenir un #Témoin_De_Jéhovah, n'embarquez JAMAIS votre famille : c'est la première chose que vous allez perdre quand vous serez guéri.

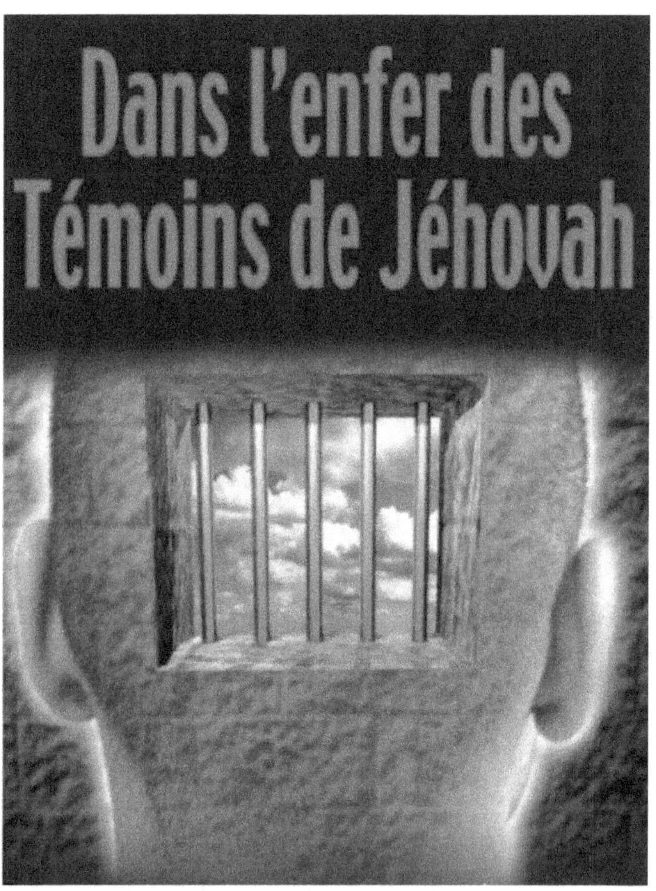

Si votre vie n'a plus aucun sens pour vous, vous êtes déprimé et ne trouvez plus goût à la vie, la religion des Témoins de Jéhovah est la secte idéale pour vous.

Ils refusent d'être appelé Religion et Secte et préfèrent l'appellation #Organisation mais pour éviter de payer les taxes et impôts sur les revenus, ils se font enregistrer sous le registre #Association_religieuse.

Ils ont pris 150 ans pour parfaire leur technique de manipulation psychologique, de Lobotomization et de lavage de cerveau.

L'un des gros mensonges que mêmes ceux qui ont fait 40 ans dedans ne savent pas est que le mouvement de départ appelée "Les étudiants de la Bible" existe toujours et tient des réunions et des assemblées alors qu'on leur enseigne que c'est ça qui est devenu Témoin de Jéhovah.

Si tu ne sais où n'aimes pas lire, c'est pas une religion pour toi. Au départ, ils te débarrassent de ton cerveau normal et t'installent une cervelle artificielle qu'ils alimentent régulièrement avec des écrits sans fin.

Ensuite vient la technique d'isolation. Ils te font croire que tu es dans la seule religion qui fait la volonté de Jéhovah sur terre. Que Jéhovah va détruire tous les autres êtres humains saufs les 8 millions de Témoins. Ils t'implantent les gènes de l'arrogance et de la condescendance. Ils vont te faire croire que tu étudies profondément la Bible alors que c'est FAUX. Tu étudies les dogmes et interprétations erronées d'une Bible personnalisée pour soutenir leurs enseignements. Ils ont alors taillé une Bible sur mesure et rejettent les autres versions.

Tu seras forcé à embarquer les membres de ta famille, tes collègues au travail et tes camarades de classe. Tu devras désormais les voir comme des gens qui seront bientôt détruits par Jéhovah. Normalement, tu ne dois plus être amis avec les gens qui ne sont pas Témoins de Jéhovah.

Le système de contrôle mental et physique est tellement poussé que chaque mois, tu dois écrire un rapport détaillé de comment tu as passé ta vie dans le mois. Tu envoies un résumé qui comporte le nombre d'heures passé de maison en maison, du nombre de personnes à qui tu as parlé, du nombre de livres et écrits que tu as offert, du nombre de fois tu es retourné les voir.... aux responsables de ta congrégation.

À part aller de maison en maison pour essayer de recruter d'autres victimes, tout ce que tu feras d'autre pour subvenir à tes besoins et aux besoins des tiens sera considéré comme poursuite du vent et matérialisme. Les hautes études sont considérées comme un péché car tu devrais utiliser ce temps pour prêcher. L'un des membres de l'organisation disait dans un discours : "Au paradis, on n'aura pas besoin des médecins, des avocats, des ingénieurs et des pilotes. On aura plutôt besoin des plombiers, des maçons et des cuisiniers".

La raison pour laquelle ils n'encouragent pas les hautes études est qu'ils savent qu'elles permettent de développer la pensée critique ce qui pousse les gens à ne pas tomber facilement dans la manipulation.

Tu ne dois pas faire éclore un talent qui te rend célèbre. Tu ne dois pas être footballeur, acteur, chanteur, comédien, musicien et tout ce qui rapporte de l'argent. C'est des choses du monde.

C'est un système MLM ou marketing de réseau où on gravit les échelons en apportant d'autres victimes.

Tu dois prioriser ta religion à ta vie. Si tu es aux urgences et seule une transfusion sanguine peut te sauver, tu dis NON et tu meurs pour ta conviction religieuse. Ils tiennent tellement à cette règle que chaque année, ils te donnent une carte personnalisée "PAS DE SANG" que tu dois signer et porter sur toi à tout moment.

Ils te couperont de ta famille, tes amis et ton monde et t'offrir autre chose qu'ils sont prêts à t'arracher dès que tu exprimes le moindre doute.

En se baladant dans le quartier, ils sont toujours contents de dire que c'est eux qui vont habiter les belles maisons qui s'y trouvent après ARMAGUEDDON.

C'est une secte qui a été créé par Charles Taze Russell, un franc maçon en quête de sensations fortes qui s'est lancé dans l'étude des pyramides pour y découvrir la richesse et les Secret cachés. Beaucoup de méthodes et outils maçonniques sont toujours utilisés dans la secte.

À l'instar des autres religions, ils font la promotion de la moralité et de la sainteté et d'une vie de sanctification. Ils ne croient pas à la sorcellerie. Ils ne croient pas aux prières de miracle. Ils vont à l'hôpital pour se traîter.

Je ne vais pas m'attarder ici sur les fausses prédictions de la fin du monde à plusieurs reprises, mais l'une des choses qu'ils ne cessent de mettre dans la tête de leurs victimes est que LA FIN EST IMMINENTE.

Ainsi, ce n'est plus la peine de s'assurer un avenir.

Cette méthode a aidé à emprisonner des milliers et les maintenir dans la peur constante de décevoir Jéhovah.

Les choses naturelles de la vie sont appelés les SIGNES DE LA FIN.

Les guerres, la famine, les catastrophes naturelles, les crises familiales, toutes choses qui dénotent de l'évolution naturelle de l'humanité sont utilisées pour semer la panique et la zizanie dans les cœurs.

Chez les Témoins de Jéhovah, on ne doute pas, on ne pense pas autrement, on ne remet rien en question, on ne pose pas de questions. Toutes les décisions viennent de 9 gars qui habitent un grand immeuble à New-York qu'ils appellent "ESCLAVE FIDÈLE ET AVISÉ".

Pour eux, l'enfer n'existe pas et seuls 144.000 juifs iront au Ciel.

Tu peux être bon, franc, philanthrope, compatissant, mari d'une seule femme, honnête, bienveillant, généreux, tant que tu n'es pas Témoin de Jéhovah, pour eux, tu es voué à la destruction. Ce n'est pas tes qualités qui comptent mais la religion.

Les abus sexuel et maltraitance sont camouflés et les victimes sont mêmes blâmés. Parfois, ces victimes sont excommuniées et coupées de tout. Et l'excommunication chez les Témoins de Jéhovah, c'est pire que la mort: plus personne n'a le droit de t'adresser la parole, même pas dans la Salle du Royaume.

En Australie seule, une commission a permis de mettre la lumière sur 1009 cas d'abus sexuels et maltraitance qui n'ont pas été objet de plainte dans les tribunaux.

Plusieurs actions ont été engagées par les victimes de ces abus aux États-Unis, lieu de création de la secte.

Le jeudi dernier à Hambourg en Allemagne, vers 20:45, un ex Témoin de Jéhovah a fait éruption dans une Salle du Royaume et a tué 8 personnes avant de se donner la mort. Sa vie ne lui valait plus rien. On lui a certainement tout arraché, sa famille, ses amis, sa vie, sa vie...

Ma compassion aux familles des victimes de ce drame que rien ne justifie.

Il existe plusieurs types d'êtres humains. Certains sont faits pour vivre dans une cage, d'autres préfèrent s'envoyer en l'air.

Il n'existe sur terre aucune vraie religion. Toute religion qui vous demande l'argent et vous promet une vie après la mort est une arnaque. La meilleure religion favorise la vie et le quotidien ici bas. Toute organisation que vous valorisez plus que votre vie et celle des autres n'est qu'un poison.

Pour ceux qui ne lisent que la première et la dernière phrase d'une publication, je n'ai jamais dit à QUELQU'UN de ne pas devenir Témoin de Jéhovah. La prochaine fois que l'un d'entre eux frappera à votre porte, ouvrez, offrez lui l'amour et le repos, il en a cruellement besoin.

SUJET 55 : ADAM ET ÈVE : VICTIMES DE LA MECHANCETE DIVINE ?

SELON LA BIBLE: Adam et Ève ont-ils entraîné la mort dans le monde en mangeant de l'arbre de la connaissance ?

Autrement dit, s'ils n'avaient JAMAIS mangé de cet arbre, mouront-ils un jour ? Adam et Ève étaient-ils créé parfait ? Le fruit de l'arbre de la connaissance les a-t-il rendu imparfait ? L'arbre de la connaissance contenait-il les germes de la mort?

Avant que mon pasteur Christian Todego l'Esdras des temps modernes Devancier Ange David et le théologien Michel Akodegnon ne nous abreuvent de leur savoir sur le sujet, je vous donne les perspectives de la Bible elle-même sur le sujet.

Adam et Ève n'ont pas été créé PARFAIT. Un être parfait est un être sans tâche à qui il ne manque plus aucun ingrédient. Selon le récit de la Bible, à Adam et Ève, il manquait au moins deux ingrédients : La connaissance du bon et du mauvais et la vie éternelle.

Oui, si Adam et Ève n'avaient pas mangé du fruit de la connaissance, ils pouvaient un jour tomber malade. Ève pouvait découper Adam un jour à coup de hache. S'ils tombaient des hauts d'une montagne, ils pouvaient s'écraser et mourir. Tout ça sans jamais toucher à l'arbre de la connaissance du bon et du mauvais.

La seule chose qui les rendrait éternels et ou immortels, c'est ce qui est décrit dans Genèse chapitre 3 verset 22b : "Empêchons-le maintenant d'avancer sa main, de prendre de l'arbre de vie, d'en manger et de vivre éternellement."

Oui, selon la Bible, la seule raison pour laquelle nous mourons, c'est le fait que Dieu ait EMPÊCHÉ Adam et Ève de MANGER de L'ARBRE DE VIE.

Étonnant n'est-ce pas ! Surtout que tous les dimanches, le prêtre et le pasteur n'arrêtent de vous chanter que c'est le fruit défendu qui a entraîné la mort.

Il n'en est absolument rien. Dieu a créé l'homme comme un ordinateur sans système d'exploitation et sans câble de connexion à une source d'alimentation électrique. Heureusement que Steve Jobs, ou le serpent, était venu lui filer un IOS qui est la Pomme (Apple).

Ce qui veut dire que malgré le fait qu'ils aient mangé le fruit interdit, il suffisait qu'ils mangent le fruit de la vie et ils vivront éternellement.

Mais pourquoi ils n'ont pas mangé le fruit de la vie ?

C'est parce que Dieu les en a EMPÊCHÉ.

Alors, selon la Bible, pourquoi mourons-nous?

Selon la Bible, nous mourons à cause de la MÉCHANCETÉ du Dieu de la Bible.

Les Jésulâtres diront que Adam et Ève ont péché ou ont désobéi et que la mort est le fruit du péché. C'est absolument faux. Le fruit du péché n'est pas la mort comme le dira le pseudo Apôtre Paul en Romains 6:23. La mort était déjà inscrit dans les gênes de l'être. C'est la méchanceté du Dieu de la Bible qui a fait qu'il les a empêché de toucher à la solution contre la mort qu'est le fruit de la vie.

C'est comme un terroriste qui vous a injecté un poison mortel à Paris et vous dit que vous allez mourir dans 48 heures si vous ne trouvez pas l'antidote qu'il a caché à New-York mais que vous devez y aller à la nage et quelqu'un vous dit, prenez l'avion, sinon c'est impossible. Mais une fois arrivé à destination, le terroriste se fâche et détruit l'antidote parce que vous NE LUI AVEZ PAS OBÉI.

C'est plutôt le Dieu de la Bible qui devrait être recherché et combattu par toute l'humanité au lieu d'être adoré.

Cette affaire de désobéissance correspond bien à une situation d'esclavage et la lutte pour la liberté est perçue comme une désobéissance, une rébellion contre la souveraineté de Dieu.

Quand les concepteurs d'une voiture finissent la production et les livrent aux clients, ils restent attentif à toutes les plaintes des clients et des défauts de fabrication. Quand un défaut est récurrent, ils rappellent toute la série de voiture pour corriger les défauts. Ils n'accusent pas la voiture ou les utilisateurs.

N'est-ce pas que les êtres humains sont plus organisés et plus intelligents que le Dieu de la Bible ?

Il y a des milliers de passages bibliques et coraniques qui décrivent le caractère méchant du Dieu de la Bible et du Coran mais Genèse chapitre 3 verset 22 est un prémices, une crème.

Alors chers amis assoiffés de la vérité, je l'ai déjà dit mille fois, tu n'as commis aucun péché en naissant. Tu es né un jour et tu vas mourir un autre jour. Dans l'intervalle, tu as l'obligation de vivre. Aujourd'hui, la peur de la mort est un business qui se repose sur des millions de milliards. Les firmes pharmaceutiques et les religions sont les premières bénéficiaires de ce business, ensuite viennent les petits charlatans incultes vendeur de peurs.

La vie est un don de la nature. Chérissons le. L'argent n'est qu'un moyen, il y a des millions d'activités qui procurent le bonheur qu'on peut faire sans argent. L'obsession de vouloir montrer qu'on est heureux et vivant est la source de toutes ces histoires de dépression au niveau de la jeunesse.

Pour l'image d'illustration, ne me demandez pas, s'il vous plaît, la nature du fruit défendu, c'est comme demander si le père Noël est blanc ou noir. Le père Noël n'existe pas, c'est un Chinois.

SUJET 56 : FOI EN UN AVENIR RADIEUX !

L'Afrique, un jour, arrivera au point où les églises seront vendues et transformées en restaurants, boîte de nuit, usine et centre de formation. Ce n'est qu'une question de temps.

Dans l'Europe et l'Amérique du 19ème siècle où une simple diarrhée pouvait exterminer tout un village, la foi en une vie meilleure après la mort était la seule raison de vivre.

Des centaines d'escrocs vont s'autoproclamer porte-parole d'un Dieu invisible et inaudible qui ne parle que sans témoins. Ils vont créer des églises qui existent à ce jour.

Après la révolution industrielle, l'humanité a découvert qu'il pouvait s'offrir une Vie meilleure que le Paradis ici sur terre sans avoir besoin de mourir d'abord.

Petit à petit, les gens vont arrêter de mener une vie d'illusion et commencer à prendre leur vie en main au lieu d'espérer un miracle imaginaire.

Les centres d'abrutissement de masse vont commencer à fermer les portes.

Les églises de réveil qui prêchaient l'évangile de la prospérité, c'est-à-dire, il faut corrompre Dieu pour recevoir sa grâce, nées aux États-Unis, vont trouver un terreau fertile en Afrique, un continent de ténèbre.

Aux États-Unis d'aujourd'hui, un enfant de 10 ans sait comment créer une entreprise LLC et se faire de l'argent en jouant aux jeux vidéo et en investissant son argent de poche dans les crypto et la bourse.

Pendant ce temps au Congo Brazzaville, des millions d'adultes croient que Dieu peut charger leur téléphone portable miraculeusement lors d'une croisade et que Dieu peut utiliser un prophète pour révéler la couleur de leur slip.

Ils continuent de croire que les mise en scène de guérison miraculeuse sont réelles.

Heureusement, au Nigéria, présentement, il y a une guerre farouche contre les vendeurs d'illusion appelés #Homme_De_Dieu. Les réseaux sociaux sont utilisés pour démontrer et dénoncer toutes leurs fumisteries.

Malgré celà, il existe des millions qui continuent de vivre dans la peur sous prétexte que Dieu va leur envoyer une malédiction s'ils dénoncent les arnaques de ces escrocs.

Un jour, ici en Afrique, les églises seront vendues pour construire des centres de formation.

Aujourd'hui, si tu es Africain et tu n'aimes pas aller à l'église, et tu as la chance d'aller aux États-Unis et tu vas dans une église, tu vas découvrir que l'église, c'est un centre de solidarité. C'est l'opposé de ce qui se fait en Afrique où seul le pasteur est prospère, achète les voitures avec l'argent cotisé par ceux qui marchent à pied.

En Occident, quand tu es nouveau et immigrant dans une église, il faut savoir que tu as trouvé un oasis : nourriture, approvisionnement, vêtements, aide au logement, enfin, tu as tout ce qu'il faut quand tu exprimes le besoin.

Néanmoins, malgré ça, quand les gars trouvent un boulot, c'est difficile pour eux d'être à l'église tous les dimanches.

Les nouvelles églises qui naissent actuellement en Occident sont, en général, des cabarets africains, Nigérians, congolais et souvent camerounais. Et ça ne dure jamais trop longtemps avant d'être listées en vente.

Actuellement, l'occident a 300 ans d'avance sur l'Afrique, mais un jour, nous y arriverons !

SUJET 57 : LA LUTTE POUR L'ÉVEIL INTELLECTUEL

Hier, j'ai pris un pied d'enfer à suivre cette bataille intellectuelle où les idées s'affrontaient en rafale.

Voici le principe :

<u>Charlie Kirk</u> est un EXCELLENT conservateur, un débateur hors pair qui doit affronter 25 étudiants très éveillés.

Il énonce un sujet et les étudiants doivent lui apporter la contradiction. Mais si l'étudiant qui l'affronte n'a pas d'arguments trop solides, les autres lèvent leur drapeau et si 11 drapeaux sont levés, l'étudiant doit passer la main à quelqu'un qui a de meilleurs arguments.

Il y a dans l'équipe technique des vérificateurs factuels qui affichent la véracité et la fausseté d'un énoncé.

C'est un si merveilleux exercice qui incite les enfants à l'analyse critique.

Je précise que Charlie est un Kakanakou de <u>Donald J. Trump</u> et que rien ne devrait nous unir à part son intellect bien alimenté.

Pendant ce temps au Bénin, il y a l'émission <u>#On Se Parle Cash</u> où il est question de savoir si une fille doit draguer un homme, si une femme mariée doit accepter les invitations, si on doit faire la lessive à son gars, ou encore, c'est quand un gars n'a pas d'argent qu'il est fidèle.

La jeunesse béninoise est forcée à subir cette fumisterie tous les jours de la semaine à partir de 14 heures.

Après cette exposition quotidienne aux banalités de ce genre, c'est normal de les voir en train de témoigner qu'un oiseau serait transformé en une vieille dame et serait tombé dans un champ.

C'est normal de les voir en train de partager une publication dans laquelle il est dit qu'un quidam peut voler la chance d'une autre personne.

Puisque le cerveau n'est pas entraîné à la réflexion de qualité, il va se contenter des bricoles inventées pour combler le vide abyssal.

J'ai été exposé il y a deux semaines au compte Facebook d'une Made In 2004 qui écrivait sur son profil de ne pas trop croire à ce qu'elle publie ici car elle est une grande menteuse. Voilà l'image qu'elle se fait de sa propre personne, une mythomane sans savoir que c'est une maladie mentale.

Comment pouvait-il être autrement si elle n'avait pas été exposée à des occasions où elle était obligée de mettre ses neurones à rudes épreuves ?

La nature ayant horreur du vide, elle va grandir avec une cervelle programmée au mensonge, une situation qui va transformer sa vie en enfer.

On devient toujours expert dans ce qu'on pratique sans relâche. Et les filles africaines ont le mensonge comme liquide circulatoire dans les veines. Il suffit d'engager une heure de discussion avec elles, 96% de ce qu'elles vont te sortir seront du mensonge.

Je me rappelle de cette époque révolue où on pouvait discuter de longues heures avec certaines filles, tellement elles ont la culture qu'il faut pour lancer et entretenir une discussion. Malheureusement, ce temps est révolu. Tout le monde est dans le Gbairai, les mèches et les restaurants chics.

Ensuite, il y a celles qui font semblant d'aimer le football et d'avoir un club de cœur.

Et puis, celles qui publient les versets bibliques pour faire croire qu'elles ont la crainte de Dieu.

Mais j'ai espoir qu'un jour, il y aura une génération de jeunes qui se démarquent par la qualité de leur réflexion. La révolution est d'abord idéologique, c'est à partir de nos conceptions intellectuelles que nous materialisons notre futur.

Le cerveau est un moulin, quand on y déverse du maïs, ça produit la farine de maïs et non celle du blé.

La balle est dans notre camp.

SUJET 58 : METTRE LA DARONNE À L'ABRI

Cette expression que les mâles n'aiment pas trop entendre peut bien avoir tout son sens quand elle est usitée comme une assurance pour le futur. Avant de faire le développement, je vous présente cette belle dame.

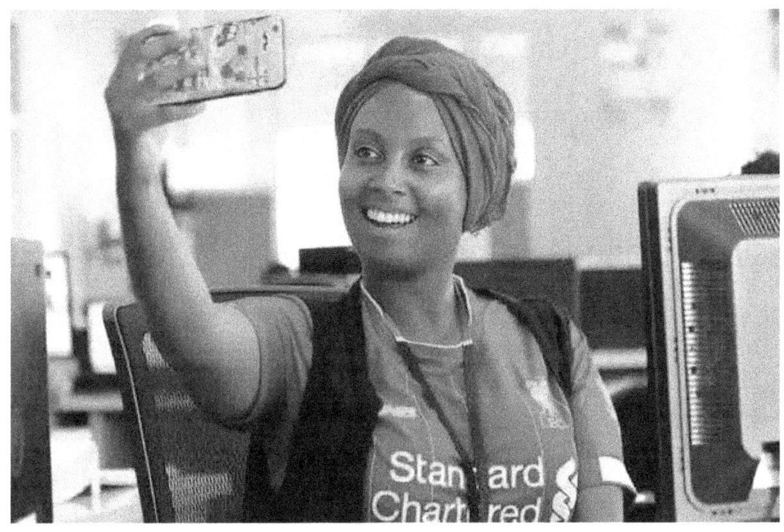

Elle s'appelle #Nasibo_Kabale, une journaliste Kényane de la chaîne Nationale NTV qui gagnait plus de $100.000 l'an avec tous les avantages qui vont avec.

Mais malheureusement, elle a perdu son emploi. Ceux avec qui elle était régulièrement dans les after-party ont commencé à l'éviter. Ses proches, pour les raisons qui leur sont propres n'ont pas volé à son secours.

Sa vie a basculé. Dépression, drogue et autres, elle a finalement choisi de vivre dans la rue. Elle a même perdu quelques dents. Pendant 3 ans, elle a dormi dans la rue.

Actuellement, il y a une chaîne de solidarité qui est créée pour sa réhabilitation mentale et physique.

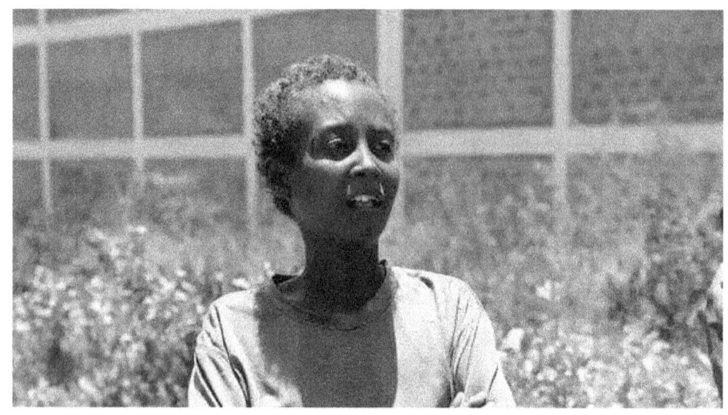

<u>#Nasibo</u> a manqué de mettre sa daronne à l'abri.

C'est quoi mettre la daronne à l'abri ?

C'est le fait de créer une activité génératrice de revenus à nos parents, investir dans le business du père, rénové son atelier, investir dans le commerce de la mère, agrandir sa boutique, aider papa à finir la clôture de la parcelle, offrir un tricycle à la vieille pour le transport de ses marchandises.... Tout ce qui permettra aux parents et proches d'acquérir une indépendance financière au point de voler facilement à notre secours en période de vaches maigres.

Beaucoup de gens ont perdu leur activité professionnelle en ville et sont tranquillement retournés auprès des parents et ont toujours le même train de vie car ils ont au préalable mis la daronne à l'abri.

C'est bien d'avoir une chambre spéciale pour les les sacs, chaussures et mèches, c'est surtout mieux d'aider les parents à avoir une activité qui leur permettra de te faire un prêt de 1.000.000 FCFA en urgence.

L'une des raisons pour lesquelles nos parents multiplient l'achat des parcelles à 500.000 FCFA les 300 M° c'est soit pour utiliser les papiers en garantie d'un prêt ou pour revendre afin de régler une urgence financière.

La vie peut changer à tout moment.

Je ne prêche pas un sermon que je n'ai pas expérimenté au préalable.

Mes proches savent que je fais tout pour prendre ma retraite à 40 ans.

Il n'est jamais trop tard pour le plaisir. Profitons toujours du printemps pour préparer l'hiver qui peut s'avérer très rude.

L'argent ne pourrit JAMAIS dans un compte en banque.

Ce n'est pas parce que vous en avez qu'il faut voler au secours du monde. En son temps, en cas de besoin, soyez sûrs que vous ne verrez personne et ils diront que vous êtes un coulé et vous allez vous retrouver dans les commentaires des publications humiliantes de David Moila en train de quémander MoMo.

Mais attention, mettre la daronne à l'abri, ce n'est pas se créer des charges supplémentaires. Faites bien votre calcul pour que votre aide conduit le bénéficiaire à ne plus avoir besoin d'aide.

Il y a un jeune Tiktokeur Nigérian très en vogue actuellement à cause de son accent et son humour. Il s'appelle #Peller. Après avoir gagné beaucoup d'argent, il a offert une voiture à sa maman. Cette dernière a refusé et lui a conseillé d'investir son argent d'abord car il est toujours un enfant.

Voilà un exemple de mère responsable. Elle est heureuse pour son enfant, mais elle est aussi consciente que la célébrité internet est très éphémère.

Mettre la daronne à l'abri, ce n'est pas forcément les sortir de leur case en chaume pour un appartement climatisé.

Ce qui assure la longévité à nos parents, c'est souvent une activité qui leur permet de faire des exercices et d'utiliser constamment le cerveau.

Mettre la daronne à l'abri, beaucoup ici comprennent très bien que c'est une assurance en cas de chute libre.

Pensez-y !

SUJET 59 : SCARIFICATION : LA PREUVE DE L'ORIGINE AFRICAINE DE L'ÉCRITURE

À l'université, une amie avec qui je parlais de tout et de rien m'avait dit : "Si mes parents m'avaient fait des scarifications au visage comme toi, une fois adulte, je vais les assigner en justice"

Ce n'était pas la première fois que j'entendais une telle remarque, mais c'était la première que je l'entendais d'une personne qui est censée être lettrée et informée, une universitaire. Et pour appuyer son ignorance, elle ajouta que je ne pourrais jamais voyager dans ma vie car les ambassades européennes rejetteraient systématiquement mon dossier de voyage à cause de mes scarifications.

Hier, j'ai lu une publication où un gars se félicitait d'avoir fait le mur pour éviter d'être scarifié et demandait à ses abonnés d'imaginer ce à quoi il ressemblait avec des cicatrices sur le visage.

J'ai compris sa gêne car les scarifications sont systématiquement associées à la laideur.

Comme ces personnes, il existe des milliers d'autres gens qui sont complexés par leur SCARIFICATION, d'autres qui en veulent à leurs parents et une grande majorité qui pensent exactement que les scarifications, c'est vilain, c'est de la barbarie et c'est sauvage.

Ces personnes ne trouvent quand-même pas à dire sur le vaccin, le sérum, la transfusion sanguine, le tatouage, les opérations chirurgicales et la césarienne. Parce que ces pratiques viennent de l'Occident, elles sont largement acceptées.

Il faut aussi noter que ce n'est pas uniquement les cicatrices d'autrui qui les horripilent, ils détestent aussi leur propre couleur de peau, leurs propres cheveux, leur propre image qu'ils arrangent avec des filtres photo, en somme, leur propre existence.

En 2008, j'étais avec trois caucasiens (des blancs) qui m'ont posé la question de la représentation de la marque sur mon visage. C'était la première fois qu'ils étaient si proches d'un individu qui en porte et qui parle "dans" leur langue. Mon exposé a duré plus de 69 minutes. Le lendemain, ils m'invitèrent à dîner dans un restaurant.

Lors du repas, chacun d'eux pris la parole pour m'expliquer ce qu'il avait fait la veille.

Le premier avait discuté avec le président d'une université pour m'octroyer une bourse en ethnologie. La deuxième qui travaille dans une mairie a convaincu le maire de m'offrir aussi une bourse d'étude en anthropologie et le troisième a promis mettre sa maison à disposition pour mon hébergement.

Apparemment, mon récit les a transporté au cœur de la vraie culture africaine. Ils n'en revenaient pas d'apprendre que ces scarifications étaient l'ancêtre de l'écriture. Ils ont compris pourquoi l'un des premiers supports de l'écriture était la peau et les os d'animaux.

J'ai eu la confirmation ce jour que ce n'est pas le message qui compte, la façon et la passion avec laquelle il est véhiculé qui font son charme.

LES RAISONS DE LA SCARIFICATION

Je vais m'attarder sur trois principales raisons qui justifient et font appel à la scarification.

1- La raison identitaire.

La scarification était généralement utilisée pour transmettre les messages sur l'identité, l'origine, la lignée, le rang social, la fonction politique, la profession, l'appartenance ethnique, l'appartenance clanique et religieuse, la biographie, etc.

Grâce aux scarifications, on sait que tel quidam est issu de telle famille (Agboton de Porto-Novo), tel autre exerce tel métier à tel endroit (Hountondji, forgeron à Abomey), tel autre est adepte de telle divinité (Les Adjovi, whéɖa, adepte du python), celui-là vient de telle région (les tɔfin de Ganvié et So-Ava) et tel autre est mort-né après la mort de jumeaux (abikou).....

En somme, elle sert de passeport bien détaillé et renseigne mieux que les cartes d'identité nationale modernes.

2- La raison initiatique.

Dans la tribue de ma maman, une Tɔlinu, whaénu de hɔn'é, le passage de la puberté à l'âge adulte est symbolisé par les scarifications au dos du cou. C'est aussi un signe de beauté. Cela indique sa maturité émotionnelle et qu'elle peut supporter les douleurs de l'accouchement.

L'une des raisons pour lesquelles la scarification est utilisée comme confirmation de l'âge adulte est la façon dont elle montre la capacité à endurer la douleur. Chez les jeunes hommes, l'endurance de la douleur de la cicatrisation fait preuve de force et de discipline, en particulier dans les tribus où les hommes ont des rôles de chasseurs et de guerriers. Un jeune homme qui a déjà éprouvé la sensation de chair déchirée ou coupée est considéré comme moins susceptible de craindre les dents d'un animal sauvage ou la pointe de la lance d'un ennemi.

Un fon qui a le gambada exhibe fièrement son bras scarifié qui prouve qu'il a subit un certain rituel initiatique qui lui confère un certain pouvoir et une certaine force surhumaine.

Un vrai adepte de Vodoun (pas ceux qui vont acheter les fétiches et les gris-gris), le Avɔcɛ et la Hounsi ont tout le torse scarifié et ne portent pas de couverture pour les cacher. Mais aujourd'hui, il est rare de voir un Avɔcɛ qui ne porte plus de chemise. La preuve que les divinités ancestrales africaines évoluent contrairement aux divinités abrahamiques qui ont fait écrire un livre et sont morts après impression.

3- La raison médicinale.

La scarification est l'ancêtre du vaccin et du sérum. Elle est utilisée pour insérer certaines plantes dans le sang directement. La majorité des béninois en ont sur la poitrine, dans le dos de la main, au niveau des côtes, sur la hanche, sur la plante du pied, sur la cuisse, sur le pubis, sur la tempe des oreilles et parfois sur les genoux.

Dans la catégorie médicinale, on peut aussi ranger les scarifications de protections diverses.

69- La raison hors classe.

La scarification est parfois un accord, un règlement ou un jugement. C'est le cas quand deux ethnies rivales mettent fin à un conflit sanguin et décident de porter une même scarification pour se reconnaître. Les gouns, les fons et apparentés appellent cela "whɛ gbigbo" ce qui signifie règlement de compte en français.

Dans certaines tribus, elles sont utilisées pour empêcher les enlèvements et les sacrifices rituels car certaines divinités refusent le sang d'un individu scarifié.

Ainsi, en période esclavagiste, beaucoup ont eu la vie sauve parce qu'ils étaient scarifiés.

Beaucoup d'autres secrets de couvent sont liés aux scarifications que je ne peux pas livrer à la place publique.

Les scarifications sont une fierté culturelle, néanmoins, je ne la recommande pas. Non pas par un quelconque complexe, non pas parce que c'est un truc ancestral, non pas parce que c'est diabolique mais parce qu'il existe aujourd'hui, plusieurs méthodes très modernes, moins douloureuse, et moins pénibles pour remplir les fonctions qu'elles remplissaient antan. Je suis scarifié, mais aucun de mes enfants ne l'est car je n'ai pas jugé utile de perpétuer la tradition.

La carte d'identité nationale, le passeport, l'école, la médecine et autres ont valablement remplacé la pratique. Il revient à chacun de s'approprier les vraies raisons de la pratique pour aider à un changement de comportement et non un jugement sur ignorance.

Une dernière anecdote sur ma scarification. Le 1er Juillet 2009 à l'aéroport JFK, l'agent de l'immigration après avoir vérifié mes documents et validé mon entrée me posa une dernière question hors procédure:

"What are those marks on your face"

Et à moi de lui répondre : "I fought a tiger"

ALLONS LOIN : ORAISON D'UNE TRADITION D'IGNORANCE !

L'actrice Nigériane **Tayo Sobola**, pour perpétuer la tradition de ses ancêtres méritants comme le préconisent les kémites, décide de faire les scarifications tribales à son enfant.

Un acte qui a suscité beaucoup d'indignations et de félicitations, selon le bord religieux, au sein de la communauté Nigériane.

En scrutant les arguments des uns et des autres, c'était une guerre d'ignorance contre ignorance.

Personne n'a donné les raisons de cette pratique et son utilité. Les gens sont contre juste par principe, d'autres, juste pour s'indigner.

En effet, les scarifications, qu'elles soient tribales, médicinales ou religieuses ont joué un rôle très important au temps de nos ancêtres.

Le premier rôle était identitaire. La scarification était une carte d'identité biométrique permettant de connaître l'origine familiale et retracer la liée d'un individu. Elle permet de connaître la position hiérarchique ou le rang social du porteur. Grâce à la scarification, on peut dire quelle fonctionne ou profession exerce un tel.

La scarification permettait de savoir si un individu doit être utilisé dans la traite négrière. Donc porter une certaine scarification était une protection supplémentaire.

La scarification permettait de mettre de côté les personnes qui ne doivent pas être sacrifiées aux divinités.

Par les scarifications, on peut savoir si un individu est esclave ou homme libre et reconnaître son maître.

C'est d'ailleurs cette pratique qui va inspirer les négriers à marquer leurs marchandises avec le fer chaud.

La scarification était aussi une indication d'appartenance religieuse.

Supposons que tu avais fait l'enfance avec André et un jour, il disparaît du radar et réapparaît quelques années plus tard avec une certaine scarification le long du torse et ne porte plus de vêtements. Systématiquement, tu sais que plus jamais tu ne vas plus l'appeler André. Il est né de nouveau et porte un nom d'initié qui peut être Atchadé, Houndonougbo, Kpatchassi et autres. En cas de doute, il faut l'appeler Avôcè.

L'autre utilité merveilleuse de la scarification était la vaccination. Oui, avant le vaccin de la médecine moderne, nos ancêtres nous vaccinaient avec différentes décoctions et ça marchait super bien.

Ceci dit, en 2024, scarifier un enfant pour n'importe quelle raison qu'elle soit est une IGNORANCE TOTALE.

Les sacrifices humains et la vente d'esclaves n'existent plus. Mieux, on prie pour trouver les papiers pour aller devenir esclave en Occident. Les impatients prennent la

Méditerranée à la nage pour se rendre là où on amenait leurs ancêtres de force.

Les cartes d'identités biométriques, les passeports et autres cartes professionnelles existent aujourd'hui et remplacent valablement, et même mieux une scarification.

Aujourd'hui, les gens ne naissent plus pour une profession. Un Flénon peut devenir médecin et un Hountondji peut devenir économiste.

Nos ancêtres avaient 100% de raisons pour pratiquer la scarification. Aujourd'hui, nous avons 100% de raisons pour ne même pas y penser.

En 2024, une scarification tribale à but identitaire est totalement un gâchis, une souffrance inutile.

L'évolution étant la base de l'humanité, nous devons CONSTAMMENT nous adapter à notre époque au lieu de vivre 200 ans en arrière.

Une scarification en 2024 est une tradition de l'ignorance absolue.

SUJET 60 : LA DESCENTE AUX ENFERS DE L'ABBE PIERRE

Le Pape François vient de reconnaître publiquement que l'Abbé Pierre était un prédateur sexuel affiché qui a bénéficié de la complicité de l'église catholique et a fait des centaines de victimes.

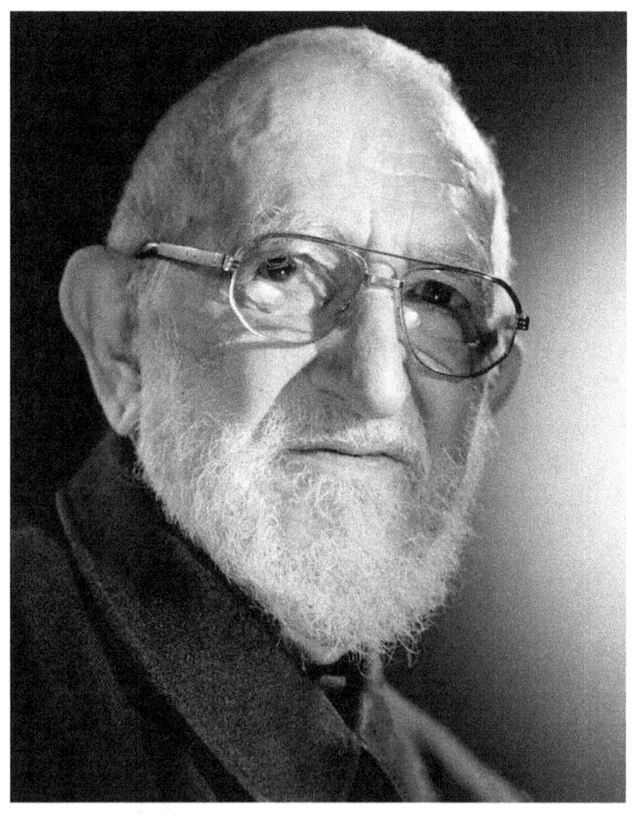

L'église catholique savait que l'Abbé Pierre était un agresseur sexuel et lui a même imposé un chaperon et comme il sait se faufiler, l'église catholique lui a offert une séance de thérapie psychologique en Suisse.

Au même moment, l'église catholique a tout fait pour museler toutes les victimes d'agressions sexuelles de l'abbé. Leurs familles ont été mises en contribution pour réduire à néant, les faisant passer pour un instrument utilisé par le diable pour faire tomber l'église catholique.

À l'instar de l'Abbé Pierre, des milliers d'autres prêtres, spécialement en Afrique prennent les enfants de leurs paroisses comme des jouets sexuels et l'église catholique continue de les protéger.

Les femmes mariées constituent pour eux une cible de choix. Le pire est qu'ils bénéficient de la collaboration de leurs paroissiens pour leur offrir la facilité pour commettre les crimes et ensuite les aider à lapider les victimes et les couvrir de tous les noms d'oiseaux. Ils sont légions sur les réseaux sociaux prêts à défendre le mal en public pour que l'église catholique qu'ils croient être un instrument de Dieu sur terre continue de perpétrer d'autres crimes en toute impunité.

L'une des raisons pour lesquelles l'église catholique a fermé les yeux sur les agressions sexuelles de l'abbé Pierre était que l'association Emmaüs était une grosse vache à lait qui rapportait beaucoup d'argent.

Oui, c'est pour l'argent que l'église catholique qui a contribué à l'esclavage, au colonialisme et a été un grand soutient du nazisme a fermé les yeux sur les exactions commises par son employé.

Actuellement, il y a 24 femmes qui sont sorties pour témoigner contre l'Abbé Pierre qui, jusque-là, était la figure de l'aide à l'indigence et aux pauvres.

Combien de ces femmes sont déjà mortes, emportant avec elles la douleur de ce mal?

Combien parmi ces femmes ont été assassinées dans le secret total pour empêcher la manifestation de la vérité ?

Ce dimanche, des milliers d'églises catholiques sont remplies de fidèles naïfs qui continuent de croire que l'église est un canal qui mène à Dieu.

Chacun aura tout fait pour épargner ce qu'il ira mettre dans la caisse de l'église qui récolte des milliards chaque jour sans payer d'impôts. Avec cette somme, l'église va construire des écoles où le paroissiens n'aura pas les moyens pour envoyer ses enfants.

Beaucoup de pervers sexuels deviennent employés religieux pour bénéficier de la machine de répression des victimes de l'église.

Ils sont des centaines au Bénin à faire des enfants dans toutes les maisons sans jamais reconnaître la paternité. Je connais et j'ai discuté personnellement avec plus de 23 femmes qui sont sorties ou continuent d'entretenir une relation amoureuse avec les prêtres.

L'unique raison pour laquelle l'église catholique a interdit le mariage et imposé le célibat à ses employés est pour empêcher les descendants et compagnes de ces derniers d'hériter des biens de l'église. C'est une affaire purement économique et non un péché.

Il y a une fille agricole ici sur Facebook qui essayait de faire croire aux gens que certains prêtres ont le droit de se marier.

C'EST ABSOLUMENT FAUX.

Je ne dis pas non plus qu'ils n'ont pas le droit de vivre leur vie de débauche quotidienne comme ils en ont l'habitude. Mais en tant que citoyen d'un pays, ils doivent être jugés comme tous les autres criminels de leur catégorie qui croupissent dans les prisons pour agression sexuelle et ne pas bénéficier de la protection de l'église catholique.

Tout le monde est lucide avec le jugement sévère quand il s'agit de parler de la religion des autres. Mais quand il est question d'extirper le mal de notre chapelle, subitement, on devient défenseur d'un crime dont nos progénitures sont exposées.

C'est le moment d'ouvrir les yeux et d'arrêter de prendre des gens qui ne croient même pas en Dieu et en enfer pour les serviteurs de Dieu.

SUJET 61 : LA LÉGENDE DU MYSTÉRIEUX VILLAGE DE DJRÈGBÉ !

"Toi, on ne peut même pas t'envoyer à Djrègbé" est une expression qui ressortait chaque fois quand les adultes surprennent les enfants et certains jeunes en train de se moquer du physique d'un quidam, d'un handicapé, d'une personne atteinte de malformation physique.

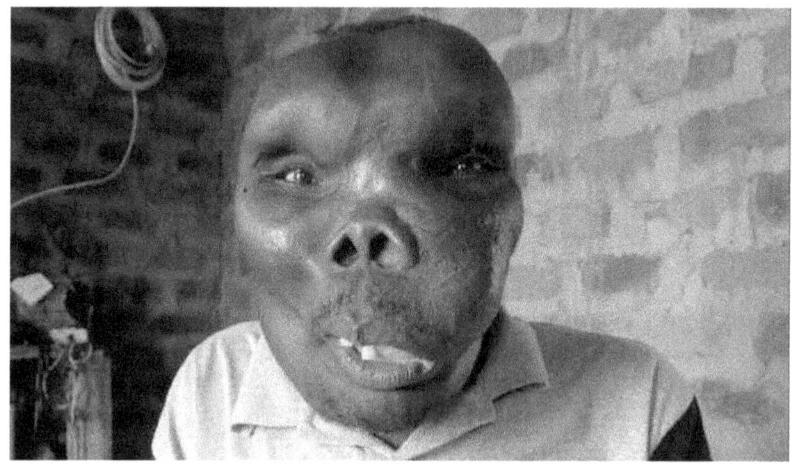

Selon la légende, le village de Djrègbé est très réputé pour ses habitants qui ont diverses puissances mystiques et de métamorphose. La légende raconte que, quand on est étranger et on se rend chez quelqu'un, on va bien voir notre hôte dehors qui ne répondra pas à nos questions, ensuite, il va rentrer dans sa case, et ressortir avec le nez sur le front, un bec de lièvre, les lèvres sur le menton, histoire de voir si vous allez en rire, et si par malheur, vous éclatez de rire ou vous en parlez, il va vous refouler la malformation qui va vous suivre pour toujours. Une autre version dit qu'ils vont vous faire disparaitre à jamais.

Ceux qui ont grandi à Porto-Novo dans les années 80 et 90 doivent bien connaitre cette légende.

C'est une histoire à laquelle j'ai toujours cru jusqu'au jour où j'ai accompagné mon père pour livrer le sable marin et du gravier sur plusieurs chantiers en construction.

Je devrais avoir 10 ans au plus et mon père lisait la peur dans mes yeux car, moi Mahoutin, voir un truc bizarre et ne pas en parler, faire une vanne, c'est qu'on a attaché ma bouche.

Mon papa m'a bien rassuré que ce n'est qu'une légende urbaine pour dissuader les moqueurs de les prendre à partie car, effectivement, le village Djrègbé à une époque était rempli de personnes vivant avec des malformations physiques dues au fait qu'ils ne se mélangent pas avec d'autres peuples et se marient entre eux, les cousins avec les nièces, les gens de la même maisonnées, les gens de la même famille. Ils sont donc issus de plusieurs générations de consanguinité.

Je n'avais pas trop bien compris à l'époque, j'ai juste retenu que c'était une malice du temps pour éloigner les envahisseurs et les gens indésirables car, en réalité, ceux qui n'ont pas de malformation, ce sont eux qui s'asseyaient devant la case et quand ils rentraient à l'intérieur, c'est une autre personne qui en ressortait et non la même métamorphosée.

Lors de mes études bibliques, j'ai aussi découvert que c'est pour éviter la consanguinité et la duplication des tares génétiques que les auteurs de Deutéronome ont insister sur l'interdiction des mariages et rapports incestueux.

J'ai suivi un reportage sur l'histoire de la famille **#Whittaker** aux ÉTATS-UNIS et là, tout était très clair.

Naturellement, j'ai une sainte horreur pour tout ce qui est incestueux. D'ailleurs, j'ai toujours évité des liens d'amitié avec un camarade ou ami qui dit que "Les cousines sont faites pour les cousins".

SUJET 62 : VOTRE BILAN DE SANTE

Dans quelques jours, il y aura un événement calendaire que certains appellent le nouvel an.

Dans ce cadre, ils vont vous inviter à apprêter le miel et l'igname. Les Bokonon, spiritualistes escrocs vendeurs de fétiches vont vous recommander les bains de purification. À d'autres, il sera demandé de laver le Fâ. Les pasteurs vont recommander les veillées de prières, le jeûne et la dévotion pour qu'une divinité imaginaire nous protège pour qu'on voit ce jour. Les prêtres vont recommander les Rosaires à la Vierge Marie, quitte à brûler tout un village avec le feu de bougie.

De l'autre côté, les commerçants s'affairent à proposer divers articles avariés, périmés, impropres à la consommation à vile prix.

Certains pensent déjà au nombre de caisses de vins et champagnes qu'ils vont acheter pour célébrer ce événement qui n'a lieu que sur un calendrier. D'autres pensent aux artifices de beauté pour ce jour : le pagne, la robe, les mèches, les bijoux, sacs et autres pacotilles du genre.

Les propositions et recommandations viendront de partout pour tout sauf pour vous INCITER À FAIRE UN BILAN DE SANTÉ.

Oui, tout le monde veut votre argent, mais personne ne pense à votre bien-être. C'est alors de VOTRE RESPONSABILITÉ de faire RÉGULIÈREMENT UN BILAN DE SANTÉ surtout quand vous êtes bien portant.

Avant de recruter un footballeur professionnel ou n'importe quel sportif pour une compétition décisive, le plus grand critère, c'est le bilan de santé, les tests et examens médicaux.

Le prêtre, le pasteur, le Bokonon, l'imam et autres spiritualistes escrocs vendeurs de fétiches se foutent de ta santé. Ils sont prêts à te prescrire un sacrifice de bœuf pour une hépatite B. Ils ne savent pas ce qu'on appelle les germes, les microbes et les virus. Tout ce qu'ils savent c'est les possessions démoniaques et autres envoûtement.

Ils ne peuvent pas t'expliquer l'oxydation de Fleming. Pour eux, une réaction chimique est la magie, la spiritualité, du gris-gris.

Leur cerveau est si microscope qu'ils s'émerveillent devant une gourde en plastique contenant de l'eau bouillante au feu 🔥.

Pour impressionner les autres et rendre gloire à une divinité imaginaire, il faut être vivant et en bonne santé. En 2024, les hôpitaux de référence sont progressivement équipés pour combattre toutes formes de maladie. Faire un test de paludisme n'est pas la finalité des examens médicaux en laboratoire. Ce n'est pas parce que tu ne souffres pas de paludisme que la médecine moderne est incapable. Parfois, certains médecins charlatans te disent que ton cas dépasse la médecine moderne parce qu'ils savent que tu n'as même pas de quoi manger et tu n'es pas capable de payer le traitement adéquat. Ils font tout pour se débarrasser de toi.

Dormir et se réveiller est un processus naturel de la vie. Seuls les orphelins de cerveau pensent le contraire.

Il n'y a de richesse que d'hommes. Si une divinité imaginaire demande ta nourriture, il est temps de la manger.

Amis de la vérité et chercheurs du savoir, on continue !

J'aimerais passer par cet échange avec un frère pour dénoncer une pratique régulière qui nous est parfois fatale.

Ce frère est un homme responsable inquiet pour sa femme et le bébé que porte cette dernière. Il a bien fait ce qu'il fallait en orientant sa femme vers un spécialiste en médecine. Ce dernier qui, après 23 ou 27 ans d'études est expert dans son domaine lui a dit ce qu'il faut pour sauver la mère et l'enfant.

Mais ce frère a le plus besoin de mon avis. Moi qui n'ai jamais fait 10 minutes en faculté de médecine. Moi qui ne peux pas mettre mon doigt dans le jardin d'Éden d'une femme sans avoir une érection. Moi qui n'ai même pas fait les maternelles 1 et 2. C'est mon avis qui compte pour ce frère.

De part notre environnement immédiat, nous prêtons flanc aux avis des charlatans et méprisons l'expertise des professionnels de la chose.

Nous sommes en 2024 et nous devons arrêter de nous comporter comme les grands parents de nos grands parents.

Non, l'accouchement n'est pas un examen de mort et de vie. Cette fausseté a été perpétuée pendant des décennies. Une césarienne programmée n'est pas un échec d'accouchement. Une femme qui ne veut pas souffrir peut naturellement faire ce choix sans avoir au préalable un problème de santé.

Quand notre moto a une panne de moteur, nous ne l'amènerons jamais chez un menuisier. Tout simplement parce qu'il existe quelqu'un qui a appris le métier et sait comment le faire.

Mais quand il est question de notre santé, nous accordons la priorité aux charlatans qui n'en veulent qu'à notre argent.

Et la principale raison pour laquelle nous opérons un tel choix, c'est pour ne pas avoir à dépenser beaucoup d'argent. Or, la réalité est que la voie du charlatanisme est la plus coûteuse et la plus ruineuse.

J'ai une amie très proche avec qui je n'ai plus parlé jusqu'à son décès. Elle m'avait informé de ses problèmes de santé et au point où elle en était, c'était la dialyse ou rien. On a fait le point et chacun a mis la main dans la poche pour contribuer. Mais quand je l'ai appelé quelques jours plus tard, elle me disait avoir trouvé quelqu'un qui lui aurait montré un traitement traditionnel ou je ne sais quoi. J'ai raccroché et décidé de ne plus lui adresser la parole. Au final, c'est ce que je craignais qui s'est passé. Avec la dialyse, on pouvait la maintenir avec nous pendant un moment. Elle a réfléchi autrement. Elle s'est dit qu'elle ne voudrait pas être une charge éternelle pour les autres.

J'ai les paroles rassurantes et apaisantes quand il le faut. Mais quand on parle de problèmes de santé, tant que le traitement existe, c'est ça qu'il faut privilégier.

Nous avons plus de valeur que notre moto, voiture, appareil électroménager. Mais malheureusement, nous leur accordons les meilleurs soins au mépris de notre propre vie.

Oui, nos plantes ont des vertus inégalées et sont parfois plus adaptées que les traitements de la médecine moderne. Mais il faut toujours savoir différencier un tradithérapeute d'un charlatan.

Si le traitement doit inclure les neuvaines et la procession devant des idoles, c'est un charlatan.

Si le traitement doit inclure l'huile d'onction, l'achat de matériaux de construction et le paiement de dîme, c'est un charlatan.

Si le traitement doit inclure l'effusion de sang d'animaux et les bains nocturnes, c'est un charlatan.

Si le traitement doit inclure la pénétration vaginale, c'est définitivement un charlatan escroc vendeur de fétiches.

SUJET 63 : NOVEMBRE_BLEU !

Ce mois entier est destiné à la prévention et au dépistage des cancers du masculin comme la prostate et autres.

Naturellement, personne n'en parlera car, un homme, même dans la douleur et la souffrance, n'a pas le droit de chialer, de pleurer ou de se plaindre. Il porte ses couilles et ferme sa gueule car, seule la femme est sacrée et l'homme est à sacrifier.

La prostate est un organe unique à l'homme et son unique but est pour rendre possible le plaisir offert aux femmes. Il ne faut pas attendre 40 ans pour commencer à s'en inquiéter.

Une bonne éducation sexuelle nous permet d'adopter des comportements qui permettent de réduire le risque de concert de la prostate.

Dès la puberté, il est bon qu'un garçon trouve les moyens d'éjaculer au moins 6 à 9 fois par mois pour décongestionner l'organe.

La masturbation est un excellent allié dans le maintien en bonne santé de la prostate.

Qu'aucune injonction religieuse ne vous oblige à accumuler à l'intérieur ce qui est utile à l'extérieur.

Même les prêtres qui ont fait vœu de célibat n'ont pas fait vœu d'abstinence sexuelle. La preuve, ils ont des copines et maîtresses dans tous les coins et sont très friands des femmes au foyer à qui ils font des enfants qui seront élevés par le pauvre mari.

Mesdames, votre contribution pour le succès de ce **#Novembre Bleu** est primordial. Une fellation, une petite pipe, un coup de main, ou coup rapide sont des activités banales mais primordiales pour aider à la lutte contre le cancer de prostate.

L'utilisation des drogues, viagra, et autres poisons appelés aphrodisiaques est un comportement à bannir.

Le corps humain n'est pas une machine agricole.

Ce mois de Novembre est un mois où la femme qui veut cadeau de Noël et Janvier sait quoi faire pour le mériter.

SUJET 64 : REVEILLE-TOI, CHAMPION : TROUVE TON PROPRE DIEU, LIBRE DES ILLUSIONS

Bonjour champion, et toi ma reine.

Je sais que ton pasteur et les autres clowns ont déjà fait les publications matinales dans lesquelles ils te demandent de REMERCIER DIEU POUR AVOIR VU CE JOUR. D'autres te font croire que si tu es là c'est parce que tu as été épargné de la mort. Et pour les plus commerciaux parmi eux, tu as vu ce jour parce que tu es un élu.

Champion, Dieu ne se lève pas chaque jour avec une liste de ceux qui vont vivre et l'autre pour ceux qui vont périr.

NON ma reine, Dieu ne tient pas un registre qu'il coche pour renouveler à chacun le souffle de vie. Dieu ne contrôle pas le battement de coeur de chaque individu et décide de l'arrêter quand il veut.

Si c'est un tel Dieu que ton pasteurs et les autres clowns te vendent, il doit être le plus horrible des Dieux jamais décris. Tu ne veux rien avoir à faire avec un Dieu qui doit te redémarrer chaque matin.

Imagine qu'un tel Dieu ait trop fêté la veille et, avec la gueule de bois oublie de te redémarrer, que serait alors le monde?

Tu es un organisme merveilleux. Tu n'es pas une machine à rebooter quotidiennement.

Cherche le Dieu amour, le Dieu bienveillance, le Dieu qui se soucie de toi.

Un Dieu qui te promet un grand feu et peut te détruire parce que tu as mangé le cochon, ce n'est pas ton Dieu, tu dois le fuir, lui et ses représentants sur terre.

Le vrai Dieu dépend de toi pour exister, le Dieu qu'on te force à accepter n'est pas ton Dieu. Le Dieu que tu n'as pas créé n'est pas ton Dieu. À chacun son Dieu, chacun est un Dieu.

BISOUS.

SUJET 65 : TEL FILS, TEL PERE !

Amis de la connaissance, bonjour.

Avez-vous remarqué l'omniprésence des ampoules Led dans nos vies désormais ?

Avez-vous remarqué que les lampes à incandescence d'hier et les ampoules antiques dégageaient beaucoup de chaleur et consommaient énormément d'énergie électrique ?

Une ampoule Led consomme 96% de moins d'énergie électrique que son ancêtre, et mieux, elle est plus brillante et parfois, elle est plus durable.

Les ampoules Led d'aujourd'hui ne sont pas tombées du ciel, elles sont le fruit d'une étude approfondie à partir des lampes à incandescences. Elles sont le fruit de l'évolution de l'histoire des lampes.

Je me rappelle, enfants, lors des grandes cérémonies familiales et surtout des veillées mortuaires, dans les zones rurales, il y avait un spécialiste de lampe à pétrole et mèche incandescente appelée #Tito. Au Bénin, nous adorons appeler un objet par sa marque déposée, c'est pourquoi le stylo s'appelle Bic, le tracteur s'appelle Caterpillar, le ruban adhésif s'appelle Scotch. Tito est donc la marque de la lampe en photo. Savoir faire fonctionner ça était un métier tellement honorifique que, dans mon village, le seul spécialiste s'appelait, devinez : Tito. Mes amis de Ouando peuvent témoigner.

Aujourd'hui, c'est les projecteurs qui rivalisent avec les rayons solaires qui sont utilisés.

Mon ami **Nokwe Eric** pense que je minimise l'importance des parents ou je les accable souvent de maux dont ils ne sont pas forcément responsables ou que je les accuse de nous avoir transmis des connaissances erronées.

Mais en réalité, beaucoup de parents, spécialement les miens, ont investi sur leurs enfants pour que ces derniers ne soient pas ou ne finissent pas comme eux. Ils leur ont offert des opportunités pour devenir la version Led du Tito.

Maintenant, imaginez que le Tito dise à la Led que sans le pétrole, il ne brillera jamais. Et comme un enfant obéissant, la Led passe toute sa vie à la recherche du pétrole. Le jour viendra forcément où elle tombera dans un puits de pétrole, mais c'est là qu'il faudra quelqu'un d'illuminé pour lui dire qu'il faut une raffinerie pour purifier le pétrole et un générateur électrique qui fonctionne au pétrole pour lui permettre de briller.

C'est exactement comment fonctionne le monde d'aujourd'hui. Le Tito est-il méchant ? NON.

Mais c'est de la responsabilité dela Led de lui apprendre que les choses ont évoluées. Elle doit lui parler de la merveilleuse découverte de l'électricité et des possibilités que ça pouvait offrir. C'est à la Led de comprendre que, hier, le chef Tito était l'unique source de lumière, mais aujourd'hui, la Led peut s'allumer à l'énergie solaire, nucléaire, hydraulique, à la pile de batterie au lithium, Etc.

Nos parents ont eu des connaissances et savoirs qu'ils croyaient indéniables sans savoir que c'était un charlatan qui les enseignait. Ils ont grandi dans les fers et les chaînes. Ils ont dix mille raisons d'avoir peur et pratiquement aucune raison d'être heureux.

À leur époque, il faut déployer 96% de plus d'efforts pour accéder au savoir qu'aujourd'hui et à un coût exorbitant.

Tenez ! Dans mon quartier, nos parents nous torturaient pour avoir joué au ballon jusque tard dans la soirée. Certains papas ont même menacé de couper les oreilles à leurs enfants si jamais ils les voyaient aller jouer encore. **Lemodel JAKO JAKO** peut en témoigner.

Savez-vous pourquoi ?

Nos parents croyaient que c'est les délinquants qui jouent au foot ou ils ne seront rien dans leur vie. Que le football n'est qu'une distraction.

Dans mon quartier, il n'y a presque pas de rappeurs. J'en connais pas un seul en tout cas. Même aujourd'hui, il y a des journalistes béninois qui demandent aux artistes chanteurs s'ils ont une autre activité professionnelle.

J'étais encore très petit quand une Tata très âgée m'a dit devant un poste téléviseur lors d'un match de foot que, chaque fois qu'il y a un match, quelqu'un meurt, c'est pourquoi il y a toujours un cercueil sur le terrain.

Savez-vous ce qu'elle appelle cercueil ? C'est le brancard qui sert à évacuer les blessés du terrain pour les soigner.

Y ai-je cru? J'ai quel âge pour ne pas croire à ce que dit un adulte ? Elle n'a jamais pensé au traumatisme qu'elle m'a infligé avec une telle information.

Nos parents n'étaient pas méchants, non, ils voulaient le meilleur pour nous. Pour eux, la seule distraction qui pourrait rapporter l'argent, c'est être #Aziza comme les #Yédénou_Adjahoui et #Dossou_Lètriki. Ils ne pourront pas imaginer qu'un joueur de football pouvait gagner 69 millions d'euros pour un transfert.

Quand j'étais enfants, l'une des rumeurs qui étaient sur toutes les bouches était que les #Alfa, #Aladji, #Aladja et #Lémamou (imams pour ceux qui ne viennent pas de Porto-Novo) tuaient les bossus, les domestiques et même leurs enfants pour devenir riche. A cela s'ajoutent les expressions "Les riches n'ont pas le cœur tranquille, ils ne dorment pas la nuit, ils ont toujours peur des voleurs, l'argent est le Diable, les enfants de riches ne deviennent RIEN...." Il y a beaucoup d'artistes très célèbres qui ont produit des chansons sur ça.

Pour un enfant qui a été soumis à un tel environnement, systématiquement, l'argent c'est un malheur. Je ne vous raconte pas combien de fois j'ai jeté dans un champ de maïs les pièces de 25 Francs que mon oncle maternel m'offrait à l'époque.

Mais un jour, j'ai accompagné mon oncle à #Vital_Finance pour une opération et dans le rang de ceux qui doivent rembourser les prêts obtenus, c'est 96% de Aladji et Aladja. En majorité, des analphabètes car j'en ai aidé à remplir la fiche de dépôt et les montants à verser.

C'est ce jour que mon oncle m'a expliqué que le monde entier roule sur la dette et le plus important dans cette vie est d'avoir une bonne écriture.

Je vous laisse le temps d'assimiler tout ça et de coller ça à un événement de votre vie.

Chers collègues assoiffés du savoir, aujourd'hui, nous sommes des LEDs, c'est de notre devoir d'expliquer aux Titos de nos vies le fonctionnement du monde actuellement. Il y a des milliers de choses dans lesquelles nous avons été leurs enseignants. Qui a appris à nos parents comment composer un numéro de téléphone ? Qui a appris à nos parents comment faire un vocal WhatsApp ? Combien êtes-vous ici à avoir pris 30.000 FCFA pour ouvrir un compte Facebook à vos parents ?

Pour ces choses aussi simples, votre savoir-faire et votre expérience ont été très décisives. Imaginez l'aide que vous pouvez leur apporter dans le domaine de la santé, de l'économie sociale, de l'investissement, de la religion, de la mort.

Mais vous n'y arriverez jamais si vous êtes une Led qui recherche le pétrole lampant.

Mon honorable père a un proverbe ensorcelant : "Dans sa vieillesse, c'est des seins de ses enfants que vit l'aulacode (agouti pour ceux qui sont trop allés à l'école)". Lui il pense me dresser avec ça, mais moi j'y tire un bien plus que pécuniaire.

J'aime pas trop parler de mes parents de peur que vous ne deveniez leurs enfants dans un autre monde et que je perde ma place. J'étais pas encore bien en classe de CP que, tous les mercredis, ma grand-mère s'assure qu'il y ait des piles dans la boîte radio pour écouter l'émission des enfants animée par #Tanti_Pascaline et #Tonton_Roger à la radio nationale. J'avais le rôle de traducteur assermenté. Je dois traduire les "Je m'appelle, j'ai ... ans, je suis en classe de...." C'était un merveilleux exercice. C'était l'un des meilleurs moments où elle et moi passions ensemble où j'avais le droit de beaucoup parler. Je lisais la fierté dans ses yeux. Et devinez quoi, un jour, j'ai aussi participé à l'émission.

Nos parents Titos peuvent ne pas nous l'avoir souvent dit, ils rêvent que nous soyons les Led les plus brillants de ce monde, c'est pourquoi ils nous invitent à aller à la quête du meilleur pétrolier. C'est pas méchant, c'est ce qu'ils connaissent.

C'est de notre devoir de les amener à la nouvelle lumière. C'est à nous de leur expliquer qu'aucun bain rituel n'est assez puissant que "c'est monsieur Tentapion qui m'a envoyé".

Il y a même des gens qui croient qu'ils sont sous l'effet de malédiction générationnelle. Ce qui n'est pas faux car, un Les qui veut briller au pétrole lampant est vraiment maudit.

Rien ne s'appelle malédiction générationnelle. C'est un produit créé par les pasteurs et spiritualistes escrocs vendeurs d'illusions qui ont une usine de fabrication de démons, de péchés et de blocages.

N'avez-vous pas remarqué que dans une famille où tout le monde semble s'enliser, c'est celui qui a quitté la maison et est allé découvrir d'autres connaissances qui s'en sort le mieux voir devient la référence ?

Il a brisé la chaîne de l'ignorance. Il est allé à la quête du savoir qui manque aux autres de décoller.

Dans un village où tout le monde est dentiste, seul celui qui réussit à inventer une nouvelle dent qui va plaire à tout le monde s'en sortira.

Demandez aux maçons, charpentiers, ferrailleurs, carreleurs et autres professionnels des bâtiments de l'Ouéme celui qui s'enrichit plus aisément parmi eux, ils te diront que c'est celui qui a monté une entreprise de BTP et a des chantiers successifs.

Vos parents et amis vont bientôt vous rappeler d'aller consulter le Fâ. Mais personne ne vous dira d'aller voir le médecin pour un bilan de santé.

Tous les weekends vos amis vont vous inviter à des cérémonies grandioses où il faut acheter pagne, foulard et colliers, mais aucun d'entre eux ne vous dira à combien on achète un ventilo au Nigéria et comment le faire venir à Cotonou.

Chers LEDs, c'est désormais votre devoir d'aider les Titos à se débarrasser des croyances religieuses erronées. Ils comptent sur vous, même s'ils ne vous le disent point.

N'avez vous pas remarqué combien nos parents sont si attachés à nos enfants ? Vous croyez que c'est parce-qu'ils n'ont jamais vu d'enfants dans leur vie ? NON, ils savent que ces bouts de chou, en une semaine, peuvent leur apprendre ce qu'ils n'auraient jamais su de toute leur existence. Ils savent qu'ils sont des LEDs qui ont besoin de 6 ou 9% d'énergie pour fournir de lumière 96 fois plus brillante.

Vos parents vous ont toujours donné l'autorisation de les éduquer, mais vous ne comprenez pas le code. Ils ont toujours dit à côté de vous : "Là où je ne suis pas arrivé, mon argent dépassera". "Même si je ne suis pas allé à l'école, mon argent y est allé". "Je n'ai jamais été en Europe, mon argent y est allé plusieurs fois".

Savez-vous que, quand vous êtes un médecin, les gens du quartier regardent désormais vos parents comme un médecin ? Oui, comme un avocat, et même comme un benguiste.

Être une LED ne veut pas dire que le Tito n'a plus aucune valeur, au contraire, un Tito vintage coûte plus de 300.000 FCFA, le prix de 300 LEDs combinés.

En effet, tel fils, tel père.

Vous connaissant, je sais que vous allez trouver une meilleure leçon dans ce bavardage inutile, prière partager avec moi car, je ne vous cacherai rien.

SUJET 66 : AYEZ TOUJOURS L'ESPRIT CONSTANTIN

Rois et reines, amoureux du savoir, comme vous vous y attendez, c'est le dimanche et votre flɛ woli revient encore à la charge pour vous inciter à vous rendre respectivement et massivement dans vos différents lieux de culte pour socialiser, fraterniser et partager le plein d'amour emmagasiné au cours de la semaine de travail. Il y a dans les églises cette énergie hypnotisante qui fait du bien à l'âme. C'est d'ailleurs pourquoi beaucoup arrivent à bien dormir à l'église, lors du sermon que dans un lit d'hôtel.

Mon homélie du jour vous invite à avoir l'esprit Constantin.

Que veut dire cette expression ?

Soyez rassurés, elle n'est pas sur Google, puisque je viens de la forger.

Avoir l'esprit Constantin, c'est profiter d'une situation clairement défavorable et la tourner à son propre avantage. C'est détecter l'opportunité dans l'inconfort. C'est décider d'aller vendre la glace en enfer.

Au temps de Constantin 1er, il a remarqué qu'il y a un groupe très influent d'humains, les chrétiens, qui n'avaient pas peur de mourir pour leur Dieu Jésus-Christ. Les empereurs qui l'ont précédé les faisaient dévorer par les lions et autres bêtes sauvages dans les théâtres. Ils étaient même heureux de mourir pour celui en qui ils ont mis leur foi. Ils embrassaient la mort, le sourire aux lèvres.

Constantin lui avait besoin de soldats braves comme ces chrétiens, prêts à donner leur vie bêtement pour une telle cause. Alors, au lieu de faire comme ses prédécesseurs, il trouva l'idée de génie en annonçant à la troupe qu'il eût une vision dans laquelle, le Dieu des chrétiens, Jésus-Christ lui apparut et lui montra une croix en disant : "In hoc signo vinces" : Par ce signe tu vaincras !

Il aurait alors décidé de faire apposer ce symbole de la croix sur les boucliers de ses soldats, ce qui l'aurait conduit à la victoire et fort tard, à sa conversion.

La propagande fut mise en place, la nouvelle parcouru tout l'empire que l'empereur a vu Christ. Et vous connaissez les chrétiens, ils sont préparés à tout avaler. Ils décidèrent de joindre l'armée et de combattre pour Christ.

Les chrétiens qui étaient persécutés et fuyaient sont désormais financés et choyés. Mais dès que l'argent et le pouvoir rentre dans un milieu, ça crée des discordances. Les églises ont commencé à s'opposer les unes aux autres. Ce qui amena Constantin a appelé le Concile de Nice le 24 Mai 325. Et c'est autour de ce rassemblement que L'ÉGLISE CATHOLIQUE a vu le jour. Ce n'est pas le christianisme qui est créé par Constantin mais il a regroupé toutes les églises sous une seule dénomination et ceux qui n'étaient pas d'accord ont été chassés, tués et contraint à l'exil.

C'est donc Constantin qui a introduit le crucifix et signe de la croix dans le catholicisme.

Néanmoins, il ne s'est pas lui même converti pour devenir chrétien. Il continuaient de faire des sacrifices au Dieu Apollon. Il n'avait aucun comportement catholique.

Ce n'est qu'en 337, sur son lit de mort, qu'il se fera baptiser et de nombreux historiens relatent qu'autour de 326 il a fait exécuter son fils Crispus, ébouillanter sa femme Fausta dans son bain, tuer son neveu et quelques proches ! Tous s'accordent pour voir en lui un politique avisé, sceptique en religion ! Grâce à la religion, il a accompli ce que le pouvoir militaire ne peut jamais accomplir. Le génie.

C'est ça on appelle avoir l'esprit Constantin. Tu peux offrir la drogue aux autres au prix de leur vie, mais toi-même, tu n'y touches pas.

69% des prêtres le savent. Ils sont tous des Constantin dans l'âme. Ils prêchent la vertu, la sanctification du temple de Dieu aux jeunes de l'église et toutes les filles voire les femmes mariées sont à eux. Ils ont fait vœu de célibat publiquement, mais connaissent toutes les auberges de la ville. Je connais beaucoup de Tata pour qui ces prêtres ont loué et bien équipé. Ils savent même gâter les femmes. Toutes les ex de mon Abbé **Nesto Élie Amoussou** peuvent en témoigner. Mais attention, il est publiquement puceau.

Voyez-vous, ne passer pas votre existence à détecter le mal chez les autres. Ayez la clairvoyance nécessaire pour voir ce que vous pouvez tirer de leur culture, de leur croyance et de leur crainte.

Comme Constantin, vous pouvez connaître la vraie nature des églises et pourtant continuer à y aller.

PROVOCATION.

Jésus est mort sur la croix. La croix devrait donc être un instrument répréhensible pour ses adeptes n'est-ce-pas ? S'ils s'agenouillent devant cet engin de torture, si le gars les voyaient, serait-il content?

C'est comme demander aux musulmans de porter un Collier à l'effigie du ☪au cou pour honorer le prophète Mahomet SAW. C'est une abomination. Heureusement qu'eux au moins sont très intelligents.

Allons à l'église et que la paix du Christ ressuscité soit avec vous.

SUJET 67 : BRISEZ LES CHAINES DE L'IGNORANCE

Et un jour, j'ai demandé à un adulte pourquoi il n'y avait pas d'aéroport à Porto-Novo et il m'a répondu que les aéroports se construisent près des océans pour avoir le vent favorable et il n'y a pas d'océan à Porto-Novo.

Remettez en cause tout ce que les adultes vous ont raconté quand vous étiez enfants et aviez la faim du savoir.

La curiosité de l'enfance est un processus trop important à ne pas bâcler en lui déversant la poubelle dans la cervelle en formation.

Beaucoup font du surplace aujourd'hui à cause des balivernes que les adultes leur ont transmis et ils vont faire la retransmission à leur postérité.

Que ce soit dans le domaine culturel, religieux et spécialement en ce qui concerne les coutumes et traditions, il faut tout faire pour comprendre le pourquoi originel.

Notre mode d'instruction en Afrique est ESSENTIELLEMENT basé sur les INTERDITS.

Il ne faut pas faire ça, il ne faut pas faire ci. Une éducation limitative basée sur l'ignorance absolue.

Le mensonge est usité dans le but de maintenir sous dominance.

Libérez-vous et arrachez votre indépendance intellectuelle.

SUJET 68 : MA SORCIÈRE BIEN AIMÉE !

J'ai une nièce éloignée très proche. Si vous la voyez, vous allez comprendre pourquoi elle est si proche. C'est la femme en question, elle est dedans comme on aime bien le dire de l'autre côté. Ce n'est pas ça l'objet de mon sujet.

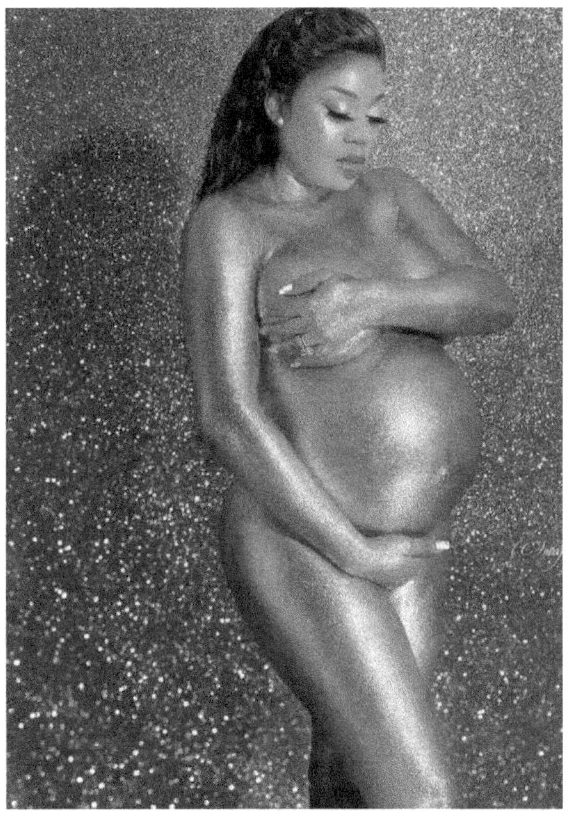

Cette nièce souffre d'une anémie falciforme, autrement dit, elle est drépanocytaire et fait des crises très répétées qui se soldent en plusieurs jours d'hospitalisation.

Lors de sa dernière crise qui a failli l'emporter, ses oncles ont amené un charlatan qui leur a révélé que c'est sa mère qui est une sorcière et suce son sang ce qui provoque la crise.

L'escroc a réussi à leur soutirer 200,000 FCFA et espère lui faire d'autres rituels.

Ma nièce en question s'approche de la trentaine. Orpheline de père, sa mère reste son seul soutien dans tous les sens du terme.

Voilà qu'on vient de lui détecter la sorcellerie.

Quand elle est venue se confier à moi, sa seule chance était qu'on n'était pas dans la même pièce, sinon, aller-retour que je vais lui envoyer, elle ne va plus jamais en revenir.

Normalement, dans de pareils cas, le seul moment où elle aurait besoin de moi serait de l'aider à trouver un avocat, car, elle aurait, en un enfant digne, fracassé le crâne au chenapan qui avait oser traiter sa mère de sorcière, brisé les jambes des oncles et appelé la police pour signaler des coups et blessures.

En 2024, les gens continuent d'attribuer la drépanocytose à la sorcellerie.

J'ai un autre ami qui a perdu un jeune frère nouvellement recruté à un poste juteux. Il a développé des plaies sur les jambes et quand on traite une, une autre apparait. Le médecin leur a dit que c'est une maladie mystique d'aller chercher dans le noir.

Après des sacrifices et des millions brûlés, le jeune s'en est allé.

L'ami en question est aussi un haut cadre dans une administration. Diabétique, il fait très attention à sa glycémie. Oui, ils ont hérité du diabète, ce qui a emporté le jeune frère.

Naturellement, ils ont attribué ça à la sorcellerie.

Écoutez, à partir de l'instant où vous êtes dans la vie de vos parents, celui qui doit interagir avec eux doit tenir compte de votre existence. Qui manque de respect à vos parents a touché à votre prunelle. Tant que la personne est au courant de votre existence, vous devenez l'ultime rempart. Qui insulte votre mère vous a insulté 69 fois. Et qui traite votre génitrice de sorcière doit goûter à votre sorcellerie illico presto !

J'ai envoyé mes oncles, deux petits frères de ma mère en garde à vue parce qu'ils lui ont manqué de respect. C'est devant le procureur qu'ils ont été relâché et remis au chef de famille pour règlement en famille.

SI votre mère est une sorcière, et elle n'a pas lapé votre grossesse, elle n'a pas jeté le nourrisson malgré ses pleurs incessants, elle ne vous a pas mangé quand vous étiez frais et sans souillures, et c'est quand vous êtes grands, remplis de maladies, de dettes, de soucis qu'elle va vous manger?

Votre mère doit être votre sorcière préférée. Vous devriez plutôt l'utiliser pour terroriser les autres.

Même si votre mère est de nature à chercher des histoires du fait de son milieu, c'est à vous qu'incombe le devoir de la ramener à l'ordre. Ses victimes peuvent saisir la justice en cas de nuisance et de récidive, mais ils n'ont aucun droit de lui porter la main ou lui manquer de respect.

SUJET 69 : SORTIR DE L'OBSCURITE

Dès que l'humanité a découvert le feu 🔥, elle a pris le dessus sur les animaux qui étaient 1000 fois plus grands, 1000 fois plus forts et 1000 fois plus rapides que lui. La découverte du feu lui a permis de créer des liens et d'apprendre le vivre ensemble. Grâce au feu, l'humanité a commencé à explorer les zones très ombreuses et maîtriser les maladies très voraces.

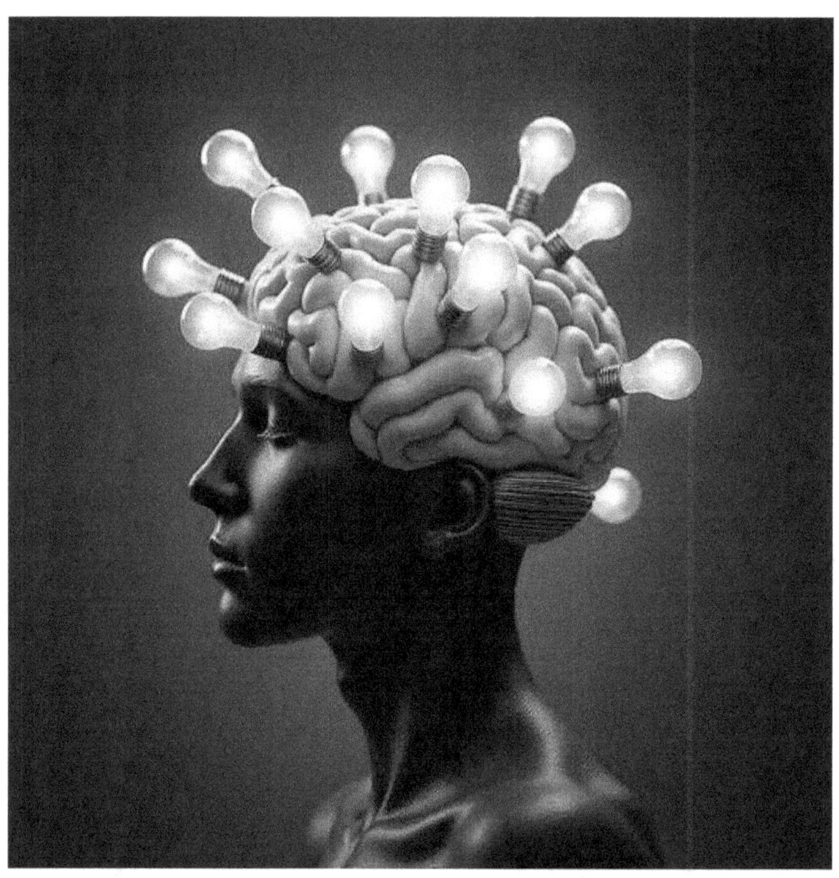

Au 18ème siècle, elle va découvrir et expérimenter l'électricité à grande échelle. L'espérance de vie va doubler et la condition humaine va s'améliorer drastiquement.

La sortie de l'ombre deviendra l'ultime combat de l'humanité avec les révolutions à grande échelle.

L'humanité va comprendre que la religion est un système ténébreux d'exploitation qui maintient l'être dans l'ignorance absolue.

L'ère des lumières va favoriser la révolution technologique et scientifique. La connaissance sera démonopolisée et à la portée de tous.

De l'autre côté, l'Afrique va continuer à maintenir son système d'éducation basé sur l'obscurantisme, les interdits et les superstitions.

Dès la naissance, l'enfant sera nourri de mensonges, de fumisteries colportées de génération en génération. Le savoir sera mis sous boisseau et il faut une initiation Spéciale pour son acquisition. À la découverte de la vérité, l'individu doit jurer et prêter serment de ne jamais la révéler et ainsi devenir le propagandiste de l'ignorance absolue.

J'ai une énorme satisfaction quand ceux qui me subissent ici viennent en privé me remercier de les avoir aidé à voir le monde tel qu'il est vraiment. Même ceux qui ne sont pas toujours d'accord avec mes idées me remercient de leur avoir insufflé l'art du raisonnement logique et de la perpétuelle recherche de vérité.

Par contre, c'est un grand traumatisme pour moi de lire ceux qui viennent me demander d'aide spirituelle en privé.

Parfois je les comprends. D'habitude, quand quelqu'un expose un système, c'est pour vendre pour lui. Les gens dénigrent le christianisme pour vendre les fétiches. D'autres dénigrent le vodoun pour vendre les effigies de la vierge Marie.

Moi je suis un libérateur. Je vous incite à arracher à des objets inanimés fabriqués un pouvoir que vous avez toujours possédé.

La connaissance est d'abord libératrice. Elle ne fait pas un transfert de maître.

Je ne suis pas un charlatan. Je ne vends pas d'astuces ou de gris-gris.

Si, après m'avoir longuement lu, quelqu'un vient demander mon aide spirituelle, c'est que ce dernier ne m'a jamais lu.

Je ne vous demande pas de ne pas faire des bains et rituels nocturnes pour venir acheter un talisman chez moi.

Je ne vous sors pas d'une petite cellule pour une plus spacieuse. Je vous vous offre la LIBERTÉ.

Ce qui manque à votre vie, c'est la lumière. Tant que vous allez continuer à croire que quelqu'un possède la solution miracle à un problème que vous avez pris 6 à 9 ans pour rassembler, votre problème va augmenter et prendre des proportions inimaginables.

Je ne suis pas interprète de rêve. Un rêve est une manifestation psychologique de votre subconscient. Ça n'a aucune interprétation ou incidence importante. Si tu passes la journée à rêver de pain, tu vas en manger dans ton sommeil. C'est tout.

Si tant est que tout a une explication spirituelle pour vous, vous pouvez aller voir celui qui va vous facturer pour vous dire ce que vous voulez entendre.

Sortir de l'obscurantisme devrait être votre mission première.

N'avez-vous pas remarqué que dès que vous êtes dans l'obscurité votre ombre disparaît ?

Personne ne s'épanouit dans le noir.

Recherchez la lumière, Allumez votre cerveau !

SUJET 70 : LA MEILLEURE ÉPOQUE DE L'HUMANITÉ.

En Octobre, j'ai eu une discussion avec mon frère **Lumière Highlight Godson**, discussion qui s'est terminée en queue de poisson parce que lui, trop poli, n'a pas pu m'en coller une.

Il s'agissait d'une histoire où un Zémidjan aurait disparu par Fifobo et sa clientèle remorquée aurait été écrasée par un camion, elle et son enfant.

Il a appuyé son histoire par les témoignages des gens qui étaient témoins de la scène et ont tous soutenu que le Zémidjan a "Fo".

Je n'étais pas sur la scène, mais déjà j'avais mon idée de comment ça s'est passé.

Le Zémidjan étant le conducteur de la moto a bien vu le danger et a sauté de la moto pour se retrouver dans une brousse ou un buisson à côté laissant la dame et l'enfant aux pneus du camion. La cliente derrière n'avait pas à se concentrer sur la voie et ne verrait pas venir le danger.

Mon frère a aussi évoqué le cas d'un dangereux et célèbre brigand de Avrankou appelé **#Sêvêho Casimir Kotan** a.k.a **#Commissioner**. Ce dernier était réputé avoir les plus puissantes protections et gris-gris avec en prime une puissance pare-balles infaillible appelée **#Toukpossô** en Goungbé (voir capture en commentaire).

Mais le jour où les forces de l'ordre l'ont capturé, c'est avec une seule balle qu'ils l'ont anéanti.

En effet, pour tester le dit gris-gris, les charlatans tirent sur le pigeon avec une arme chargée uniquement de poudre à canon sans munitions autrement appelée balles blanches.

Tout le reste n'est que le courage Indien et la propagande pour faire trembler l'adversaire.

Dès que la réalité survient, le pot aux roses est dévoilé.

Cette semaine, un drame similaire à celui décrit par mon frère s'est déroulé au Cameroun et, ironie du sort, il n'y avait aucun béninois pour faire croire aux gens que le conducteur de Moto a disparu mystérieusement. La cliente a été écrasée, le conducteur a pris la fuite (voir première capture).

Voyez-vous, parfois, je n'arrive pas à comprendre pourquoi mes interlocuteurs ne voient pas ce qui est si évident devant eux.

Le fait de vouloir tout attribuer au surnaturel nous aveugle et nous empêche de considérer la réalité des faits.

La première des choses que les chauffeurs gros porteurs apprennent est comment fuir une scène d'accident. Je le sais parce que mon père est chauffeur poids lourd et je l'ai accompagné pendant plusieurs années.

Un chauffeur poids lourd va causer un accident grave et se mélanger rapidement à la foule de curieux pour se lamenter avec les gens et maudire le chauffeur. Puisque personne ne le connaissait, la ruse marche très fort.

Nous vivons la meilleure époque de l'histoire de l'humanité. Tout les mensonges qui nous ont été vendus autrefois se révèlent aujourd'hui à nous.

J'ai répondu à mon frère en usant uniquement de logique et de quelques savoirs antérieures. Je n'avais pas un exemple concret sous la main, mais j'étais convaincu de ma logique. Grâce aux réseaux sociaux, il n'y a plus de doute sur ma théorie.

La vie est trop simple, c'est nous-mêmes qui la compliquons en refusant d'accepter la réalité et en nous nourrissant d'imagination inutile.

Le fait de vouloir tout attribuer au surnaturel a fait que plusieurs criminels se retrouvent gratuitement en liberté et continuent de menacer la vie d'autres personnes car leur crime est mal exposé.

Le Fifobo n'existe que dans votre imagination. Tous ceux qui en parlent et sont prêts à en témoigner sont des gens sans cervelle fonctionnelle à qui on peut faire passer un rat pour un bœuf.

Ça n'a jamais existé hier et ça n'existera pas demain.

99% des histoires de vos grands-parents et parents sont issues de la mythologie. Personne parmi vous n'est descendant d'une panthère ou un autre animal à part le processus naturel de l'évolution qui a donné l'homme que nous sommes il y a 195.000 ans.

Les catholiques connaissent l'histoire des sœurs de Fatima qu'ils appellent le mystère de Fatima. La légende raconte que la Vierge Marie serait apparue dans le village aux enfants. Ensuite, plusieurs personnes rassemblées ont été témoins d'une autre apparition dans le ciel.

Il suffit de voir comment les paraphréniques s'excitent devant un nuage au ciel pour comprendre que l'histoire de Fatima n'était qu'un mensonge entretenu pour tromper des milliards de personnes et les dépouiller comme d'habitude.

Il suffit de s'armer du minimum de bon sens, d'un peu de connaissance pour rigoler du manque d'intelligence de ceux qui se laissent entraîner par ce niveau d'obscurantisme.

Tout est désormais à notre disposition pour ne plus être des pigeons. Usons-en !

SUJET 71 : KOUANDETISATION OU COMMENT FIDELISER UNE FEMME AVEC LE MYSTICISME ?

J'étais encore enfant quand les adultes de mon environnement ont senti le besoin de me révéler ou, je dirai, ne pas me cacher les secrets très gardés sur plusieurs notions de la vie.

Tout le monde connait la croyance populaire selon laquelle une femme qui fait pipi au lit ou qui mouille la natte est une tue-mari. Je ne parle pas de femme-SONEB.

Cette croyance fait suite à une pratique mystique malicieusement usitée par les hommes pour fidéliser leur femme et lui couper l'envie de partir quelque soit la situation car, cette dernière se dirait, qui voudrait d'une femme qui tue le mari.

Quelques jours après les noces, la nouvelle mariée remarque qu'elle a fait pipi au lit, chose qui ne lui est jamais arrivée auparavant. Le mari aussi va remarquer et lui promettre garder le secret à jamais et ensuite lui donner des décoctions factices censées la guérir.

Or, c'est une simple ruse qui a été pratiquée sur elle pendant qu'elle dormait. Cette ruse consiste à mettre la main de la personne endormie dans de l'eau fraîche ou tiède pendant qu'elle dormait afin que cette dernière urine involontairement.

En 2002, j'étais aide-maçon sur les nombreux chantiers de Fidjrossè Houénoussou quand je fis la connaissance d'un jeune de mon âge originaire d'un village derrière Zê. Il est apprenti maçon et m'a promis des tubercules de manioc qu'on allait transformer en Attièkè.

Après la demie journée de travail le samedi, on s'est donc rendu dans son village où j'ai reçu un bel accueil.

Nous sommes allés au champ pour chercher les tubercules et on a tout apprêté pour le lendemain.

Avant moi, l'un de mes oncles qui a travaillé avec le jeune homme a déjà été dans le village et la légende raconte qu'il a tellement mangé la nuit qu'il a mouillé la natte.

Tout le monde connaissait le récit. La nuit, on nous a servi à manger. La pâte d'Akassa était dans une bassine. Le service était à volonté. Moi, je suis un oiseau, je n'ai pas un ventre d'ogre, j'ai mangé comme je peux.

Nous sommes allés nous coucher. La chose qu'ils ne savent pas est que je dors comme un chat, un oeil ouvert. Avec mon visage de Japonais, ce n'est pas facile de savoir si j'ai les yeux ouvert ou fermés.

La nuit profonde, aux environs d'une heure, je vois deux jeunes s'approcher de moi avec une bassine remplie d'eau.

Je feins de dormir. Ensuite, ils soulèvent ma main pour mettre dans l'eau. Quelques instants après, celui qui m'a amené vérifiait si j'ai déjà uriné.

Je me suis donc levé pour leur dire : "Donc c'était comme ça vous aviez fait uriner mon oncle? Cette ruse, je connais ceux qui ont inventé ça et ça ne marchera pas sur moi."

Le lendemain, j'ai ramassé mes affaires et je suis rentré.

J'ai suivi avec attention l'émission sur laquelle était mon frère **Michel Akodegnon** sur **Benin Eden TV** où il était question de la portée spirituelle de l'eau.

Sur l'émission, il y avait deux pasteurs intellectuels qui ont fait une formation en analyse biomédicale si je ne me trompe.

A son habitude, mon frère MOA a cité une expérience "scientifique" selon laquelle nos émotions, pensées et états d'âme peuvent changer la structure d'une bouteille d'eau.

J'ai crié !

Un scientifique connait la composition de l'eau : c'est 2 atomes d'hydrogènes (H2) et 1 atome d'oxygène (O) ce qui nous donne l'H2O.

Quel autre élément est apparu dans l'échantillon d'eau modifié par les émotions?

Heureusement, le pasteur, bien qu'étant dans la perdition du mysticisme religieux a reconnu le caractère farfelu d'une telle expérience.

L'eau a toujours été déifiée et les gens par ignorance lui ont attribué des milliers de pouvoirs imaginaires.

Comme l'expérience de l'eau qui déclenche l'envie d'uriner, en régulant la température de la personne et en mettant une pression sur sa vessie, l'eau a tellement de propriétés naturelles qu'on n'a plus besoin de l'entourer de charlatanisme.

La majorité des sources d'eaux miraculeuses ne sont que l'eau de caca. Faites des recherches sur le nombre de germes et microbes qu'on retrouve dans le grange en Inde.

Tant que nous allons refuser de nous ouvrir à la connaissance et nous focaliser sur les puissances imaginaires de telle ou telle autre chose, nous allons continuer à tomber dans les pièges des charlatans qui vont se faire un merveilleux plaisir de nous dépouiller de nos deniers.

Il suffit d'entendre l'eau couler dans votre sommeil et ça va déclencher l'envie de faire pipi et ça va forcer votre cerveau à faire un rêve qui va vous être fatal, honteux au réveil.

Quand il pleut, ça donne toujours envie d'uriner. Il en est de même quand on est près d'une réserve d'eau. C'est pourquoi beaucoup urinent dans les piscines malgré qu'ils aient été faire pipi dans les toilettes avant d'entrer dans l'eau.

La vie est trop simple, ce n'est plus la peine de la compliquer.

En une journée, nous avons 24 heures pendant lesquelles on ne dort que 6 ou 8 heures. Quelqu'un qui ne sait pas ce qui lui arrive pendant les 16 heures d'éveil, à quoi lui sert l'interprétation de 3 heures de rêve?

Pendant que ailleurs, les gens travaillent pour améliorer les conditions de vie de la postérité, nous on passe nos journées à nous rappeler de ce qui s'était passé dans notre sommeil.

On est incapable de cultiver le maïs en contre saison, tout le monde est trader et arnaqueur, ensuite, on se plaint du prix des denrées alimentaires. Tout le monde cultive les cryptomonnaies sur internet et on se plaint du prix de la bouteille d'huile d'arachide. Il faut essorer les iPhones, ça va remplir plusieurs bidons d'huile.

SUJET 72 : LA BIBLE, UNE HISTOIRE INVENTEE ?

Jésus n'est pas né à Bethléem et le royaume de David n'était qu'un chapelet de villages, affirment des historiens et des archéologues. La foi des chrétiens est plus que jamais mise à l'épreuve par la science, a constaté notre journaliste, de retour de Terre sainte.

Jésus qui naît dans une crèche à Bethléem, le peuple hébreu fuyant l'Égypte par la mer Rouge avec Moïse à sa tête, la conquête de la Terre promise, la chute des murs de Jéricho sous l'effet des trompettes de Josué, la magnificence du royaume de David et de Salomon... Ces récits bibliques ont une chose en commun : ils appartiennent à l'univers du mythe et non à celui de l'histoire.

La critique des récits bibliques à laquelle se livrent des experts de tous horizons aboutit aujourd'hui à considérer nombre d'entre eux non pas comme des données historiques fiables, mais comme des légendes, des textes symboliques qui s'apparentent à des fables. Leur but est d'éduquer, d'édifier et non pas de reconstituer les événements du passé.

Le récit de la naissance de Jésus à Bethléem, avec la mangeoire, le bœuf et l'âne, les bergers, les Rois mages, est considéré par les exégètes — les experts de l'interprétation biblique —, tant catholiques que protestants, comme une fable pieuse destinée à soutenir la foi. Pour eux, Jésus, dont l'existence est historiquement avérée, est né à

Nazareth, là où vivait sa famille. « On ne retient absolument pas l'historicité de ces récits que l'on trouve dans les Évangiles de saint Matthieu et de saint Luc », commente Odette Mainville, spécialiste des Évangiles et professeure à la Faculté de théologie et de sciences des religions de l'Université de Montréal. « Qu'on soit un exégète catholique ou protestant, on se rendrait ridicule en disant qu'il faut prendre à la lettre ces récits de naissance. »

Les deux textes évangéliques présentent d'ailleurs des divergences inconciliables. Chez Matthieu, Jésus naît à Bethléem, puis sa famille doit fuir en Égypte pour éviter le massacre des jeunes garçons que va perpétrer le roi Hérode. C'est seulement au retour d'Égypte que la famille s'établit à Nazareth. Selon Luc, par contre, les parents de Jésus vivent déjà à Nazareth, mais Joseph doit se rendre à Bethléem pour s'y faire recenser, conformément à l'édit de l'empereur romain. Il n'y est pas question de massacre d'enfants et la famille rentrera à Nazareth.

Non seulement les récits ne concordent pas, mais les historiens ne croient pas au massacre de garçons et estiment que Luc fait erreur sur la nécessité pour Joseph de se rendre à Bethléem pour le recensement.

Écrits plus de 60 ans après la mort de Jésus, les récits concernant son enfance sont les derniers textes compilés dans les Évangiles de Matthieu et de Luc. « Les Évangiles se sont créés par strates, explique Odette Mainville. À un moment donné, le rédacteur final rassemble les différentes traditions et y ajoute ses remaniements personnels. Quand l'Évangile de Marc a été écrit, vers l'an 65, on n'a pas ces récits d'enfance. Pour Matthieu et Luc, la rédaction finale des textes se situe entre 85 et 90. »

À cette époque, le christianisme se répand comme religion indépendante du judaïsme et ses adhérents tiennent à mettre Jésus sur le même pied que les grands personnages qui ont marqué l'histoire de l'humanité. Or, le récit fabuleux de naissance est un genre répandu dans l'Antiquité : un grand personnage doit avoir une naissance exceptionnelle. Le conquérant grec Alexandre le Grand, par exemple, se targuait d'une origine divine. « Les gens de l'époque n'étaient pas dupes, affirme Odette Mainville. On savait à quoi servait ce genre littéraire, soit à faire l'éloge d'un grand personnage. » Il ne fallait donc pas prendre ces récits au pied de la lettre. Mais au cours de l'histoire, la fable de la nativité de Jésus a été interprétée de façon littérale.

Mais qu'avait donc de prestigieux une naissance à Bethléem plutôt qu'à Nazareth ?

« Nazareth est un trou », écrit l'auteur français Jacques Duquesne dans son livre Jésus, un best-seller paru en 1994. Bethléem, par contre, était le lieu de naissance du roi David, figure de proue de l'histoire juive et symbole de la grandeur d'Israël et de son alliance avec Yahvé. Les évangélistes ne manquent d'ailleurs pas de le souligner : Jésus était de la lignée de David et, en tant que Messie, c'est à Bethléem qu'il devait naître. À l'époque de Jésus, le peuple juif, dominé par la puissance romaine et un roi mal-aimé, rêvait d'un nouveau David, d'un roi ayant reçu l'onction sacrée (c'est la définition de « messie »), qui allait lui redonner son indépendance.

Si la naissance de Jésus à Bethléem relève de la fable, le récit biblique de la puissance et de la grandeur du royaume de David (1 000 ans av. J.-C.) ne se porte guère mieux aujourd'hui. Les textes de la Bible font de David un poète conquérant ayant reçu de Yahvé la promesse d'un royaume indépendant et d'une lignée qui devait « subsister à jamais ». Ils lui attribuent un royaume dont les frontières vont de l'Égypte jusqu'à l'Euphrate, en Syrie. Son fils héritier, Salomon, doté d'une puissante armée, croulant sous les richesses et possédant un harem de 1 000 femmes, aurait construit à Jérusalem un temple somptueux, digne de figurer parmi les merveilles du monde. Rois sacrés de la Bible, David et Salomon n'ont cessé d'exercer dans l'imagination des juifs et des chrétiens la fascination d'un véritable âge d'or, placé sous le signe de l'alliance du ciel et de la terre. La recette du bonheur !

Or, cette légende dorée n'a pas résisté à un examen des récits de la Bible. Les critiques, cette fois, ne sont pas des théologiens exégètes, mais des historiens-archéologues, qui ont jeté ces dernières années quelques pavés dans la mare de l'histoire biblique. Ils se nomment Israel Finkelstein, de l'Université de Tel-Aviv, et Neil Asher Silberman, de l'Université du Massachusetts. Lancé au début des années 2000, leur ouvrage La Bible dévoilée a été un best-seller mondial. En 2006, ils ont approfondi leur analyse de la légende de David et de Salomon dans Les rois sacrés de la Bible.

Se basant sur les résultats d'années de recherches en archéologie, les deux auteurs ramènent le fabuleux royaume de David et de Salomon à des proportions tellement modestes que les deux rois n'apparaissent plus que comme des chefs locaux régnant sur une population rurale clairsemée dans les collines de Judée. Ont-ils même réellement existé ? Certains auteurs les considèrent comme aussi irréels que le légendaire roi Arthur, qui aurait combattu les envahisseurs de la Grande-Bretagne au début du Moyen Âge.

Finkelstein et Silberman estiment que des preuves archéologiques, même fragmentaires, témoignent plutôt en faveur de leur existence. Mais les preuves manquent complètement lorsqu'il s'agit de confirmer le récit biblique portant sur la grandeur et la puissance de leur royaume. « La Jérusalem du 10e siècle [av. J.-C.], écrivent-ils, était plutôt réduite, elle devait se limiter aux dimensions habituelles d'un village de montagne typique. » Le reste du royaume de Juda — territoire du sud d'Israël dominé par la monarchie de Jérusalem — se résumait à « une vingtaine de villages abritant quelques milliers d'habitants ». Leur conclusion ? « David et Salomon ne furent guère que des chefs de clan dont le pouvoir administratif, local, s'étendait uniquement sur la région montagneuse qu'ils contrôlaient. »

Le nom d'Israel Finkelstein (voir « Nul n'est prophète en son pays») est lié à la campagne de fouilles menée depuis une quinzaine d'années sur le site de Megiddo, à 125 km au nord de Jérusalem. Situé au sommet d'une colline qui surplombe la vallée fertile de la Galilée, ce site est considéré comme le joyau de l'archéologie biblique. Il a été habité dès le septième millénaire avant l'ère chrétienne. Une trentaine de couches d'occupation s'y superposent : une vraie mine d'or pour les équipes d'archéologues qui s'y sont succédé depuis 1903 ! Megiddo, c'est aussi l'Armageddon (déformation grecque de l'hébreu Har Megiddo) de l'Apocalypse de saint Jean, là où doit se dérouler, à la fin des temps, l'ultime bataille entre les forces du bien et celles du mal. Le pape Paul VI s'y est rendu en visite solennelle en 1964. On y trouve, entre autres, les vestiges d'une citéforteresse ayant contenu de magnifiques palais. Depuis le début du 20e siècle, les archéologues, fidèles à l'interprétation biblique traditionnelle, ont attribué ces palais au roi Salomon. Ils y voyaient une preuve de la véracité historique de la Bible sur la splendeur et la puissance de son royaume.

Ici, Finkelstein va renverser l'ordre des choses. Il rompt avec la très ancienne tradition qui a consisté à prendre la Bible pour guide et à se servir de l'archéologie comme preuve de sa véracité. Non, soutient-il, ces palais de Megiddo n'ont pas été construits par le grand Salomon. Ils sont l'œuvre d'une autre dynastie, qui a régné sur le nord d'Israël, y constituant un royaume plus riche et plus puissant que celui sur lequel régnaient les petits rois de Jérusalem. Les rédacteurs de la Bible, au service de ces derniers, n'arrêtent d'ailleurs pas de maudire cette royauté du Nord, coupable de toutes les abominations. Il faut réinterpréter les récits de la Bible à la lumière des découvertes de la science, soutient Finkelstein, et cesser de la prendre pour un manuel d'histoire. Le cas de Megiddo n'est qu'un jalon dans une série de remises en question des récits bibliques. Parmi ceux que les résultats de l'archéologie permettent de ranger sur la liste des légendes sans fondement historique, on trouve :

• celui des patriarches. Abraham, Isaac, Jacob et ses 12 fils, considérés comme les pères de la nation israélite. L'analyse serrée des détails historiques du texte biblique ainsi que de ses anachronismes, ajoutée aux découvertes de l'archéologie, démontre que ce texte a été composé en réalité quelque 1 500 ans après les faits qu'il prétend décrire. Ses rédacteurs ont inventé une épopée nationale des commencements.

• celui de l'Exode. La Bible raconte qu'au 13e siècle avant Jésus-Christ quelque 600 000 Israélites — avec Moïse à leur tête — quittent l'Égypte, où ils sont tenus en esclavage, traversent miraculeusement la mer Rouge et entament un périple de 40 ans dans le désert du Sinaï. Sur le mont du même nom, Yahvé révèle sa véritable identité à Moïse et lui remet les 10 commandements. N'en déplaise aux admirateurs de Charlton Heston, la célèbre incarnation hollywoodienne de Moïse, les données historiques et archéologiques rendent impossible un tel exode. Au surplus, les 600 000 campeurs du désert n'ont laissé aucune trace, ce qui est invraisemblable aux yeux des archéologues.

• celui de la conquête de la Terre promise. La Bible affirme que, après leur périple dans le désert, les Israélites se sont lancés à la conquête de Canaan, la Terre promise, correspondant aux territoires actuels d'Israël et de Cisjordanie. Première tombée, la ville de Jéricho est conquise par Josué, qui en abat les remparts en faisant sonner ses trompettes. Cette guerre de conquête culminera dans la prise de Jérusalem par nul autre que David. En réalité, le pays de Canaan est à cette époque fermement contrôlé par l'Égypte, la plus grande puissance du monde. Une horde de réfugiés du désert n'a pas pu conquérir ce territoire. Quant à Jéricho, les fouilles archéologiques ont démontré qu'à l'époque de sa prétendue conquête non seulement elle n'avait pas d'enceinte, mais elle n'était même pas habitée.

• celui de l'origine du peuple hébreu. Loin d'avoir conquis de haute lutte la Terre promise contre les Cananéens, les Hébreux, au temps de Moïse, étaient déjà sur place, comme le prouvent de nombreux indices archéologiques. Les Cananéens... ce sont eux !

Qu'y a-t-il derrière toutes ces légendes ? Pourquoi a-t-on inventé autant d'histoires grandioses ? Selon Finkelstein et Silberman, ces récits bibliques ont été rassemblés et rédigés à l'époque du roi Josias (639-609 av. J.-C.), dans le but de créer une unité politico-religieuse autour de la monarchie de Jérusalem. L'épopée ainsi constituée visait à faire croire à une unité ancienne du peuple israélite autour de cette monarchie, une sorte d'âge d'or qu'il fallait maintenant recréer. En cette fin du septième siècle, le royaume de Juda, plus peuplé, plus riche, plus grand et mieux organisé qu'à l'époque de David, affirme sa prétention sur tout le territoire d'Israël. Le texte biblique reflète cette ambition en instaurant un culte unique dans le temple de Jérusalem et un royaume d'Israël unifié, celui de Josias, qui se présente comme un nouveau David.

La remise en cause du caractère historique de certains récits bibliques ne va pas de soi pour tout le monde. Le discours des auteurs critiques ne passe pas comme une lettre à la poste auprès du grand public, qui reste attaché à la version légendaire des événements. On n'accepte pas facilement de se faire dégonfler ses grandes histoires sacrées.

« Même dans les milieux de l'exégèse catholique, la révision critique des récits traditionnels — la "démythisation" — est un fait acquis. Le vrai problème est le décalage entre le discours des spécialistes et le discours pastoral. Le pape actuel me semble faire tout ce qu'il peut pour freiner cette intégration des deux niveaux », déplore Pietro Boglioni, professeur d'histoire religieuse à l'Université de Montréal et auteur d'un livre critique sur le célèbre roman de Dan Brown (Le Da Vinci Code : Le roman, l'histoire, les questions).

Ce qui est encore massivement propagé auprès des croyants n'est pas la version « démythifiée », mais la version traditionnelle et littérale des récits bibliques, comme celui de la crèche de Noël. « Quelles sont les tribunes où l'on pourrait faire cette éducation ? se demande Odette Mainville, de la Faculté de théologie de l'Université de Montréal. Les églises sont vides ! Et il y a des prêtres qui n'ont pas eu le temps d'aller se recycler. Mais je dis toujours qu'il faut nettoyer la crèche et non pas la démolir. C'est une imagerie qui fait partie des textes du Nouveau Testament. Elle a une symbolique et il s'agit de l'expliquer. »

Même phénomène du côté israélien, à propos des récits sur les rois sacrés de la Bible. Des auteurs comme Finkelstein et Silberman ont beau diffuser les résultats de leurs recherches, la mythologie biblique continue de l'emporter sur les données de la science, même dans les écoles d'Israël.

En octobre dernier, à Jérusalem, Yosef Garfinkel, archéologue de l'Université hébraïque, a fait la une des journaux en prétendant avoir découvert sur un site judéen la preuve de la grandeur du royaume de David. « Quand on voit l'atmosphère religieuse qui entoure ces travaux, les groupes religieux qui les financent, on constate qu'il s'agit d'un refus de se rendre à l'évidence et d'une tentative désespérée de vouloir prouver que ce récit de la Bible est littéralement exact », commente en entrevue Neil Asher Silberman, coauteur de La Bible dévoilée. Selon lui, il y a chez certains scientifiques une attitude un peu puérile vis-à-vis de la Bible : il faudrait que tout soit vrai ou que tout soit faux. « C'est le point de vue des créationnistes américains sur la vieille histoire de la création du monde. »

Que la Bible ne soit plus prise pour un livre d'histoire où tout serait littéralement vrai ne lui enlève pas sa valeur essentielle, ajoute Silberman. Que le grand royaume biblique de David et de Salomon soit réduit par la science à des proportions beaucoup plus modestes n'enlève rien à la force symbolique du mythe ainsi créé. « C'est un mythe universel, celui de l'âge d'or à partir duquel l'humanité a déchu et auquel elle désire retourner. Cette image forte d'un âge d'or au cours duquel nous étions gouvernés par un roi rempli de sagesse revêt une grande importance pour les gens du monde entier, mais cela ne signifie pas qu'il s'agisse d'une réalité historique. »

SUITE : https://lactualite.com/monde/la-bible-une-histoire-inventee/

SUJET 73 : LE PROBLEME DE L'AFRIQUE

⬤ Les Peuples les plus pauvres sont les plus croyants.

Mais on se pose la question de savoir, sont-ils pauvres parce qu'ils sont croyants ou bien sont-ils croyants parce qu'ils sont pauvres....

Dites-lui de réfléchir à lui-même pour sortir de la misère, il ira se faire dépouiller par un Imam ou un Pasteur.

Le véritable problème de l'Afrique est la mentalité des Africains.

Triste réalité !

SUJET 74 : COMMENT LES FEMMES FABRIQUENT LE PÈRE CRUEL

(Tout homme doit lire ceci pour ne pas tomber dans le piège).

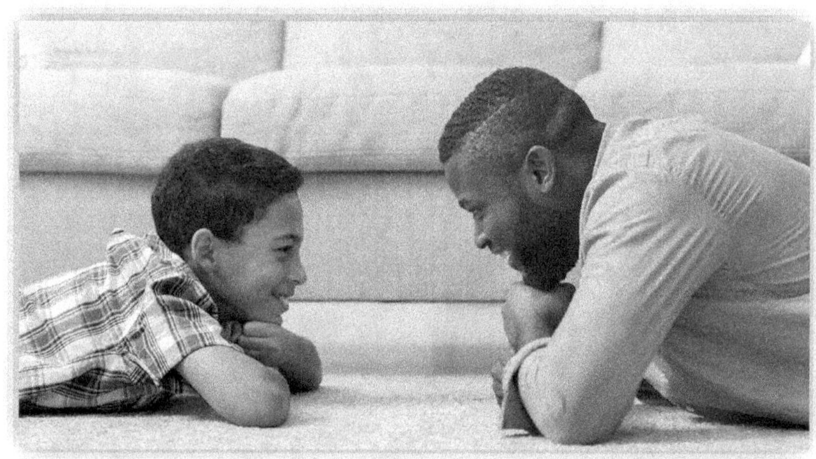

Dès que l'enfant sevré ou pas commence à prendre conscience, naturellement, il va s'attacher à son père qui est plus ou moins présent à cause de ses activités au quotidien. Ses premiers mots tourneraient autour de "Papa, Dada" et rarement "Maman".

Ceci fera naître une "saine" jalousie du côté de la mère qui se dit avoir été le plus grand hôte de l'enfant sans savoir que ce dernier a d'abord séjourné dans le scrotum du père.

Habilement, la mère désignera le père comme le préfet de discipline de l'enfant, la police et le huissier d'exécution des peines de la maison. Le père sera forcé à sévir pour des fautes réelles et imaginaires car, c'est la mère qui, après avoir exposé les faits, décidera de la sentence.

Une fois la sentence appliquée par le méchant père, c'est encore la mère qui passera par derrière pour jouer à la consolatrice.

Cette technique de manipulation a pour but d'amener l'enfant à voir son père comme un être cruel, méchant, sans coeur, et même parfois sans amour.

Petit à petit, les enfants en arriveront à détester le père pour sa cruauté. La mère profitera de son absence pour enfoncer le clou avec des histoires loufoques où elle sera la victime.

Le père sera peint comme un irresponsable qui ne se soucie pas des besoins ou du bien-être des enfants.

L'enfant prendra la résolution de "Mettre la Mère à l'abri" de la méchanceté du père. L'enfant fera tout pour "Rendre la mère fière".

Dès qu'il aura les moyens, ce sera toujours "La mère d'abord".

S'il est dans un pays étranger, il fera voyager la mère, abandonnant le père à sa misère.

Et pourtant, c'est le père qui s'est privé de tout pour lui offrir ce qu'il peut. La scolarité et les fournitures, c'était lui, l'argent de poche au quotidien, c'était lui, l'eau et l'électricité, c'était lui, le toit sur la tête, c'était lui, la santé et le bien-être, c'était toujours lui.

Si le père sort 10.000 FCFA pour quelque chose qui devrait coûter 12.000, si la mère complète les 2.000 FCFA restants, c'est elle qui sera vue en super héros du jour.

Résultat : Aujourd'hui, on voit les gens qui n'ont à coeur que le bien-être de la mère. Les pères sont abandonnés à eux-mêmes.

Si jamais il n'a pas la chance d'avoir préparé sa retraite et n'a pas une petite femme à côté, il va mourir seul et abandonné.

Tout ce que les enfants font subir à leurs pères sont essentiellement pour venger les mères.

C'est pourquoi, tout ce que vous gagnez pendant que vous avez la force, mettez toujours une partie de côté pour vos vieux jours car, dès que vous n'aurez plus la santé financière d'antan, les femmes vous quitteront pour aller s'installer chez leurs enfants vous abandonnant à la misère.

C'est bien de discipliner son enfant, mais il ne faut jamais succomber à la manipulation du père fouettard dont l'évocation du nom fait trembler l'enfant.

Je me rappelle de mon enfance où, pour m'obliger à faire tout et n'importe quoi, il suffisait d'évoquer mon père et je me plie comme un pagne.

Dans la maison du voisin, il suffit que les enfants entendent le bruit de la moto de leur père et c'est la panique dans la maison, tous les enfants prennent la fuite, qui pour aller se cacher, qui pour aller prendre ses cahiers et feindre de lire.

Il en est arrivé un moment où je ne souhaitais même plus le retour de mon père qui me réveillait à 3 heures du matin pour m'infliger une punition parce qu'on lui avait rapporté une faute que j'ai commise.

Rare sont les enfants qui grandissent avec la rancoeur du père quand ils ont été élevés par ce dernier.

Pour s'assurer un avenir radieux et doré, les femmes s'attellent à fabriquer le père cruel. C'est de bonnes guerres.

La discipline, oui, mais ne soyons pas le messager à abattre.

Je ne veux pas dire qu'il faut être l'ami de son enfant, NON, il faut d'abord être le père de l'enfant car, c'est le seul qu'il peut avoir dans sa vie, les amis, il en trouvera partout.

C'était moi, un futur père aimant !

SUJET 75 : CROYANCE EN DIEU OU ALLAH : UNE MALADIE MENTALE INCURABLE !

Vous étiez nombreux à lire les orphelins de cerveau qui faisaient circuler cette image avec un message selon lequel le Dieu d'Abraham, d'Isaac et de Joseph aurait épargné cette maison parmi les 12.000 et plus maisons parties en fumée à Los Angeles en Californie tout simplement parce que son propriétaire serait un chrétien, d'autres disent qu'il serait un catholique.

J'ai aussi vu une autre version ou c'est un musulman qui écrit que Allah aurait épargné cette maison parce qu'il y avait un coran à l'intérieur.

Mais qu'en est-il en réalité ?

Cette image date de Août 2023, bientôt 2 ans et elle est prise à Hawaii dans la ville de Lahaina à Maui.

Eh oui, quand on est adorateur d'une divinité imaginaire, il faut multiplier les mensonges pour le faire exister et faire croire à ses œuvres.

Romaric Jean Sonon m'a même tagué sous la publication d'une écervelée qui soutenait avec véhémence que la dite maison épargnée appartenait à **Tom Hanks** (voir capture en commentaire).

Quand on a l'eau de fosse septique qui circule dans le crâne 💀, on se dit que le monde entier est bête et prêt à avaler toute forme de fumisterie.

Les croyants ne réfléchissent pas, sinon, dans un drame où il y a des milliers de sinistrés, ils n'allaient pas exhiber une exception comme œuvre prodigieuse.

Le pire est que c'est seulement dans les catastrophes naturelles qu'ils voient les œuvres de leurs Dieux imaginaires. Toujours en train de le faire passer pour un sanguinaire terroriste méchant qui n'a aucun égard pour l'humanité.

Supposons que c'est effectivement votre Dieu imaginaire qui avait provoqué le feu 🔥en Californie, n'est-ce pas une raison pour le désavouer ?

Supposons que malgré sa puissance incommensurable, il n'a réussi qu'à épargner une seule maison sur 12.000, c'est pas une raison pour se rendre compte qu'il est une divinité inerte incapable ?

1/12.000 ça donne quel pourcentage ?

Il y a une vidéo dans laquelle il y a une jeune femme américaine qui, pour protéger la maison de sa mère, allaient dans les maisons alentours pour éteindre les petites braises avant que ça ne prenne une autre proposition. À elle seule, elle a sauvé des dizaines de maisons.

Peut-on dire que cette jeune dame est 10 voire 100 fois plus puissante, plus compatissante et plus performante que votre Dieu imaginaire incapable ?

Les croyants sont des gens stupides qui n'ont aucune notion de logique. Autrement, ils n'attribueraient jamais une méchanceté à un Dieu pour qui ils doivent faire des recrutements.

Le feu en Californie n'est pas un événement nouveau. C'est un rituel, même un festival annuel. D'ici 69 semaines, toutes les maisons parties en feu seront reconstruites par les assurances et les propriétaires auront l'aide du gouvernement.

Quand les gens meurent de faim, votre Dieu imaginaire est incapable, quand les milliers d'enfants périssent sous les bombes, votre Allah est handicapé.

Mais curieusement, il est sur les terrains de football pour donner la victoire à votre équipe favorite.

Ne pensez-vous pas qu'il est temps d'arracher votre liberté de réflexion et vous accaparer de votre cerveau saisi par vos chefs religieux ?

Combien de fois encore allez-vous continuer à subir cette humiliation car je ne raterai JAMAIS une occasion pour vous en mettre au fond du fion.

Usez d'un gramme de logique et vous allez comprendre que c'est exactement de cette manière que les miracles ont été attribués à Jésus, Dieu, Allah et les autres.

La religion est un système né du mensonge et il est entretenu au quotidien par une grande dose de mensonges pour maintenir les décérébrés en captivité intellectuelle.

Venez à la lumière et vous allez vivre le véritable bonheur et non une illusion d'optique.

SUJET 76 : DISPARITION MYSTÉRIEUSE DE PHALLUS À ABIDJAN : les orphelins de cerveau mis en déroute par la réalité des faits.

Hier, j'ai été tagué par les paroissiens **Brice Adovelande** et **Ahouandjinou Coffi** dans une publication sur la page **Allô Docteur** (première capture).

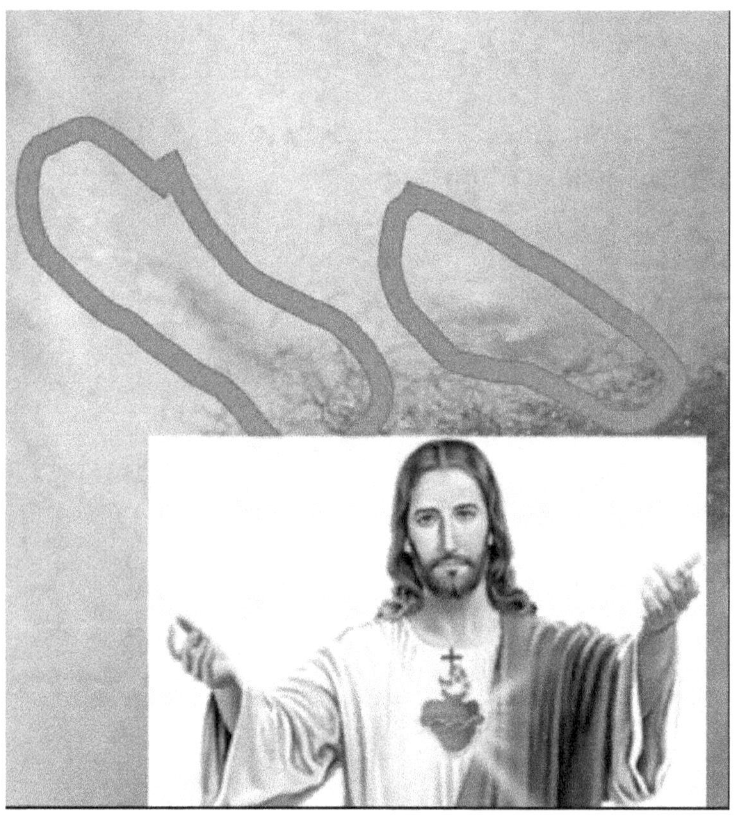

J'ai suivi le lien télégramme pour prendre connaissance des faits et examiner les preuves.

Je tombe sur 9 photos d'un individu qui à la place du sexe, se trouve un scrotum en pièce détachée sans la présence de la verge.

C'est la première fois de mon existence de voir quelque chose du genre.

Selon le récit, il s'agissait d'un jeune de 15 ans, portefaix dans un marché ivoirien qui aurait aidé un vieillard de 69 ans à porter son colis, service facturé à 500 FCFA. Au moment de recevoir la paie, le vieillard qui selon la description du jeune aurait des dreadlocks et un chapeau, lui aurait remis un billet de 500 FCFA en mauvais état. Sachant qu'il lui serait difficile de le dépenser, il refuse le billet forçant ainsi le vieux à lui remettre, cette fois-ci, un billet de 1.000 FCFA.

Alors qu'il remettait le reliquat de 500 FCFA au vieux, ce dernier aurait refusé la monnaie et lui aurait serré la main avant de rentrer dans un taxi.

C'est donc après son départ qu'il qu'il aurait senti que son phallus a commencé le déménagement de sa base initiale. En se touchant, il se serait rendu compte que son pénis, ce précieux bijoux de famille venait de prendre le visa pour disparaître mystérieusement avec son téléphone portable et un autre billet de 2.000 FCFA en compagnie du billet de 1.000 FCFA du vieux.

Le jeune homme s'est alors rendu au commissariat pour faire la déclaration de perte de pénis.

En examinant les photos, j'ai clairement remarqué une cicatrice de chirurgie.

Alors pour répondre aux paroissiens qui m'ont interpellé, j'ai écrit en commentaire :

"Regarde bien et tu verras la marque (cicatrice) de l'opération chirurgicale qu'il a subi dans le passé. Il suffit de muscler l'interrogation et il dira la vérité (capture en commentaire).

Il fallait voir comment les orphelins de cerveau rendaient les témoignages dans les commentaires.

Ce qui m'a le plus révolté, c'est que les policiers l'ont conduit dans un hôpital où le personnel hospitalier aurait confirmé "La disparition mystérieuse de pénis après examen".

J'avais littéralement la rage. Comment un médecin peut faire une telle déclaration sans analyser les contours du sexe pour voir s'il n'y a pas eu une intervention chirurgicale au préalable ?

Je n'en revenais pas.

Mais heureusement, après avoir multiplié les erreurs, le Maire de Gagnoa, la ville dans laquelle se déroule le drame, a diligenté une enquête qui a permis de découvrir auprès des voisins que le jeune homme aurait été impliqué dans un accident où il s'en est sorti avec le pénis broyé et pour le sauver, le médecin spécialiste avait pratiqué une exérèse chirurgicale, c'est-à-dire une ablation du pénis et lui aurait placé une sonde afin qu'il fasse tous les besoins par le rectum.

Pour se justifier d'avoir forgé cette fumisterie directement sortie d'un film Nollywood, le jeune homme déclarera être en difficulté financière et qu'il a inventé cette histoire dans l'espoir de mobiliser un soutien financier.

Voyez-vous jusqu'où les gens sont prêts à voyager avec votre cervelle ?

Au cours de mes recherches, j'ai découvert qu'un être humain peut bien naître sans pénis et ça s'appelle l'agénésie pénienne.

On ne cessera jamais de vous le rappeler, il n'existe aucun vrai gris-gris, il n'existe aucun pouvoir capable de faire disparaitre mystérieusement un pénis. Une lame de 25 francs en est capable, mais c'est impossible à un gris-gris de 69.000.000.

Il n'existe aucun Fifobo ou aucune sorcellerie.

Tous les jours, les faits réels nous permettent de comprendre que 99% des récits mystiques de nos parents sont directement sortis de leur fion.

La connaissance existe et elle est gratuite pour ceux qui sont décidés à apprendre.

Mais ceux qui ont l'eau de fosse septique dans la cervelle peuvent continuer à croire à toutes les fariboles du monde.

Le jeune homme est désormais en état d'arrestation, mis en garde à vue en attendant d'être déferré devant le procureur.

Poursuivez la connaissance, elle vous sauvera de la psychose inutile.

SUJET 77 : LA VERITE SANS FARD : ENTRE VALEURS, CHOIX ET CONSEQUENCES

Je n'ai aucun cadavre dans mon placard, c'est pour ne pas en avoir que j'ai commencé à travailler à 10 ans.

Dès que j'ai eu mon passeport américain, j'ai reçu des propositions de gain de 300.000.000 l'an et je n'ai pas que refusé, j'ai menacé de signaler l'intermédiaire à la justice.

À mes 15 ans déjà, j'étais un AS de l'informatique et de internet et j'ai aidé beaucoup de gens à ouvrir leur premier E-mail à SONGHAI mais jamais je n'ai pensé faire comme les analphabètes qui ramassaient les millions sur le net.

Je remercie mon père qui s'est inspiré de ses erreurs pour me mettre sur le bon chemin. Il m'a toujours déconseillé l'amitié des gosses de riches. Pour lui, c'est le moyen le plus facile pour aller en prison car, un jour, quand il sera soupçonné d'avoir volé l'argent de ses parents, volé la chaîne en or de sa maman, ce n'est pas lui qui ira en prison, mais toi. En voyant son mode de vie, tu vas cultiver la haine gratuite pour tes parents car tu vas croire qu'ils ne t'aiment pas.

Ce conseil m'est collé à la peau à ce jour. Les gens ne volent pas ou trempent dans le monde du crime juste pour manger. La majorité, c'est pour avoir un NOM, être connu, avoir un pouvoir, être le Boss, l'incontournable, avoir toutes les femmes. Beaucoup ont trempé dans le crime pour entendre leur nom dans les chansons.

Mon Papa m'a toujours raconté l'histoire des grands et célèbres personnages dont les Adjahoui et Letriki chantaient constamment les noms et faisaient des dédicaces dans les chansons.

Quand j'ai grandi, j'ai fait le constat avec les noms tels : Capi Dougbè, Dadjô Makpodgbé USA-MAN, Florent Mahougnon, Junior Natabou, Thierry Gandaho, etc.

Non, nous sommes nombreux à avoir appris le détachement matériel et la nature s'est alignée sur nos principes et le pain et le vin n'ont jamais manqué sur notre table.

J'ai acquis une si grande simplicité que les gens ne font aucun effort pour m'inventer des crimes et des vies de misère, tellement mon camouflage est de type caméléon.

C'est pourquoi je n'ai jamais été humble de ma vie car l'humilité est un achat de conscience pour inciter les gens à fermer les yeux sur vos crimes à venir. Les gens refusent de juger pour ne pas être jugé.

Il suffit de voir comment les gens traitent les biama ici sur Facebook. Quand c'est quelqu'un de leur clan, c'est un non événement, la défense est systématique. Mais quand c'est un autre, ils vont multiplier 69 publications pendant 6 jours.

Moi j'ai une génération à éduquer et à équiper avec l'état d'esprit idéal.

Je n'ai pas peur de mourir ou d'aller en enfer. Je n'ai pas peur que mon camarade va me lancer un sort. Alors, toutes mes qualités réelles sont basées sur mes valeurs intrinsèques et non sur la peur d'une divinité ou l'attente d'une récompense. Je ne donne pas pour aller au ciel et je ne m'empêche pas pour éviter l'enfer.

Pour moi, il n'existe que le mal fait à autrui. Le péché est un concept qui évolue selon la qualité de la personne, ses rapports avec le juge, le temps, l'époque, l'environnement.

La preuve, dans les prisons américaines, il y a des milliers de noirs condamnés par ce qu'on a retrouvé un sachet de marijuana sur eux. Aujourd'hui, il y a des boutiques de vente de marijuana partout aux États-Unis.

Il y a quelques années, l'homosexualité est considérée par l'église catholique comme une abomination. Aujourd'hui, le Pape Francois autorise les gays à être prêtre.

Le jour où les gens arriveront à mon niveau, ils vont réellement goûter au véritable paradis sur terre.

Non, nous n'avons pas tous des cadavres dans le placard, peut-être, quelques poils de pubis, des slips saisis, des chaussures intentionnellement laissées pour marquer le territoire, des perruques abandonnées. Mais pas de cadavres, on les a tous enterrés dans le jardin.

Je m'arrête là pour ne pas être trop long.

SUJET 78 : POURQUOI LE NOIR NE SERA JAMAIS RESPECTÉ NULLE PART AU MONDE ?

J'ai suivi une expérience sociale où un homme blanc et un homme noir jouent à l'aveugle, canne blanche, lunettes 👓 et essayent d'attraper la main des inconnus pour cheminer avec eux. Je n'ai pas besoin de vous livrer le résultat, vous l'avez déjà imaginé : tout le monde a tendu le bras au blanc et à continuer de marcher et tout le monde a rejeté le noir comme une merde. D'autres ont même essayé la partie de leur bras qu'il a touché.

Dans les grands magasins de vente en occident, spécialement aux États-Unis, les produits destinés aux noirs sont enfermés à clé dans les baies vitrées. Et, croyez-moi, ce produits coûtent entre 69 centimes et $6 ou $9.

Si jamais quelqu'un invente une machine à remonter le temps, tout le monde peut l'emprunter, tout le monde sauf le noir car il n'y a pas cette époque de l'humanité où le noir a été considéré sous une base égalitaire.

Mais pourquoi un tel mépris pour l'homme noir?

D'abord, il a lui-même profité de toutes les occasions pour démontrer qu'il n'est pas digne de confiance.

Si vous faites un tour dans les rares magasins qui n'enferment pas les produits destinés aux noirs, vous verrez que l'étalage est vide, non pas par défaut de réapprovisionnement, mais volés à la sauvette. Les congolais appellent ça "La dette coloniale".

En 2015, je vivais dans une communauté noire. Et quand j'ai décidé de faire mon regroupement familial, je me suis offert une voiture neuve. Le lendemain, les gens ont pris un objet tranchant pour détruire la peinture.

Le 15 Décembre 2010, je me suis offert un système de sonorisation avec vidéo dans ma voiture. Le 25 Décembre, la voiture a été cassée juste pour emporter le système et mon portefeuille que j'ai laissé dans la boîte à gants.

Paradoxalement, dans les communautés blanches, les garages sont laissées ouvertes la nuit. À cause de mon boulot, parfois, je dois me rendre dans les maisons à 3 heures du matin, oui, c'est surtout la nuit profonde que les gens ont besoin de don d'orgasme. Dans les communautés blanches, les choses de valeur sont partout. Cest vrai qu'il y a la présence des caméras, mais dans les communautés noires, les caméras n'ont jamais arrêté quiconque.

Il suffit de voir les comportements des africains qui se croient drôles dans les transports en commun en Europe, des goujatteries dignes des hommes de caverne. Dieu merci, **BOBO Adjanou Officiel** s'est finalement rangé.

Les rares noirs qui attirent l'attention des leurs sur la mauvaise réputation qu'ils laissent en héritage à la race sont vus comme des colons noirs.

La malhonnêteté est forcément inscrite dans l'ADN du noir. Il croit que le bien d'autrui qui, par la force des choses, se retrouve sur son chemin lui appartient.

Lundi dernier, l'une de mes tatas a commis l'erreur d'envoyer 100.000 FCFA au numéro +2290142857210 enregistré au nom de **#Abel TEOURO**.

L'erreur est humaine. La seconde qui a suivie, le sieur a vidé le compte rendant impossible le renversement de l'opération grâce au code *8805*57*numéro*montant#

Contacté, il dit qu'il est à Djougou mais parle bien le fɔngbe et sur son whatsapp, c'est le nom **#BAKPE Patrick** qui apparaît.

Bien entendu, sa localisation importe peu puisqu'il n'a pas ramassé l'argent dans la rue.

Il s'est alors lancé dans le dilatoire, demandant encore de l'aide sous prétexte qu'il devrait 150.000 FCFA à quelqu'un depuis 3 mois.

Hier, il laissé un message audio dans lequel il disait été fâché du ton dans lequel on lui réclame l'argent et que malgré les recommandations de sa mère, il ne retournerait plus les sous.

Une plainte a déjà été déposée au **Centre National d'Investigations Numériques-CNIN**.

Voilà le Beninois typique. Ça énerve les pauvres qui pensent qu'on met tout le monde dans le même panier. C'est normal jusqu'au jour où on devient victime.

Pour 100.000 FCFA, cet inculte est prêt à détruire la réputation d'une famille, région, origine.

Si vous avez un bout de temps, essayez de le raisonner avant qu'il ne soit trop tard.

Seul un serpent venimeux va semer dans ta poche ce qui te conduira en prison.

Merci à tous !

SUJET 79 : LES DERNIÈRES VOLONTÉS DE MA GRAND-MÈRE...

En Décembre 2024, par le biais de mon oncle, ma grand-mère m'appela pour me renouveler ses bénédictions avant l'entrée dans le nouvel. Mais ce n'était pas là la principale raison de son appel. Elle prit soudain un air sérieux, les lèvres tremblantes qui laisseront échapper ces quelques mots :

- "Jonassi, je ne veux pas que ma dépouille séjourne à la morgue. Il paraît que là-bas, on fait souffrir le corps en lui assénant de violents coups de bâton.

- Ce n'est pas vrai Djaassa, lui répondis-je. C'est un faux mythe cette histoire de coup de bâton. En effet, ça peut arriver. Mais c'est seulement quand les parents ne communiquent pas avec le thanatopracteur sur la date de levée du corps que ce dernier est obligé de recourir à cette méthode pour dégivrer le corps.

- Ce que je veux dire, c'est qu'il faut me remettre l'argent de morgue là, je vais manger ça de mon vivant."

L'âge avancé n'a pas du tout enlevé à ma grand-mère cette ruse et tactique de prendre par les voies détournées pour arriver à sa fin. Elle se fout complètement de ce qui arrivera à sa dépouille après sa mort. Le seul message qu'elle veut me faire passer est de ne pas l'abandonner de son vivant et lui organiser les obsèques royales pendant qu'Elle aurait vécu comme une miséreuse.

Cette discussion m'a remémorer que nous n'avons qu'une seule vie, qu'après notre mort, c'est d'autres personnes qui décideront de la date de nos obsèques, du choix de notre tombe, de la qualité de notre linceul et même de la profondeur du trou.

Personne ne devient un ange après la mort. Nous devons notre vie à ceux qui nous aiment et que nous aimons.

Celui qui pense que, de là-haut il peut prendre soin des siens se trompe éperdument.

La mort est le commencement d'un grand problème. Elle n'est pas une solution.

On peut disparaître, ensuite revenir donner une lueur d'espoir aux siens. J'ai vu mon oncle le faire. Et mon père a tout fait pour le retrouver et le ramener à la maison. 20 ans plus tard, c'est mon père qui disparaît et devinez celui qui est allé le retrouver pour le ramener à la maison : son frère.

Certains animaux abandonnent leurs progénitures pour ne pas avoir à les regarder mourir. Parfois, ces derniers trouvent le courage de s'en sortir.

Se donner la mort est le pire poison que nous pouvons offrir à ceux qui nous aiment.

On peut au cours de cette vie mener plusieurs vies :

- Ça ne marche pas à Akpakpa? Il faut essayer Calavi.

- Ça ne marche pas au marché ? Il faut essayer TikTok.

- Ça ne marche pas avec votre skinny querelleuse ? Trouvez une Apoutchou de 1,45 mètres.

Faîtes tout pour vous accrocher à la vie. Si vous n'avez plus goût à la vie, frappez un bon ahoco, ça va vous détendre et décongestionner votre système nerveux.

Ma grand-mère malgré ses 69 ou 96 ans, elle n'a pas d'acte de naissance, continue de chérir la vie. Veuve depuis plus d'une décennie, elle n'est pas pressée d'aller rejoindre le seul homme de sa vie.

La vie est la chose, le tout, le présent.

Mais si malgré tout, le suicide reste votre dernier choix, ce n'est pas grave, c'est la sélection naturelle, seuls les forts avancent.

LA SÉLECTION NATURELLE.

Suite au drame dans lequel un lieutenant s'est donné la mort en se tirant une balle dans la tête avec son arme de service, la phrase qui revient le plus est qu'il faut prêter attention aux signes de dépression chez nos proches.

En effet, le lieutenant avait fait plusieurs statuts dans lesquels il laissaient des messages à peine voilés.

Sur les réseaux sociaux Béninois, on peut tout reprocher aux internautes sauf la négligence d'un signe avant coureur. Même le simple silence est un signal d'alerte. Plusieurs âmes ont été repêchées de justesse.

Néanmoins, quelqu'un a réussi à faire croire à la jeunesse d'aujourd'hui qu'un monde de fées où les soucis et petits problèmes n'existent pas.

Je me rappelle de cette époque où chaque enfant sait que son père est capable de le tuer si jamais il reste dehors à jouer au football jusqu'à une certaine heure, et pourtant, personne ne respecte cette réglementation malgré le traumatisme qui accompagne l'acte.

Je me rappelle de cette époque où chaque enfant sait qu'il sera déshérité si jamais il ramène une mauvaise note à la maison. Certains enfants ont tout de même le génie pour falsifier les notes, un crime plus grave que la mauvaise note elle-même.

Je me rappelle de cette époque où il y avait des grands gaillards qui dépouillaient les plus jeunes à l'école et en venaient aux mains avec eux. Ces enfants ont grandi et ont fini par se libérer de cejour..

Chaque fille était consciente que chopper une grossesse sur le banc allait mettre fin à sa vie.

Et pourtant, nous avons sû surmonter ces époques.

Chaque jour est un défi nouveau à surmonter. À notre naissance il a fallu des jours pour qu'on soit capable de nous retourner, de ramper, marcher et courir. Combien de fois ne sommes-nous pas tombés ? Combien de fois n'avions-nous pas écorché le genoux ?

Tout va était un avant goût de la vie qui nous attend dans l'avenir.

Moi j'étais pressé de devenir adulte pour pouvoir être autorisé à regarder les films pornographiques car, les vendredis soirs, même si on a l'argent, le propriétaire du vidéo-club faisait sortir les enfants avant de lancer le programme.

Si l'humanité a atteint ce nombre record d'humains, c'est parce que nous avons gagné le combat contre des milliards de virus.

Nous sommes là meilleure version de l'homme que la terre ait connu.

Notre vie n'aura aucun sens si nous ne devenons pas une solution pour nous et notre communauté.

Il n'y aura aucune force, aucune entité, aucune divinité imaginaire nulle part pour nous apporter une solution.

Si Louis Pasteur s'était donné la mort, imaginez où serait le monde aujourd'hui.

Si Tesla, Les Frères Wright, Ford, Gates, Steve Jobs et Elon Musk s'étaient donnés la mort, comment serait le monde aujourd'hui ?

C'est vrai qu'il faut prêter attention aux signes de dépression chez nos proches, mais on peut aussi prévenir cette idée en évitant de leur faire croire qu'ils sont victimes d'attaques spirituelles, qu'ils subissent une malédiction générationnelle ou qu'ils auront un blocage s'ils frappent un bon ahoco.

Les superstitions religieuses sont les fardeaux inutiles pour un humain.

Si nous arrêtons de faire croire aux gens qu'il existe une meilleure vie après la mort, personne n'aura envie d'abandonner volontairement cette vie pour une réalité inconnue.

NON, IL N'Y A AUCUNE VIE AILLEURS.

Avant notre naissance, nous n'existions pas. LA MORT EST LA FIN ET NON UN NOUVEAU DÉPART.

Il n'existe aucun autre monde spirituel. Si quelqu'un croit le contraire, qu'il l'écrive sur son mur, pas ici.

Seul un homme peut apporter une solution aux problèmes des hommes.

Parfois, il suffit de discuter de vos inquiétudes avec quelqu'un pendant 6 à 9 minutes pour vous sentir bien et aguerri. La personne n'a même pas besoin de vous apporter une solution et vous avez une satisfaction mentale.

JE VOUS JURE SUR TOUT CE QUE VOUS AVEZ DE PLUS CHER DANS CETTE VIE, NOUS VIVONS LA MEILLEURE ÉPOQUE DE L'HUMANITÉ.

Il y a mille et une manières pour lancer une alerte. Si les gens ne vous prennent pas au sérieux, allez au carrefour Tankpê et gifler deux passants, billet d'avion Cotonou-Paris-Jackot peut sortir dedans.

Nous sommes tous dans la même course. La misère est notre ennemie commune.

Personnellement, ce qui peut me pousser dans la dépression, c'est quand je n'ai aucun soucis courant, un problème en cours, une Tougbédjê enceinte de moi dont je ne suis pas le père, une autre qui attribue ma grossesse à autrui.

N'oubliez pas non plus que nous sommes déjà plus de 8 milliards. Un ou deux fatigués qui ne peuvent pas s'adapter, ce n'est que la sélection naturelle. On va en pleurer, pendant quelques heures, le temps qu'un autre buzz vienne détourner notre attention.

La vie est un trésor, chérissons-la !

SUJET 80 : LIBERATION DE L'ESPRIT

Camarades affamés du savoir et amis de la vérité, Bonjour

Si tu me lis, c'est parce que plusieurs personnes ont pensé qu'on peut trouver un moyen plus simple pour envoyer un message très loin, en quelques fractions de secondes et au plus grand nombre de personnes.

Toute la technologie dont on bénéficie aujourd'hui est la solution à un problème réel.

Pour y arriver, les gens ont tourné dos aux divinités imaginaires inertes qui n'ont rien apporté à l'humanité.

Ceci pour te dire que tu n'as pas été envoyé sur terre par un Dieu pour attendre le retour de son fils qui est à sa droite au ciel.

Jésus n'a jamais été et ne sera jamais là solution à un seul de tes problèmes.

Jésus n'a apporté aucune contribution à l'évolution du monde actuel. Au contraire, en son nom et pour l'imposer, des millions de vies ont été détruites, anéanties.

La nouvelle mode de dépression qui circule actuellement parmi nous est dû au fait que quelques charlatans ont fait croire à quelques écervelés qu'il existe quelque part, un être imaginaire capable de résoudre leur problème en disant un mot.

Au lieu de changer sa garde robe, se rendre sexy et flirter avec prétendant à côté, la vieille demoiselle du quartier préfère passer 6 à 9 nuits par semaines dans les veillées de prière.

Pendant ce temps, une petite vendeuse de vagin de Akpakpa est régulièrement logée au **Sofitel** Cotonou.

La croyance est une prison qui a toujours conduit l'humanité à la perte. En 2025, il existe suffisamment d'informations pour comprendre que le Prêtre, Pasteur et Bokɔnɔn sont des charlatans commerciaux vendeurs de Jésus ou de Vodoun en détail.

Celui qui est incapable de trouver sa source de joie et de motivation à l'intérieur de lui-même deviendra esclave de celui qui les lui livre à compte goutte.

Si l'homme était la création de Dieu, les Pharaons se déplaceraient en Jet privé.

Si Jésus était le fils de Dieu, il aurait conçu une navette spatiale pour emmener ses 12 copains dans l'espace.

Dès que l'humanité s'est mise sous la coupole de la science, en moins de 200 ans, nous pouvons envoyer des objets à plusieurs années lumières de nous.

Tant que tu vas continuer à espérer un miracle, la piqûre d'un moustique d'un demi gramme va t'envoyer 6 pieds sous terre.

La croyance est une maladie mentale qui t'oblige à bloquer le processus de réflexion.

En science, chaque thèse s'appelle une contribution.

Tu dois aussi contribuer à l'évolution de la vie et de l'humanité.

Tout ce qui se passe dans ton sommeil est un effort du cerveau qui passe en pilotage automatique pour te maintenir en vie.

Non, aucun rêve n'a aucune signification future pour toi. Non, tu ne fais aucun voyage astral au cours de ton sommeil.

Non, tu ne fais aucun rêve prémonitoire. Quand tu penses avoir vu un événement qui se produit devant toi dans un précédent rêve, c'est plutôt ton cerveau qui vient de faire une capture d'écran et te le projete en double. En neurologie, ça s'appelle le **#Déjà Vu**.

Ta présence sur terre a bien un but : contribuer à l'évolution de l'humanité. Ceci n'est pas aller à l'église ou attendre le retour de Jésus.

Entre nous, si tu étais Jésus, reviendrais-tu?

Sors de cette porcherie et commence à vivre. La vie est trop belle. Aime quelqu'un et fais-toi aimer, il n'y a rien de plus merveilleux sur terre que l'amour, dans toutes les positions avec une Apoutchou légèrement fessue. Si tu aimes les skinny querelleuses, go for it, mais évite **Tertulie Gaffan**, c'est seulement sa cuisine qui est merveilleuse, à part ça, Franck en sait quelque chose.

SUJET 81 : LA PRISON DE LA CROYANCE

Beaucoup de gens dépriment ou croient ne plus avoir d'issues à la vie tout simplement parce que les gens ont réussi à leur interdire d'acquérir la connaissance. C'est écrit noir sur blanc dans la Bible que la sagesse de ce monde est une folie devant la divinité imaginaire Dieu.

D'autres personnes savent que la croyance est une prison et une maladie mentale, mais ils se disent que les savants et personnalités d'une époque, ou de leur époque étaient aussi des croyants donc forcément, ils sont sur la bonne voie.

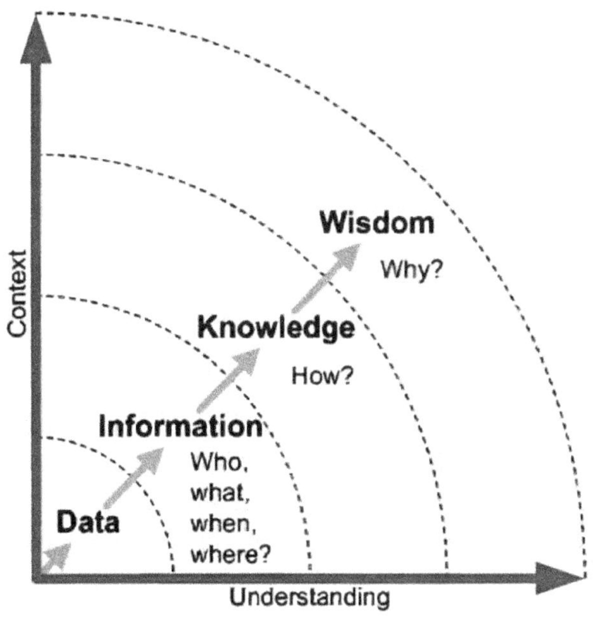

Avant de revenir à ces derniers, j'aimerais vous informer qu'actuellement au Bénin, il y a des professeurs d'université qui croient que Daagbo Dieue Esprit Gros Seins est le créateur des cieux et de la terre 🌑. Il y a des professeurs d'université qui croient que la chouette et le hibou sont des véhicules des sorciers. Il y a actuellement au Bénin des docteurs en science qui croient que le Fifobo existe. Il y a en Afrique des millions d'intellectuels qui croient qu'on peut recevoir miraculeusement un transfert d'argent sur son téléphone. Un médecin congolais a écrit en commentaire d'une de mes publications avoir été témoin d'une grossesse miraculeuse, lui qui est censé savoir ce qu'est un déni de grossesse.

Je ne vais pas évoquer le cas des paraphréniques qui croient avoir vu Jésus, un ange, Allah, Marie dans les nuages.

Le point commun entre tout ce monde, c'est des gens qui manquent de connaissances et de sagesse.

Ici sur les réseaux sociaux, on passe notre temps à se moquer de ces derniers quand on voit les vidéos de niaiserie que leurs pasteurs et autres débitent devant une foule de décérébrés.

Vos religions et couvents vous interdisent la réflexion et le questionnement pour éviter que vous découvririez que la Bible n'est pas la parole d'aucun Dieu mais une compilation d'écrits laissés par quelques anonymes selon leur connaissance de l'époque. Le jour où un musulman va poser les bonnes questions, il va découvrir que le Coran n'est qu'un copier-coller de la Bible avec insertion de thèmes personnels, que le prophète Mohammed est un analphabète et que le Coran a été rédigé des dizaines d'années après sa mort.

J'ai toujours dit que le jour où un chrétien étudie la Bible, il arrête d'être chrétien. L'étude de la Bible n'est pas la mémorisation de versets glanés ça et là pour justifier une doctrine. C'est l'étude de son origine, ses auteurs, le questionnement de l'histoire, du contexte, l'archéologie à la lumière de la science.

C'est pourquoi la majorité des biblistes exégètes sont athées.

Dans plusieurs religions telles les Témoins de Jéhovah, il est interdit de se poser des questions ou de douter. La connaissance réelle est remplacée par un programme de manipulation bien concocté.

Je vois comment les chrétiens se moquent du Nigérian qui à la Mecque prie à tue-tête pour avoir la richesse de Dangote. Pour lui, et pour la majorité des ignorants en Afrique, il suffit d'accomplir le Hadj pour devenir riche. Et pourtant, ceux qui ont la connaissance réelle savent que ceux qui deviennent millionnaire au lendemain du Hadj sont ceux qui sont allés livrer Lait Nido en Arabie Saoudite. Le marché est si onéreux que les commerçants sont prêts à faire voyager 69 à 96 musulmans porteurs de bagages chaque année.

Pour revenir à la croyance en Dieu des gens comme Albert Einstein et Isaac Newton, à leur époque, déclarer publiquement une croyance au Dieu populaire est un acte de survie, une assurance tout risque.

Ceux qui ont osé défier ce principe l'ont payé de leur vie et l'église catholique a créé le mythe selon lequel un tel a confessé Dieu avant sa mort. Et c'est ce discours empreint d'ignorance que certains orphelins de cerveau aiment répéter aujourd'hui : on a vu les grands de ce monde renier Dieu avant toi. Mais à la dernière minute avant qu'ils ne rendent le souffle, ils ont confessé Dieu.

Une grande partie de femmes se retrouvent prisonnières dans les églises de réveil aujourd'hui tout simplement parce qu'elles sont endettées jusqu'au cou. Elles croient fermement qu'un miracle va s'opérer dans leur vie ou leur créancier va miraculeusement mourir pour qu'elles retrouvent la paix.

Or, il suffit de maintenir un dialogue permanent et sincère avec le créancier et lui prouver qu'on fait tout pour le satisfaire et point besoin de se cacher.

Voyez-vous pourquoi les religions vous interdisent la connaissance ?

Puisque votre réveil marquera le début de leur chute, les vendeurs de Jésus en détail redoubleront de mensonges, mythes et fumisteries pour vous maintenir en esclavage.

Avez-vous remarqué que dès que vous lisez une information contraire à ce qu'on vous a inculqué depuis votre naissance, vous avez le ventre qui tourne et une forte envie de meurtre? C'est là le pouvoir de l'eau de fosse sceptique quand ça trouve son chemin dans un crâne évidé.

Si vous êtes amateurs de la page **Dr King House**, c'est que vous êtes dans une fosse sans fin où l'impuissance vous est distillée à compte goutte. Vous allez finir par croire que vous êtes destinés aux malheurs du monde suite à votre vie passée.

Vous n'avez qu'une seule vie. Poursuivez la connaissance réelle pour en jouer pleinement.

SUJET 82 : SANS L'HOMME, DIEU N'EST RIEN.

L'histoire de l'humanité est aussi celle de ses dieux. D'aussi loin que remontent les civilisations, l'homme a invoqué des puissances invisibles pour expliquer l'inexplicable, donner du sens à son existence et légitimer ses lois. Ces dieux, jadis omnipotents et incontestés, ne sont pourtant plus aujourd'hui que des vestiges de croyances révolues.

Baal, Apollon, Osiris, Quetzalcoatl... Autant de noms qui, autrefois, dictaient le destin des peuples et régnaient sans partage sur la conscience des hommes. Leurs temples s'élevaient majestueux, leurs prêtres dictaient des dogmes, leurs fidèles juraient sur leurs noms. Mais où sont-ils aujourd'hui ? Que reste-t-il de ces divinités qui inspiraient crainte et soumission ? Rien, sinon des statues muettes, des ruines et des légendes.

Leur mort n'a pas été provoquée par une guerre ou une catastrophe naturelle. Elle s'est produite le jour où le dernier croyant a cessé d'y croire. Non pas parce que leur puissance était moindre, mais parce qu'elle n'a jamais existé en dehors de l'esprit humain. Ce n'est pas une armée qui a vaincu Apollon, ce n'est pas un cataclysme qui a englouti Baal. Ils sont morts dans l'oubli, dissous dans l'indifférence de ceux qui ont cessé de les invoquer.

Si l'on accepte cette réalité pour les dieux du passé, pourquoi en serait-il autrement pour ceux d'aujourd'hui ? Quelle différence fondamentale y a-t-il entre Yahvé, Allah ou Jésus et les divinités antiques ? Aucune, si ce n'est la persistance actuelle de leurs fidèles. Mais l'histoire l'a montré , la croyance ne rend pas une chose plus vraie, elle ne fait que la maintenir en vie le temps d'un cycle.

Les religions dominantes du présent ne sont que les mythologies du futur. Un jour viendra où l'islam et le christianisme ne seront plus que des souvenirs, au même titre que le culte de Jupiter ou d'Anubis. Le problème, c'est que ceux qui croient encore en ces dogmes se privent souvent de toute réflexion extérieure. Trop d'entre eux refusent de lire autre chose que le Coran ou la Bible, s'interdisant ainsi d'élargir leur vision du monde. Comment comprendre l'histoire des religions si l'on ne s'informe que dans un livre sacré ? Comment prétendre détenir la vérité en rejetant toute autre lecture, toute autre philosophie, toute autre manière d'appréhender l'univers ?

L'homme qui ne lit qu'un seul livre ne fait que répéter ce que d'autres ont pensé avant lui. Il ne questionne rien, il ne confronte rien, il ne construit rien. Or, c'est justement dans l'ouverture et la confrontation des idées que naît l'intelligence. Si les croyants du présent veulent que leur foi ait un sens, qu'ils aient au moins l'honnêteté intellectuelle d'explorer d'autres horizons. Qu'ils lisent l'histoire des religions, les œuvres des philosophes, les écrits des sceptiques et des libres penseurs. Qu'ils se demandent pourquoi tant de dieux ont disparu avant le leur et pourquoi le leur devrait être une exception.

La vérité n'appartient à personne, et surtout pas aux religions. Les dieux meurent lorsque l'homme cesse de les porter en lui. Il en a toujours été ainsi, et il en sera toujours ainsi.

Le jour où le dernier adepte de Baal a arrêté de croire, Baal est mort.

Le jour où le dernier Grecque a arrêté de croire en Apollon, Apollon est mort.

Le jour où le dernier musulman va se réveiller, Allah mourra.

Le jour où le dernier chrétien va arrêter de croire, Dieu va mourir.

Avant Dieu, l'humanité a connu des millions de divinités imaginaires qui sont morts les un après les autres.

L'homme commence à vivre le jour où il découvre qu'il n'a pas besoin de Dieu.

L'homme créa Dieu à son image, c'est pourquoi il est méchant, jaloux, assassin, violent et destructeur.

Si c'est Dieu qui a créé la terre et un tremblement de terre peut tuer des milliers en une seconde, peut-on dire qu'il est un Dieu incompétent ? Méchant, Sanguinaire ?

Si C'est Dieu qui a créé l'homme, pourquoi les premiers hommes ne possédaient pas la technologie d'aujourd'hui ? Pourquoi l'humanité en 200 ans avec la technologie a révolutionné un monde qui était dans les ténèbres pendant plusieurs milliers d'années ?

Si c'est Dieu qui t'a créé, ton père et ta mère t'ont acheté dans quel marché ? Tu étais en cage ou avec corde au cou?

Si tu as besoin de foi et de croire avant de voir les signes de l'existence d'une divinité, sache que cette dernière n'existe que dans ton imagination et les signes ne sont que des hallucinations.

Le jour où tu offenses Allah, les musulmans chercheront à te tuer.

Le jour où tu offenses Jéhovah, les chrétiens chercheront à te tuer.

Le jour où tu brûles un Tolɛgba, les adeptes de vodoun vont t'assassiner.

Voyez-vous ?

Cest les créateurs qui vengent leurs créatures.

Allah est inexistant et inoffensif. Il n'existe que dans l'imagination du musulman.

Jésus qui se prenait pour Dieu n'a pas survécu 3 clous.

Aucune divinité n'est capable d'actions.

Si Dieu existait, il n'y aurait aucun commentaire ici pour le défendre. C'est parce que les chrétiens savent qu'il n'est pas réel qu'ils sont obligés de l'imposer et le faire respecter.

Du 1er Janvier au 24 décembre, on travaille comme un fou et le 25 Décembre, on dit à nos enfants que le Père Noël leur a offert cadeau alors qu'on sait que le Père Noël n'existe pas, c'est un chinois. C'est exactement ce que nous faisons avec Dieu. Nous refusons de nous attribuer les mérites de nos efforts et les attribuons à des divinités imaginaires.

Si la terre si simple et si infiniment petite dans l'univers ne peut apparaître d'elle-même, comment un Dieu, si puissant, si omnipotent peut apparaître sans une puissance supérieure ?

Si RIEN ne peut EXISTER sans un CRÉATEUR, qui est le CRÉATEUR DE DIEU ?

Il n'y a pas de différence entre celui qui dit Dieu existe, et celui qui dit Dieu n'existe pas les deux parlent d'une chose qu'ils ne maîtrisent pas et ils ne peuvent pas apporter de preuves irréfutables et impartiales pour soutenir leurs arguments.

Le mieux est d'accepter que nous en savons rien et qu'il nous appartient pas de prouver ou non qu'un Dieu existe. Il peut bien se défendre lui-même si il existe il n'a pas besoin de nous pour le faire. Comment quelqu'un à qui on attribut la création de l'univers à besoin d'un être aussi méprisable (l'Homme) face à la grandeur de sa création pour être son avocat ? Il y a une grande différence entre celui qui croit et celui qui sait. Celui (garçon) qui croit qu'il est une femme malgré son physique est différent de celui qui sait quil est un garçon. Il y a ce qu'on appelle le fait, être factuel. Celui qui dit que Dieu est une divinité imaginaire a l'avantage de savoir quand et comment l'homme en est arrivé à s'inventer une divinité et pourquoi. Mais celui qui croit est un ignorant qui se base sur les récits imaginaires d'une autre personne. Une grande différence.

La nature a horreur du vide, c'est pourquoi l'ignorance a poussé l'humanité à attribuer aux divinités imaginaires des pouvoirs inexistants en attendant de découvrir la connaissance derrière chose. Au fil du temps, la connaissance a abondée et beaucoup de divinités imaginaires ont disparu, bientôt, c'est le tour de Dieu.

Tout est fait par l'homme pour l'homme.

SUJET 83 : DIEU, UN FARDEAU TROP LOURD POUR CELUI QUI VEUT AVANCER.

Là où Jéhovah, Jésus-Christ et Saint Michel ont échoué, **Patrice Talon**, un gars qui ne croit même pas en Dieu a réussi.

Et ce n'est pas son coup d'essai.

Il l'a déjà fait avec les protestants, les Vodounon et une partie des musulmans.

Autrefois, une simple diarrhée pouvait éradiquer une ville de 100.000 habitants. Les seules personnes qui survivaient étaient les veuves abandonnées dans leurs case avec les animaux comme compagnons. Parmi ces animaux, il y avait beaucoup de chats. Puisqu'elles ne tombaient pas malade comme tout le monde, elles étaient accusées d'avoir jeté un sort sur la société qui les a mis à l'écart. C'est ainsi que la notion de sorcellerie va naître avec les vieilles veuves au chapeau en compagnie de chats.

Or, la vérité est que la présence de chats empêchait les souris vecteurs de virus de s'approcher de ces vieilles femmes.

L'église catholique va s'approprier de la notion de sorcellerie pour brûler les veuves qui refusent de léguer à l'église la fortune et les terres de leur défunt époux.

Ceux qui veulent s'imprégner de la barbarie de cette époque peuvent lire l'ouvrage "Le marteau des Sorcières".

Dès que l'humanité a fait dos aux Dieu de l'église, la population mondiale est passée de centaines de millions à 8 milliards en 120 ans.

Aujourd'hui, il existe plus de 1 millions de personnes ayant plus de 100 ans avec un acte de naissance. On ne parle pas de vos grands-parents de 69 ans sans acte de naissance à qui vous attribuez 124 ans hein.

Les maladies pour lesquelles il faut sacrifier des filles vierges autrefois sont désormais éradiquées grâce à une dose de vaccin.

Autrefois, il faut prier Dieu pour avoir la pluie. Aujourd'hui qu'on sait que ce n'est pas Dieu qui fait tomber la pluie contrairement à ce que déclare le livre de propagande appelé Bible, même en Israël, l'agriculture se fait sous serre avec un rendement capable de nourrir la moitié de la population mondiale.

Autrefois, dans plusieurs localités du Sud Bénin, tout enfant né avec une malformation est systématique liquéfié et transformé en divinité des eaux. Depuis que la connaissance réelle est apparue, cette barbarie née dans les ténèbres de l'ignorance absolue s'est dissipée à la lumière de la connaissance. C'est enfants aujourd'hui reçoivent un accompagnement adéquat et sont considérés comme des personnes à part entière, et certains parmi eux, pensant avoir un gros zizi, nous amusent de temps à autre ici sur les réseaux sociaux.

L'évolution de l'humanité nous a prouvé à suffisance que Dieu, Allah ou toute autre divinité imaginaire sont de très lourds fardeaux qu'il faut déposer si on veut aller loin.

La preuve, la majorité des gens qui ne peuvent pas vivre ensemble aujourd'hui le sont à cause de leur foi soit en Dieu, soit en Allah.

À Cause de Jéhovah, un Témoins de Jéhovah ne peut pas épouser une catholique.

Au nom de Allah, une femme musulmane ne doit pas épouser un chrétien.

Au nom de Dieu, un chrétien évangélique ne doit pas allumer son cerveau.

Au nom de Allah, un musulman ne doit pas être banquier.

La liste est interminable.

Or, il suffit de déposer ces divinités qui n'existent que dans notre imagination dans leur habitat naturel, les livres de conte, pour voir s'ouvrir devant soi des possibilités incommensurables.

Les guerres de religions aujourd'hui ne sont plus mondiales, elles sont individuelles, fratricides, locales, fertiaires.

Le jour où vous allez découvrir que Dieu est un fardeau imaginaire plus lourd qu'un roc, ce jour, vous allez acquérir la véritable liberté.

SUJET 84 : LE MARTEAU DES SORCIÈRES

Attention, cette histoire est vraie, et c'est bien ça le problème.

Il était une fois, dans une Europe trempée dans la peur, la religion, et le patriarcat bien épais, deux hommes se sont dit :

> "Et si on écrivait un manuel pour chasser les sorcières ? Un guide pratique, comme IKEA, mais version feu de bois et confession forcée ?"

Boom. Le Marteau des Sorcières (Malleus Maleficarum) est né en 1486. Écrit par Heinrich Kramer, ce livre est un cocktail explosif de paranoïa, de misogynie XXL et de théories plus tordues qu'un épisode de Black Mirror. Le but ? Justifier que les femmes – surtout intelligentes, libres, guérisseuses, ou juste un peu trop jolies – étaient probablement des sorcières à brûler.

Une femme qui ne pleure pas aux funérailles ? Sorcière.

Une qui parle un peu trop fort en réunion ? Sorcière.

Une qui guérit avec des plantes ? Sorcière ET pharmacienne non déclarée.

Et bien sûr : la femme qui refuse d'épouser le voisin vieux et riche ? Triple sorcière.

Ce n'était pas juste un livre. C'était la Bible de l'inquisition, le "code pénal" pour zigouiller tout ce qui échappait au contrôle des hommes et de l'Église. Imagine un monde où ton chat noir pouvait t'envoyer au bûcher... Voilà le niveau de délire.

Mais alors, pourquoi parler de ce livre aujourd'hui ?

Parce que l'ignorance tue.

Parce que ce bouquin nous rappelle jusqu'où peuvent aller les croyances sans réflexion.

Parce qu'un jour, des gens ont applaudi pendant que d'autres brûlaient – et ils le faisaient en pensant bien faire. Ça pique, hein ?

Mais surtout, ce livre nous enseigne une vérité profonde :

> Quand tu veux contrôler un peuple, commence par faire peur. Quand tu veux garder ce contrôle, cible les femmes.

Et aujourd'hui alors ? Est-ce que le marteau a changé ?

Oui.

Aujourd'hui, c'est un marteau plus élégant : la pression sociale, la religion mal digérée, les traditions mal comprises, et les réseaux sociaux. Mais parfois, ça tape tout aussi fort. Sauf que maintenant, on a la connaissance.

Et elle, c'est la vraie magie.

Alors lis, partage, questionne, et surtout... protège les **#sorcières** d'aujourd'hui :

Celles qui soignent.

Celles qui pensent.

Celles qui aiment.

Celles qui refusent.

Celles qui osent être libres.

MORALE DE L'HISTOIRE ?

Si tu veux comprendre comment on peut en arriver à brûler une femme parce qu'elle a dit "non merci" à un mariage forcé, lis Le Marteau des Sorcières.

Mais lis-le avec du recul, un bon thé, et une armure mentale. Ce n'est pas un livre, c'est un miroir tordu de ce que l'humain peut faire quand il oublie d'aimer et de réfléchir.

Si tu es arrivé(e) jusqu'ici, bravo, tu es officiellement trop intelligent(e) pour finir sur un bûcher.

SUJET 85 : DE LA PRESTIDIGITATION À LA RELIGION

LE MORMONISME OU L'HISTOIRE EXTRAORDINAIRE DE L'ÉGLISE

De Jésus-Christ Des Saints des Derniers Jours, une religion qui va bientôt dominer le monde.

Vous les avez surement déjà vu, à votre porte, dans le quartier ou en ville, des jeunes missionnaires en chemise cravate avec un badge agrafé à la poche, un livre bleu en main, marchant deux à deux, joyeux, le sourire aux lèvres, très aimables et vous vous êtes dit que c'est des Témoins de Jéhovah.

NON, il s'agit des jeunes missionnaires de l'Église De Jésus-Christ Des Saints des Derniers Jours encore appelés #Mormons.

C'est une secte plus ancienne que les Témoins de Jéhovah.

Quand ils viendront vous voir, ils vont vous faire croire qu'ils vous parlent de Dieu et de Jésus et pleines d'autres choses qui n'ont absolument rien à voir avec leur vraie doctrine car chez eux, non seulement les choses sont secrètes, mais vous devez prêter serment de vous couper la gorge avec un couteau et de de vous éventrer si vous arrivez à dévoiler le secret.

Ils vont vous faire croire qu'ils vous parlent du Christianisme. D'ailleurs, il y a « Jésus-Christ » dans leur dénomination. C'est juste un piège ou encore de l'hameçonnage pour vous attirer vers leur enclos. Ils pensent que le christianisme est une abomination.

Créée depuis 1830, c'est maintenant que l'Église De Jésus-Christ Des Saints des Derniers Jours a commencé à s'installer en Afrique avec au total 6 temples. Pourquoi ? Parce que, au début, selon leur doctrine, la peau noire est le résultat du péché. Toute l'humanité était blanche et c'est le péché des gens qui les a rendus sombre de peau. Puisqu'ils ont trouvé que les noirs leur seront utiles, ils ont remanié un peu cette doctrine. Depuis 1978, ils ont commencé à accepter que les noirs occupent les positions relativement élevées par rapport à la noirceur de leur peau.

Je précise que le temple pour eux est le haut lieu sacré qui n'est pas ouvert à tout le monde. Les jeunes Mormons y ont accès un peu avant d'être envoyés en mission. Mais c'est très compliqué pour les femmes d'y mettre pied avant leur mariage, sinon, c'est le jour du mariage qu'elles peuvent y entrer. Ce qui se passe au temple doit être gardé très secret et il y a des Mormons qui ne le savent pas ou ne l'ont pas encore découvert. C'est des rituels de la Franc-maçonnerie qui s'y déroulent avec des salutations et poignées de mains maçonniques et essentiellement le baptême pour les morts. Pour les curieux, vous pouvez aller vérifier sur YouTube.

Si jamais ils vous parlaient des rituels du temple, vous allez automatiquement savoir que c'est du pur Satanisme combiné à la franc-maçonnerie.

Voici en résumé leurs doctrines :

- Dans le temple, chacun obtient le code secret pour entrer au ciel. Les maris doivent connaitre pour leur femme, mais pas de réciprocité.

- Dieu était un être humain qui s'est transformé en Adam pour prendre plusieurs femmes y compris Eve pour peupler la terre.

- Après sa crucifixion et sa résurrection, Jésus a pris un vol allé simple de Jérusalem à New-York où il a fondé une famille et fait beaucoup d'enfants avec une multitude de femmes.

- Les êtres humains avaient une vie céleste avant de venir sur terre pour se préparer à devenir encore des êtres célestes où ils auront chacun une planète personnelle.

- Il existe plusieurs Dieux au Ciel et le père de Jésus n'est qu'un Dieu parmi tant d'autres.

- Jésus est le frère de Lucifer et il y a eu une élection pour choisir le sauveur et Jésus a gagné.

- Les hommes prêtent serment à Dieu et les femmes prêtent serment à leur mari car aucune femme ne peut accéder aux sphères célestes que par son mari.

- La drogue, Tramadol, l'alcool, et le café sont interdits.

- Les mormons doivent toujours porter un caleçon mystique pour se protéger contre Satan et les non croyants.

- ...

Ce qui est le plus passionnant dans l'église, c'est l'histoire réelle de sa création. J'ai ajouté le qualificatif « Réelle » pour notifier que la majorité des Mormons ne connaissent pas la véritable histoire de la création de leur église.

LA VIE DE JOSEPH SMITH.

Le fondateur de l'église s'appelle #Joseph_SMITH.

Né à Sharon le 23 Décembre 1805 dans le Vermont, Smith a déménagé avec sa famille dans la région occidentale de l'État de New York à la suite d'une série de mauvaises récoltes en 1816.

Malgré cette relocalisation, la famille de Smith avait de mal à joindre les deux bouts. Smith eut la brillante idée de devenir chercheur de trésors car, selon la rumeur de l'époque, plusieurs personnes ont enterré des trésors dans la région de New-York.

Smith est donc devenu charlatan en utilisant des pierres de vision dans un chapeau pour indiquer où il faut creuser pour trouver des trésors.

En 1826, un riche agriculteur du nom de Josiah Stowell va financer ses recherches de trésors sans savoir que c'était en réalité une pure arnaque. Avant de s'en rendre compte, Smith a réussi à le ruiner. Il va l'assigner en justice. En effet, après avoir faire creuser les gens en journée, Smith passe derrière eux la nuit pour cacher des plumes d'oiseaux et le lendemain, il regarde dans son chapeau et leur dit que s'ils trouvent de plumes d'oiseaux en creusant, c'est qu'ils sont au bon endroit. Et à chaque fois, sa prédiction se réalise devant les victimes très excités.

Avec le temps, les gens se sont rendu compte que Smith était un Léwé sans clavier puisque l'ordinateur n'existait pas encore en ce moment.

Vivant dans une zone de renouveau religieux intense pendant le Deuxième Grand Réveil, Smith a rapporté avoir eu une série de visions. Le premier d'entre eux eut lieu en 1820, lorsqu'il vit « deux personnages » (qu'il finit par décrire comme Dieu le Père et Jésus-Christ). En 1823, il dit avoir reçu la visite d'un ange nommé Moroni qui le dirigea vers un livre de plaques d'or sur lequel était inscrite l'histoire judéo-chrétienne d'une ancienne civilisation américaine, cachées dans une colline près de chez lui. Ce livre de plaque d'or était accompagné de deux pierres de voyant placées dans un cadre pour lui permettre de traduire le livre en Anglais car le livre était écrit dans une langue ancienne appelé « l'Égyptien Reformé »

Smith a déclaré qu'il avait tenté de retirer les plaques le lendemain matin, mais sans succès parce que Moroni est revenu et l'en a empêché.

En 1827, Smith fait la cour à une jeune fille appelée Emma, mais le père de la jeune fille le chassa puisqu'il était un voyou qui profitait de la naïveté des gens et n'avait aucun autre travail. Un vrai père ne laisserait pas sa fille épouser un Léwé. Pour le père, c'est un jeune insouciant qui n'est pas du tout instruit.

Smith et Emma se sont enfuis et se sont mariés le 18 janvier 1827. Placé devant les faits accomplis, le père de

Emma accepta que le jeune couple vive sur sa propriété. Plus tard cette année-là, lorsque Smith a promis d'abandonner la recherche de trésors, son beau-père a proposé de l'aider à se lancer dans les affaires.

Smith fit sa dernière visite sur la colline peu après minuit le 22 septembre 1827, emmenant Emma avec lui. Cette fois, il a déclaré avoir réussi à récupérer les plaques. Smith a déclaré que Moroni lui avait ordonné de ne montrer les plaques à personne d'autre, [d] mais de les traduire et de publier leur traduction.

Il quitta chez son beau-père pour s'installer à Harmony où il tomba sur un voisin relativement prospère, Martin Harris, qui commença à servir comme scribe de Smith en avril 1828.

Smith n'a jamais montré les plaques d'or à quiconque comme l'ange Moroni le lui a interdit. Il se cache dans une chambre derrière un rideau pour dicter sa traduction à Martin qui notait mot pour mot.

Bien que lui et sa femme, Lucy, aient été les premiers partisans de Smith, en juin 1828, ils commencèrent à avoir des doutes sur l'existence des plaques d'or. Harris a persuadé Smith de le laisser emporter 116 pages du manuscrit à Palmyre pour les montrer à quelques membres de sa famille, dont sa femme.

La dame Lucy qui était convaincu depuis le début que Smith arnaquait son mari, saisit les 116 pages de manuscrits et les jeta au feu en disant : « Si c'est vraiment un ange de Dieu qui lui dictait ça, l'ange pourra encore lui dicter la même chose mot pour mot »

Smith a été dévasté par cette perte, d'autant plus qu'elle est survenue en même temps que la mort de son premier fils, décédé peu de temps après sa naissance. Smith a déclaré qu'en guise de punition pour avoir perdu le manuscrit, Moroni est revenu, a emporté les plaques et a révoqué sa capacité de traduire. Pendant cette période, Smith a brièvement assisté à des réunions méthodistes avec sa femme, jusqu'à ce qu'un de ses cousins s'oppose à l'inclusion d'un « nécromancien pratiquant » sur la liste de classe méthodiste.

Smith a déclaré que Moroni lui avait rendu les plaques en septembre 1828 et qu'il avait ensuite dicté une partie du livre à sa femme Emma.

Il se fera aider par d'autres amis à plein temps pour finaliser la traduction du livre. La dictée a été achevée vers le 1er juillet 1829. Selon Smith, Moroni a repris les plaques une fois que Smith a fini de les utiliser.

L'ouvrage achevé, intitulé #Livre_de_Mormon, fut publié et mis en vente pour la première fois le 26 mars 1830. Moins de deux semaines plus tard, le 6 avril 1830, Smith et ses disciples organisèrent formellement l'Église du Christ, et de petites branches furent établies à Manchester, Fayette et Colesville, New York.

Le nom #Mormon s'apparente au nom #Mormo qui est le nom d'un démon féminin par lequel les mamans faisaient peur à leurs enfants.

Joseph Smith va s'engager dans la franc-maçonnerie où il va incorporer la majorité des rituels et rites maçonniques dans le temple : l'habillement, le salut, le nom secret, les règles...,

Bref, c'est ainsi que la nouvelle église a été créée à partir du livre.

Le Livre de Mormon a apporté à Smith une notoriété régionale et a renouvelé l'hostilité de ceux qui se souvenaient du procès du comté de Chenango de 1826 où il était jugé pour escroquerie. Une fois encore, il sera arrêté pour trouble à l'ordre public et sédition. Il sera acquitté et il va fuir vers Colesville.

Chaque fois, Smith avait une révélation pour confirmer sa position de leader.

Mais petit à petit, son autorité a commencé à être minée quand d'autres membres de l'église ont commencé à déclarer qu'ils ont aussi des révélations. En réponse, Smith a dicté une révélation qui a clarifié sa fonction de prophète et d'apôtre, déclarant que lui seul avait la capacité de déclarer la doctrine et les écritures pour l'Église. Il a donc envoyé les fouteurs de trouble en mission pour prêcher aux Amérindiens.

Pendant que l'église prenait une grande ascension, Smith a commencé à donner des révélations selon lesquelles il peut prendre la femme d'un tel, épouser la fille d'un autre. Au total, Smith s'est marié avec 38 femmes différentes, des sœurs, mères et filles, les femmes de ses collaborateurs surtout.

Smith va créer une banque au nom de l'église et imprimer des billets de 3 dollars qui n'ont de valeur nulle part. plusieurs personnes vont y mettre leur fortune qu'ils vont perdre.

Chaque fois qu'il est indésirable dans une ville, il s'installe dans une autre.

C'est ainsi qu'il va se retrouver à Nauvoo dans l'Illinois. Une fois dans cette région avec d'autres mormons, il fera tout pour prendre le pouvoir et se hisser à la tête de la ville. Il organisa une milice armée pour protéger les mormons et posa sa candidature pour devenir président des Etats-Unis.

Il proposa le mariage aux femmes de ses plus proches collaborateurs qui vont claquer la porte et commencer à l'exposer. Ils vont créer un journal où ils publieront toutes les malversations de Joseph Smith et sa pratique de polygamie. Smith ordonna la destruction de l'imprimerie du journal, ce qui va créer une émeute.

SUJET 86 : PSYCHOLOGIE DES FOULES

Tu veux comprendre pourquoi des foules raisonnables peuvent devenir... des machines à hurler ?
Pourquoi des gens intelligents, pris un par un, se transforment en troupeau de moutons quand ils sont ensemble ?
Alors bienvenue dans **"Psychologie des Foules"** de Gustave Le Bon.

Un livre écrit en 1895, mais **qui parle mieux de nos réseaux sociaux, des stades de foot, et des campagnes électorales que n'importe quel influenceur LinkedIn.**

☁ **Leçon n°1 : La foule a un cerveau… mais il est souvent en RTT.**

Quand tu prends **un individu seul**, il peut être cultivé, lucide, logique.
Mais **dès qu'il rejoint une foule**, il devient :

- Plus émotif,

- Moins critique,

- Plus influençable,

- Et surtout… **beaucoup plus bête que la moyenne.**

"L'intelligence d'une foule est toujours inférieure à celle de ses membres les plus brillants."

C'est pas moi qui le dis, c'est Gustave. Et franchement… **il n'a pas tort.**

🔥 **Leçon n°2 : L'émotion est reine. L'idée passe en dernier.**

La foule ne raisonne pas. **Elle ressent.** Et Le Bon t'explique que :

- Si tu veux rallier une foule, **n'argumente pas**.

- Frappe fort avec une **image simple**, une phrase choc, une peur, une promesse.

- Répète-la souvent, et surtout, **dis-la avec autorité.**

Exemple moderne :

👉 "On nous ment."

👉 "Ils veulent notre argent."

👉 "C'est à cause des étrangers."

👉 "Abonne-toi maintenant."

Tu vois le délire ?

Leçon n°3 : Dans une foule, tout le monde joue un rôle... et personne ne s'en rend compte.

Dans la foule :

- Le lâche peut devenir violent,

- Le sage peut suivre le pire,

- Le douteur devient croyant,

- Et **le bon sens se dissout dans l'excitation collective.**

"L'homme dans une foule n'est plus lui-même, il devient un rouage d'une entité émotionnelle plus grande."

C'est aussi vrai dans une manif que dans un concert de Burna Boy.

📢 **Leçon n°4 : Ceux qui manipulent les foules... le font toujours de la même manière.**

Le Bon décrit **trois armes majeures** pour contrôler une foule :

1. **Les mots magiques** : patrie, liberté, peuple, complot, vérité.

2. **L'affirmation forte et répétée** : même si c'est faux, ça finit par passer.

3. **La contagion mentale** : une idée folle, si elle est reprise assez de fois, **devient tendance**.

TikTok, tu veux en parler ? 😄

💡 **Et pourquoi ce livre est capital aujourd'hui ?**

Parce qu'il explique **comment les foules d'aujourd'hui sont virtuelles, mais toujours aussi manipulables.**
Tu veux que les gens se battent ? Donne-leur une peur. Tu veux qu'ils achètent ? Donne-leur un slogan. Tu veux qu'ils détestent quelqu'un ? Balance un bon montage.

Et hop. **Le tour est joué.**

💥 **MORALE DE L'HISTOIRE :**

Seul, tu penses.
En groupe, tu ressens.
Et si tu ne fais pas gaffe...
Tu deviens le figurant d'une pièce écrite par quelqu'un d'autre.

SUJET 87 : LE MANUEL DU PARFAIT INQUISITEUR

Bienvenue dans le Moyen Âge mental.

Tu crois que l'obscurantisme c'était juste des gens qui ne prenaient pas de bain et qui croyaient que la Terre était plate ?

Non, mon ami.

C'était aussi une époque où **penser autrement pouvait te coûter ta langue, ton honneur, ou ta peau.**

Et c'est là que ce "merveilleux" manuel entre en scène.

Ce livre, c'est quoi ?

C'est **le guide du parfait fonctionnaire de la terreur religieuse.**
Écrit par des membres du clergé, il t'explique **pas à pas** :

- **Comment repérer un hérétique** (indice : s'il pense, c'est louche),

- **Comment le convoquer** sans qu'il sache pourquoi (la surprise, c'est divin),

- **Comment interroger en "charité chrétienne"** (avec la torture, bien sûr),

- Et **comment obtenir une confession "volontaire"** (parce que bon... Dieu aime quand c'est sincère.)

Petit extrait reconstitué :

"Si l'accusé nie tout avec calme, c'est qu'il ment. S'il s'énerve, c'est qu'il cache quelque chose. S'il pleure, il veut manipuler. S'il rit... c'est le diable qui l'habite."

Donc... quoi que tu fasses, **t'es foutu.**

Mais pourquoi ce livre est flippant ?

Parce qu'il a été **utilisé pendant des siècles.** Parce qu'il a **légitimé la torture**, la confiscation des biens, l'humiliation publique, les procès truqués, les dénonciations de voisinage, les aveux forcés...

Et surtout, parce qu'il a **enseigné à des hommes de foi à devenir des machines à punir**.

Ce qui choque le plus ?

Ce n'est pas seulement la violence.
C'est **l'assurance tranquille avec laquelle elle est théorisée.**
Comme si brûler quelqu'un pouvait être un acte de compassion.

Et tu sais quoi ?
Les pires régimes du XXe siècle s'en sont inspirés.

"Tout le monde est coupable, il suffit de les faire parler."
Version : Gestapo, KGB, et autres clubs très fermés de l'humanité toxique.

Mais que peut-on apprendre aujourd'hui de ce vieux manuel morbide ?

1. Que **le pouvoir, quand il n'est pas surveillé, devient une religion en soi.**

2. Que **l'idéologie, quand elle se croit divine, autorise tout.**

3. Que **l'innocence ne protège pas quand la peur dirige le tribunal.**

Et surtout :

Qu'il faut toujours se méfier des gens qui veulent "sauver ton âme"... en te cassant les os.

MORALE DE L'HISTOIRE :

L'histoire n'est pas qu'un souvenir.
C'est **un avertissement.**

Quand quelqu'un veut t'imposer sa vérité **au nom du Bien**,

Pose-toi la question :
Est-ce que je suis libre de dire non… sans finir au bûcher (métaphorique ou pas) ?